品国学 悟师德

主　编　项家庆

副主编　黄忠林　王　斌

天津教育出版社

图书在版编目(CIP)数据

品国学　悟师德 / 项家庆主编.—天津:天津教育出版社,2013.1

ISBN 978-7-5309-7156-7

Ⅰ.①品…　Ⅱ.①项…　Ⅲ.①师德—研究　Ⅳ.①G451.6

中国版本图书馆 CIP 数据核字(2013)第 015461 号

品国学　悟师德

出 版 人	胡振泰	
主　　编	项家庆	
责任编辑	王光昭	
出版发行	天津教育出版社	
	天津市和平区西康路 35 号	
	邮政编码 300051	
经　　销	全国新华书店	
印　　刷	河北伟琪印刷有限公司	
版　　次	2013 年 3 月第 1 版	
印　　次	2016 年 9 月第 3 次印刷	
规　　格	16 开 (787×1092 毫米)	
字　　数	300 千字	
印　　张	11.75	

定　　价　　26.00 元

前　言

当今世界，科学技术突飞猛进，生活物质极大丰富，人们在不断适应现代化的同时也在不断寻找着人类共同的精神家园。世界在快速的发展中凸显出两千多年前的诸子百家等传统经典的价值，这些经典历经千百年的传承，通过历代的价值认同，内化成了人们的价值力量。《品国学 悟师德》对奠定人的发展内涵，丰富人的文化底蕴，内驱形成人的优良品格具有积极的作用。

当下社会处在多类矛盾、多元价值、多种选择复杂共存的转型期，一些领域道德失范、诚信缺失，一些社会成员人生观、价值观扭曲，拜金主义、享乐主义、极端个人主义、以权谋私、造假欺诈、见利忘义、损人利己等现象也不断出现。因此，用社会主义核心价值体系引领社会思潮更为紧迫，中共中央通过了《关于深化文化体制改革，推动社会主义文化大发展大繁荣若干重大问题的决定》，以深化政风、行风建设，开展道德领域突出问题专项教育和治理，坚决纠正不良思潮的影响，坚决反对社会上的不良现象，坚决打击各种违纪违规行为。

当前，在教育领域里，在教师队伍中，关于师德规范，存在着一些理论师德时头头是道，行动师德时确忘却了身份的现象，在现实中异化地教书育人，将教师自己和学生锻造成为分数的工具。我们在集体无意识中形成上下共识地思维定势，唯分数排队、定位，以分数进行论功行赏；我们在集体有组织的团队作用力下追名逐利；我们在功利性地追求中迷失了自我，丧失了教师应有的风范。我们的师魂在哪里？一些功利性的行为误导了教师前进的方向，在现实异化教书的追求里放弃了对教育规律的遵循，丢掉了正确育人的本质。我们的师魂在哪里？有的教师早已魂不附体，热衷在外兼职，搞有赏家教等，师魂不知归了何处！当前，我们最需要的仍就是：静下心来教书，潜下心来育人，树师德、扬师风、练师能、塑师品、铸师魂。

其一是树师德。"师者，传道、授业、解惑也。"传道，即教人做人，怎样做人，做个什么样的人。教师首先是人师，传道教人做一个有德行、有品味的人，做一个有能力、有质量的人，做一个受大家尊敬喜爱的人。其二是扬师风。建设教师队伍，整个行业要有职业操守，形成行业人职业行为的良好风气，促进教师树立起良好的职业形象，更好地进行教书育人。其三是练师能。这是教师从教的基本功，即有能力地进行教书育人。教书育人者，其能力大小决定教书育人的质量效果，因而，教师要不断地提升有效教书育人的技能，不断地研修、练习教好书、育好人的本领。其四是塑师品。教艺无止境，师德无止修。要做一个有品位的教育人，无私奉献，在实现教育理想、追求教育品质的教育实践中，成就教与学有品位的人生。其五是铸师魂。师魂即师爱，没爱就没有教育，爱要爱教育事业，爱要爱教育岗位，爱要爱教育对象。

今天，我们品读国学，引发思考：继承中华民族传统文化，"传道、授业、解惑"教师责无旁贷，但今天的教师们更擅长授业、解惑，而传道即是儒者教也，教者儒乎？《品国学 悟师德》，发扬传统文化，古为今用，教师义不容辞。那么，作为现时代的人民教师，我们又应该如何有效地继承与发扬中华传统文化？教师教人，先行修养，内化素质，外树形象。在新时期、新发展、新要求中品读国学，发扬传统，树师德、扬师风、练师能、塑师品、铸师魂，静心教书，潜心育人，以培育出现代世界级的、具有中华民族传统优良品质的中国人！

目　录

绪论　转益多师是吾师

——国学经典，师德有人

"国学"，顾名思义，中国之学，中华之学。中华大地上多个民族产生的一切经验、科学、理论、道德、伦理、思想等学问的浓缩和提炼，都是国学的范畴。在中国文化环境里生存成长的我们，每天都在使用这些学问，只是很难清晰地意识到它的影响，颇有"只缘身在此山中"的意味。有一句话概括得好："日用而不知，无用之大用。"这又如孟子所言："行之而著焉，习矣而不察焉，终身由之而不知其道者，众也。"它是指导着我们精神领域的价值判断和人的行为准则的总和，是中国人安身、安心、立业、立命的文化根本。

第一节　国学与师德概述

一般来说，国学是指以儒学为主体的中华传统文化与学术。国学既然是中国传统文化与学术，那么从广义上说无疑也包括了医学、戏剧、书画、星相等等。但通常我们提及的国学，指的是以儒释道三家学说为主，包括其余诸子学说在内的中国传统的思想、道德、伦理体系。

一、诸子百家学说简介①

国学的范畴十分宽广，但其主体部分无疑应是诸子百家学说。春秋战国时代，是中国文化的发祥时期，学术思想空前活跃，人们对于如何治国理政，教化民众进行了广泛的思考，加之周王室衰微，诸侯争霸，不少学者周游列国，宣扬本派学说，为诸侯出谋划策，形成了蔚为大观的"百家争鸣"的局面。因此，诸子百家不仅在当时繁盛一时，而且也奠定了两千多年封建社会的思想基础，对后世产生了极为深远的影响，是中华传统文化的源头所在。

关于诸子百家的起源，《汉书·艺文志》中说，"诸子十家，其可观者九家而已。皆起于王道既微，诸侯力政，时君世主，好恶殊方，是以九家之术蜂出并作，各引一端，崇其所善，以此驰说，取合诸侯"。政治上的稳定被打破以后，带来了思想学术上的自由思考，出于满足诸侯执政或扩张的需要，各种学说应运而生，竞相游说，以求见用。这的确是当时中国社会的真实写照。

"诸子"，是指这一时期思想领域内反映各阶层利益的思想家及其著作，也是先秦至汉各种政治学派的总称。"百家"表明当时思想家较多，但也是一种夸张的说法。主要人物有孔子、孟子、墨子、荀子、老子、庄子、列子、韩非子、商鞅、申不害、许行、告子、杨子、公孙龙子、惠子、孙武、孙膑、张仪、苏秦、田骈、慎子、尹文、邹衍、吕不韦等。

关于如何将诸子百家派别分类，《史记·太史公自序》中说："乃论六家之要指曰：易大

---

① 以上来源于新乡医学院国学网。

1

传：'天下一致而百虑，同归而殊途。'夫阴阳、儒、墨、名、法、道德，此务为治者也。"只列举了六家。在《汉书·艺文志》中刘歆将诸子略分为十家，即儒、道、阴阳、法、名、墨、纵横、杂、农、小说。除去小说家不谈，所以称"九流十家"。发展到后来，又加入了兵家及医家。

在诸子百家中儒家无疑占有显著地位，而且最终成为了传统文化的主流、核心。事实上，儒家已经不单单是通常意义上的学术或学派，可以说它是我们中国文化的精华，也是中国固有价值系统的一种表现。它的影响不仅仅限于中国，而是形成了一个以中国为核心，放射性地影响到周边国家，比如日本、韩国、新加坡等的文化圈，所谓的"东南亚文化圈"基本上就是以儒学为主体的文化构成模式。而且，随着社会、历史的发展，儒家伦理也正在进入西方社会。

由于诸子百家在当时主要是为国君提供政治方略而产生的，所以说诸子百家是各种政治学派的总称。在政治上，儒家主张以德化民，道家主张无为而治，法家主张信赏必罚，墨家主张兼爱尚同，名家主张去尊偃兵。汉代以后，墨家和名家成为绝学，农家独立成一门技术性学科，阴阳家演化为神秘的方术。对后世政治产生影响的只有儒、道、法三家，加上由印度传入并经过中国化改造的佛教思想，构成我国传统文化的主流。

诸子百家的很多思想都给我们后代留下了深刻的启示，比如：儒家的"仁政"、"己所不欲，勿施于人"的"恕道"，孟子的古代民主思想，道家的辩证法，墨家的科学思想，法家的唯物思想，兵家的军事思想，开创了中国哲学史上逻辑学领域先河的名家，等等。

借鉴儒家的刚健有为精神，可以激励自己发愤图强；借鉴儒家的公忠为国精神，可以培育自己的爱国情怀；借鉴儒家的"以义制利"精神，可以启示自己正确对待物质利益；借鉴儒家的仁爱精神，可以培育自己热爱人民的高尚情操；借鉴儒家的气节观念，可以培育自己的自尊、自强的独立人格。同时墨家的"兼爱""尚贤""节用"，道家的"少私寡欲""道法自然"，法家的"废私立公"，兵家的"因敌制胜"，佛家的"慈悲为怀""自度度人"等等思想对我们现代人都有很强的学习、借鉴功效。

除此以外，朱熹，王阳明等思想家，韩愈，柳宗元等文学家，及其他史家，蒙学等作品中，也蕴含着大量论述师德的内容，生动地展示了中华民族尊师重教，诗礼传家的优秀传统，这些珍贵而丰富的文化宝藏是祖先留给我们的财富，"问渠那得清如许，为有源头活水来"，它必将成为当代教师乃至全民族道德修养的精神源泉。

二、师德规范的历史轨迹①

国学中关于师德的内容极为丰富，尤其在儒家文化中表现得十分突出。孔子就不断被后世君王封为"大成至圣先师"、"万世师表"等等，可见，中华民族自古以来就尊师重教，并将这一传统视为社会文明进步之基。教师不仅是授业的经师，更要做传道的人师，其道德操守、行为举止，向来受到严格的约束。"凡学之道，严师为难。师严，然后道尊；道尊，然后民知敬学。"（《礼记·学记》）这就是人们通常所说的"师道尊严"。社会重视教育，尊重教师，首先是由于教师德高身正，严于自律，所以教师必须从自身做起，修身养德，致知力行，方能做好教育工作，赢得社会尊重。这个简单的道理，直到今天，仍值得我们作深入的思考。

---

① 以上来源于《中国教育报》2008年9月26日第4版。

（一）最早的师德标准

古之学者必有师。上古时代，就出现了教师这一职业。但那时的教师是什么样，其风范若何，由于文献中语焉不详，我们难以详尽了解。但就其寥寥数语，也能让人们看到一个大致的轮廓。

传说尧帝和舜帝在位的时候，曾经任命契这个人作"司徒"。"司徒"这个称谓，后来演变为一种官职，推其本义，就是管理和教育学生的意思，也就是现在的教师。尧舜为什么要任命一个"司徒"呢？因为当时"百姓不亲，五品不逊"——社会风气不正，天下大乱，这是很严重的问题，所以要找个人出来管一管，怎么管？当时的说法是——"敬敷五教"。

"敬敷五教"在中国教育史和文化史上是一个很重要、很值得研讨的命题。首先，这里面提出了实施教育的目的，即"五教"。"五教"是针对五种主要的社会人际关系来实施教育。古人认为，父子、君臣、夫妇、兄弟、朋友，是构成社会最重要的五种人际关系，称为"五伦"。

顺应着人的天性可以建构起社会伦理基础，遵循着自然的规律可以建立起社会道德标准，这既是教育的应有之义，也是文明社会的开端、和谐社会的基础。后来孟子又进一步将"五教"表述为"父子有亲、君臣有义、夫妇有别、长幼有序、朋友有信"，使之成为儒家教育思想的核心内容，亦成为数千年中国社会的主流价值观。由此我们可以了解，中国教育的源头活水是做人教育，而非知识传授。古代圣贤相信，只有教育学生学会理解和处理好这五种社会人际关系，学会做人，才能够"修身、齐家、治国、平天下"，实现个人人生幸福、家庭美满、事业成功，促进社会的和谐进步。

其次，"敬"、"敷"两字也值得玩味。"敬"是对教育者职业态度的要求，"圣贤进德修业，不离一敬"。"敬"的反义词是"肆"，就是随意、放任、不负责任的意思，就是无法履行教书育人的责任。"敷"是传播、流布的意思，教师要传经布道，不仅自己懂得做人的道理，还要有以天下为己任、兼爱他人和诲人不倦的精神。

按照这样的标准，尧舜最终选用契作了司徒，承担起育人的重任。契是商代的祖先，曾经协助大禹治水，表现出了很高的才能。但作为教师，仅有高人一等的才能是不够的。关于契，《列女传》称"契之性聪明而仁，能育其教，卒致其名"。可见契的成就主要不是因为他治理过水灾，而在于他"能育其教"——在教育方面做出重大贡献，因而为当时和后世的人们所纪念。契的秉性是"聪明而仁"，"聪明"是天赋，是见识；"仁"是爱心，是品格。二者兼具，故能担负起育人的责任，用现在的话来说就是"学高为师，身正为范"，或者叫做"德才兼备"。只有这样的人，才有资格去做教师。契这个人，恐怕是我们中华民族的祖先为后世树立起来的第一个师表风范，他身上体现出的"聪明而仁"的秉性，也可视为我国最早的教师职业道德标准。

春秋战国时期，是一个天下扰攘、充满纷争的年代。于是有百家诸子并起，为乱世开太平药方。诸子其实都是职业教师，私人讲学，坐而论道，各有一班学生相追随。诸子虽然不是别人任命出来的教师，但也是循循善诱、谙通育人之道的教育家，否则怎么会有那么多生徒追随呢？是故在他们的著作中，也保存下来许多有关教育和教师的论述，虽吉光片羽，却弥足珍贵，其中很多经典的词语，被直接引用到后世制定的师德规范中。

孔子是被尊崇为"万古师表"的古代杰出教育家。"孔子不仕，退而修《诗》、《书》、《礼》、《乐》，弟子弥众，至自远方，莫不授业。"（《孔子世家》）孔子退居家中整理古代文化典籍，他大概没想过到处去张贴招生广告，结果还是引来了四面八方的大批学子向他问学。对此，可用孔子自己的话作一解释——"其身正，不令而行，其身不正，虽令不从"。孔子是知行合一的，他的教育主张来源于他的教育实践，"不能正其身，如正人何？"（《论语·子路》）如果教师不能言行一致、以身作则，又怎么能去教育和影响学生呢？孔子教导学生要"学而不厌，诲人不倦"，他自己也是这么去做的。对此，孔子的学生子贡评价说："学不厌，智也；教不倦，仁也。仁且智，夫子既圣矣"。在他的学生眼中，"仁且智"是孔夫子身上体现出来的鲜明特点，也是孔子被后人看做圣人的主要原因，这与前面谈到的契的"聪明而仁"是一脉相承的。我们可不可以说——"仁且智"，是古代中国对于教育者人格境界和师表风范的最高追求？

（二）朱熹手订《白鹿洞教条》

南宋淳熙六年（1179 年），刚刚出任南康军（今江西九江星子县）郡守不久的大教育家朱熹，决定在庐山东麓的白鹿洞创办书院。在这里，他亲手制订了著名的《白鹿洞教条》：

父子有亲。君臣有义。夫妇有别。长幼有序。朋友有信。

右立教之目。尧舜使契为司徒，敬敷五教，即此是也。学者学此而已，而其所以学之序，亦有五焉，具列如左：

博学之。审问之。谨思之。明辨之。笃行之。

右为学之序。学、问、思、辨四者，所以穷理也。若夫笃行之事，则自修身以至处事、接物，亦各有要，具列如左：

言忠信。行笃敬。惩忿窒欲。迁善改过。

右修身之要。

正其谊，不谋其利。明其道，不计其功。

右处事之要。

己所不欲，勿施于人。行有不得，反求诸己。

右接物之要。

这是中国教育史上值得特别纪念的一件大事。由于朱熹的提倡和努力，白鹿洞书院不但在其后数百年间弦歌不辍，发展成为"天下书院之首"，"代表了中国近世七百年的宋学大趋势"（胡适），并开启了近千年来古代书院的教育传统。朱熹手订的这则《白鹿洞教条》，更是被历代教育家作为师德信条而奉持不渝。例如明代大学者、教育家王阳明就曾说过："夫为学之方，白鹿之规尽矣"。

《白鹿洞教条》既是学生求知问学的条规，也是教师从事教育的规范，两者是统一的。对此，朱熹解释说："熹窃观古昔圣贤所以教人为学之意，莫非使之讲明义理，以修其身，然后推以及人，非徒欲其务记览，为辞章，以钓声名，取利禄而已也。"这就是说，在教育实践中，教与学是统一的，古往今来教育的宗旨只有一个：就是要实行做人教育，而不是将教育视为追求个人功利的手段。正如陶行知先生所说："千教万教教人求真，千学万学学做真人。"可见，古今历史上真正的教育家都是反对功利主义教育的。

《白鹿洞教条》系统梳理了古代先贤，尤其是先秦儒家关于教育问题的经典论述：首先，明确孟子提出的"五教"主张即是教育的宗旨，"学者学此而已"。其次，将孔子《中庸》中提出的"博学之，审问之，慎思之，明辨之，笃行之"作为教书育人的门径。并且强调说，前面四者，是为了穷理致知，属于认识的范畴，后面的"笃行"则是实践。朱熹一向认为，《中庸》是孔子"传授心法"之作，其中提出了很多重要的教育命题，值得终身品味。此后，王阳明又在此基础上提出了"致知力行"、"知行合一"的主张。这些见解和主张，对于我们纠正当前教育工作的偏失,也有着很强的现实意义。

其后列出的"修身之要"、"处事之要"、"接物之要",都是"笃行之事",皆属实践范畴。朱熹认为,人的认识不能脱离实践,实践能提升人的认识,"知之愈明,则行之愈笃,则知之益明",这个循环反复的过程,就是教育的过程。

对于教育者自身而言,更应以此作为"规矩禁防",在此过程中不断修身进德,"是以君子心廓然大公,其视天下无一物非吾心之所当爱,无一事非吾职之所当为。虽势在匹夫之贱,而所以尧舜其君、尧舜其民者,亦未尝不在吾之分内。"

这是我国古代关于师德规范最完整、最清晰的一次论述。

(三)明清书院的师德规范

朱熹以后,他的门人程端蒙和程的友人董株根据《白鹿洞教条》制订了一个既能为书院学生所应用又能对师长有所借鉴的《程董二先生学则》。这个学则和《白鹿洞教条》一样,为明清两代的书院和官学普遍采用。

顺带说一下,古代书院和学校的"学则",其称不一,又叫"教条"、"学则"、"轨范"、"揭示"、"规训"、"戒勉"等,实际所指都是相同或相近的,其内容对包括教师和学生在内的学校全体成员都有约束作用。之所以对教师和学生不作分别的要求,依据的是《易经》上的一句话:"君子以朋友讲习"。也就是说,在古代的学府里,师生之间应是朋友的关系,其主要教学(讲习)形式,即所谓"朋友聚会一番,精神收敛一番,讲论一番,道理开发一番",这对于以做人教育为主的书院来说,更是如此。

相对于《白鹿洞教条》的微言大义,《程董二先生学则》则具体到了书院师生的日常起居和行为规范。如"居处必恭"、"步立必正"、"视听必端"、"言语必谨"、"容貌必庄"、"衣冠必整"、"饮食必节"、"出入必省"、"读书必专"等,其好处是便于操作执行和监督,但未免琐细,流于形式,容易使人舍本逐末。所以朱熹在审定时似乎对此不以为然,以为这是"古人小学之遗意",用来约束一下孩童还差不多,如果用来规范成年人,就不免过于浅陋了。

明清两代,沿袭宋代书院讲学风气,天下才俊依聚山林,励志清修,"濂洛诸儒此集成,虚堂遥应四山鸣",书院教育遂有了较大的发展,渐渐成为当时教育的主流。对于化育人才、砥砺气节、涵泳风气起到了积极的作用。

明清书院普遍重视学子修身进德,因此,选聘师长,最看重的一条就是道德操守。清代学者戴震说:"讲学砥节,相语以道德,相勖以恭行。自宋以来,书院之立,咸若是。"可见,如果不是德高望重的硕儒,是很难成为书院士子们的人生导师的。

清代豫南书院对于教师师德订有四条规范:其一,敦德行以端本原也;其二,勤研讨以践实学也;其三,重师友以求夹持也;其四,谨交游以遵礼法也。其中第三条,还特别要求教师能够与学生"同堂共学,朝夕追随,赏奇析疑,互征心得",强调教师与学生要在一起互动交流,自由探究学问,教学相长,创设生动活泼的教学氛围,"亦名教中活泼泼地也"。

群玉书院中专门设有"亲师斋",其铭曰:

"主善为师德业所资,狎而敬之,畏而爱之,亦趋亦步,朝斯夕斯,熏陶既久,其益无涯。"

教师要抱一颗慈爱之心,使不听话的孩子能够敬重你,胆怯的孩子能够喜欢你,一天到晚都愿意追随你、亲近你。用你高尚的人格长时间地熏陶滋养着孩子们,将会使他们终生受到教益。这样的师德标准,即使放到今天来看,也是令人向往不已的。

看到历史上的这些师德标准,我们不由得肃然起敬。前辈们早就为后人确定了正确的教育理念,严格的师德规范,真可谓"前人之述备矣"。这笔宝贵的精神财富需要我们不断地继承发扬,在新的历史时期加以践行,成为我们为人师表的有益借鉴。

第二节　取精用弘,继承发扬

国学经典里蕴含的师德规范广博深厚,对于指导教师敬慎从教,立德修身,提升境界,都有极大的价值。当代的教育工作者,理应从先贤圣哲著述的传统文化中汲取养分,加强修为,继承前辈的优秀思想,努力践行,发扬光大,在平凡的岗位上做出骄人的业绩,使人类文明成果薪尽火传,生生不息。

一、仁爱精神

仁爱,是儒家文化道德思想的核心,它涵盖了一切美德。即使是孔圣人也谦虚地表示:"若圣与仁,则吾岂敢?"对于其他人,则很少许之以"仁",连最喜爱的学生颜回也只称为"其心三月不违仁"。"仁"成了儒学的"全德",不是近乎完美的人,很难符合孔子"仁"的标准。但我们并不因此认为"仁"是可望而不可即的要求,因为仁的精华是爱人,只要有一颗爱心,为他人奉献和付出,我们就能担得起一个"仁"字。儒家文化给人们指示了追求仁爱的路径,"孝悌也者,其为人之本与?""事父母能竭其力,事君能致其身,与朋友交,言而有信",以此为起点,延伸至"四海之内",都能亲如兄弟,那么,我们的社会自然就会和谐安宁,人们就会觉得幸福愉悦。

"仁者,人也","仁者,爱人","仁"是人之所以为人的根本。因为人是社会的唯一主体,是万物之灵长,宇宙之精华,是最应当受重视、关心、尊重和爱护的,所以我们应当唤醒、激活、培育人们的这种价值追求、价值理想,这也是人文精神的核心。仁爱是一种博大的爱心、善心、同情心,我们今天有条件把仁爱精神由亲人推广到所有的人,推广到祖国、人民,推广到人与自然的关系,这是个人身与心、人与人、人与社会、人与自然和谐的基本元素,也是现代人文的基因。仁爱是社会和谐的催化剂,我们应当进行爱的教育,有仁爱之心作共同的道德信念,就容易营造团结互助、和睦相处的社会风尚。

仁爱之心讲究将心比心,"己欲立而立人,己欲达而达人","己所不欲,勿施于人",这样的仁爱之心可以成为今天我们社会矛盾的精神解药。1993年9月世界各国宗教领袖在美国芝加哥开会通过的《全球伦理宣言》说:"己所不欲,勿施于人","这个原则是有数千年历史的宗教和伦理和传统所寻获并持守的","这个终极的、绝对的标准。适用于人生各个范畴,家庭和社会,种族、国家和宗教。"基督教讲博爱,佛教讲慈悲,伊斯兰教讲行善惩恶,仁爱都可以与它们沟通,这也说明仁爱可以成为勾通不同文化的世界语言。我们今天社会所面临的许多矛盾,仁爱都能提供良性的道义上的解决依据。

对于教育工作者而言,具有仁爱精神无疑是从教的基本要求。冰心先生说:"有爱就有一切。"夏丏尊先生更说得直白:"没有爱就没有教育。"爱学生是教师职业道德的核心,它具有强大的教育力量。师爱是打开学生心灵的大门的钥匙。其实,师爱既造福学生,也造福教师自己。常言道:送人鲜花,手有余香。所以,教师对学生好的时候,也是对自己最好的时候。爱学生的老师最轻松、最快乐。而师爱与生爱的相互融合,必然能够营造出快乐和谐的教学氛围。

只要我们心中有爱,我们的学生就都是天使,我们的教学就一定是愉快的;只要我们心中有爱,就能与领导、同事、家人和睦相处,工作与生活就会轻松自如;只要我们心中有爱,就能敬业爱岗,坚守道德底线,以助人为快乐之本。

学高为师,德高为范。中华民族素有崇尚师德、弘扬师德的优良传统。师德是中华优秀传统文化的精粹。教书育人,教书者必先学为人师,育人者必先行为世范。教师的职业特点决定了教师必须具备更高的素质,而师德是教师最重要的素质,是教师之灵魂。师德决定了教师对学生的热爱和对事业的忠诚,决定了教师执著的追求和人格的高尚;另一方面,师德直接影响着学生的成长。教师的理想信念、道德情操、人格魅力直接影响到学生的思想素质、道德品质和道德行为习惯的养成。高尚而富有魅力的师德就是一部活的教科书,就是一股强大的精神力量,对学生的影响是耳濡目染的、潜移默化的、受益终生的。人们回忆起自己的成长经历时,经常不约而同地想到教师的启蒙和榜样作用。当前我们深化教育改革,全面推进素质教育,全面提高教育质量,不仅需要教师转变教育思想和观念、更新知识结构、提高教育教学水平,更需要教师有良好的思想素质和高尚的师德,并在与时俱进的伟大实践中不断提高师德水平。

教育工作者如果都能铭记着陶行知先生"千教万教教人求真,千学万学学做真人"的名言,坚持用仁爱去点亮孩子的心灵,坚信孔子所说的"仁莫大于爱人",把"仁爱"理念作为自己工作的出发点和落脚点,坚持"仁爱"的育人方略,就会在工作中取得骄人的业绩。

二、内省自律

内省自律,通俗地说就是自我反省,自我约束。它是指在内心省察自己的思想、言行有无过失,进而指导自己的言行合乎一定规范的修养方法。儒家自孔子始便很注重这种内心的道德修养,孔子要求人们"内省"、"自讼",孟子的"内省"修养名为"存心",也叫"求放心"。宋明理学家继承了孔孟的"内省"的修养方法。程颐的修养方法为"诚敬"、"致和"、"集义",王守仁则为"致良知"。儒家要求人们用这套道德修养来约束自己的各种思想行为。

曾子曰:"吾日三省吾身:为人谋而不忠乎? 与朋友交而不信乎? 传不习乎?"

司马牛问君子。子曰:"君子不忧不惧。"曰:"不忧不惧,斯谓之君子已乎?"子曰:"内省不疚,夫何忧何惧?"

孟子曰:"爱人不亲,反其仁;治人不治,反其智;礼人不答,反其敬。行有不得者皆反求诸己,其身正而天下归之。《诗》云:'永言配命,自求多福。'"

以上所引孔孟之言,都谈的是内省自律,这是儒家修身的重要内容。无独有偶,西方哲人也有同样的观点:"自律自制是一切美德的基石。""自我控制只不过是另外一种形式的勇气,它被认为是人的品格中的精髓。"可见,不同的文化在这一点上都有类似的要求,它决定了人们品格的高下。

因此,一个师德高尚的教师,必定是高度严谨自律的人,必定是以高标准要求自己的人。他具有良好的心理素质、高尚的道德情操以及正确的人生观。而要培养良好的个人心理素质,必须注重自身的修养、严格的自律。说白了,自律就是自己约束自己,管好自己。人人崇尚自由,但是,自由的代价是自律,没有自律的自由是无法想象的。个人的自律具体表现在以下几点:

1. 懂得自爱,即自觉地塑造自己的良好的形象。

俗话说:站要有站相,坐要有坐相。这里所说的相,指的就是形象。它告诉我们,坐、站都要注意自己的形象,也就是说一个人时时刻刻都应该按照一定的标准来塑造自己的形象。一个人的形象,既有外在的方面,也有内在的方面。外在形象是看得见、听得到的,是有形地表露在外面的,例如相貌、身材、穿着打扮、言谈举止等,如《弟子规》所说"步从容,立端正,揖深圆,拜恭敬"。内在形象则表现的是比较深层的气质,例如性格、理想、学识、情操、心理等,如《论语》中说的"君子有三变,望之俨然,即之也温,听其言也厉"。每一个自爱的人,都应该努力去美化自己的内在和外在形象。美化外在形象和内在形象都有各方面的要求,比如言谈举止文明有礼,优雅大方,具有良好的心理品质和道德情操,有鲜明、和谐的个性,有远大的理想等等。

2. 珍惜名誉,名誉即名声,它是社会或他人对你的评价,是一个人尊严的象征。

珍惜自己的名誉是中华民族的传统美德,它要求我们在任何时候都不允许自己的言行玷污自己的名誉和形象。"老冉冉其将至兮,恐修名之不立。""君子疾没世而名不称焉。"一些不当的只言片语,一些微不足道的蝇头小利,都有可能使我们名誉受损,应当戒之慎之,切勿因小失大。

3. 珍爱生命,生命是宝贵的,对每个人都只有一次,它不仅仅属于你自己,还属于你的家庭、国家和社会,因此要珍惜它。

在任何艰难困苦的环境下,都要热爱生活,热爱生命,这是对自己、家庭、国家和社会责任感的表现。就如著名的音乐大师贝多芬,扼住命运的咽喉,把对生命的热爱融入到自己钟爱的事业里,为我们留下了许多美妙动听的音乐,也以高尚的品格赢得了世人的尊敬。

4. 善于反省,通过经常地、冷静地回顾自己的思想和行为,寻找自身的问题。

"金无足赤,人无完人",世界上没有一个十全十美的人,每个人都会有缺点和错误。"人非圣贤,孰能无过","过而能改,善莫大焉"。一个自律的人应该经常检查自己,对自己的言行进行反省,纠正错误,改正缺点,这是严于律己的表现,是不断取得进步的重要方法和途径。有错误或缺点并不可怕,可怕的是无视它,不去改正它。"见贤思齐焉,见不贤而内自省也。""反省是一面镜子,它能将我们的错误清清楚楚地照出来,使我们有改正的机会"。

此外,儒家提倡的"慎独"也很重要,它是一种情操与修养,体现了人的真诚与坦荡。所谓"慎独",是指人们在独自活动无人监督的情况下,凭着高度自觉,按照一定的道德规范行动,而不做任何有违道德信念、做人原则之事。这是进行个人道德修养的重要方法,也是评定一个人道德水准的关键性环节。孔子曰:"君子有九思:视思明,听思聪,色思温,貌思恭,言思忠,事思敬,疑思问,忿思难,见得思义。"君子有九种要用心思考的事:看要看得明确,不可以有丝毫模糊。听要听得清楚,不能够含混。脸色要温和,不可以显得严厉难看。容貌要谦虚恭敬有礼,不可以骄傲、轻忽他人。言语要忠厚诚恳,没有虚假。做事要认真负责,不可以懈怠懒惰。有疑惑要想办法求教,不可以得过且过,混过日子。生气的时候要想到后果灾难,不可以意气用事。遇见可以取得的利益时,要想想是不是合乎义理。果能此道也,则真君子呼之欲出矣。

作为一个优秀的教师,必然要有自觉的内省自律的意识,从管好自己开始,省察自身的不足,时刻不忘自我约束和规范,处处成为学生的表率,坚守道德底线,珍惜自己的形象、名誉,这样就能够始终站在道德制高点上引领学生健康成长。

三、慈悲为怀

"慈悲"是一种悲天悯人的情怀，它不同于世俗间儿女情长的爱。它是仁慈博爱，仁慈济物，博爱利生。慈悲是佛陀设教的最大心愿，"慈"就是给予一切众生快乐，"悲"就是要拔除一切众生的苦厄。为人当以仁存心，慈悲乃化育之本，长养万物之根。一个人做什么事，只要有慈悲心，有仁爱心就不必过多去考虑，一切随缘随分去做，能做多少就多少，千万别因为做不完而不干，只要尽力而为就行。

佛学自汉朝传入中国，与中国本土文化不断融合，互相渗透，逐渐成为我国传统文化的重要组成部分。慈悲，是佛学中的重要思想，最能体现众生平等的观念。佛教主张无缘大慈，同体大悲，对跟自己有关系的人要慈爱，如自己的父母、亲戚、朋友等；同时对跟自己没有亲戚、朋友关系的人也要慈爱，如跟我从不交往或素不相识的人，也一样地关怀爱护。这是一种人饥己饥、人溺己溺的精神，把宇宙间一切众生看成人我一体、休戚与共、骨肉相连。

佛教平等的观念，并不只局限于万物之灵的人，包括一切动物，无不具有佛性——一种来日可以成佛的潜能。纵使人与其他动物之间，在形体上、智慧上有所不同，但在求生存的权利上，在佛性上却是平等的。就像一个穷凶极恶或是愚蠢无知的人，他亦具有"人性"一样，我们要以"人道"来对待他，用"人道"来教育他、感化他。俗话说："浪子回头金不换。"世上做人父母的，永远敞开着大门，盼望着浪子能够回头，哪怕他们的子女是个罪恶满盈的强盗。从来没有一对父母，希望或忍心自己的孩子永远在暗无天日、水深火热的地狱中受苦的。

佛教承认人性是善良的，只要放下屠刀，立地就可以成佛。佛更认为真正的"犯人"不是罪恶，而是无知，一切罪恶都是由于无知（佛教叫"无明"）所引生出来的。因此苦口婆心地、日夜不停地开导、启发众生，就变成佛的责任了。佛关怀众生，"如母忆子"，不但不忍心众生身受地狱之苦，而且广发"地狱未空，誓不成佛；众生度尽，方证菩提"的誓愿。这是何等的慈心！何等的悲愿！

既然芸芸众生智愚禀赋有别，贤与不肖并存，那么，教师面对的学生无疑也会有显著的差异，这种状况尤其需要教师"慈悲为怀"，多一点菩萨心肠。

教师能不能做到"慈悲为怀"，关键在于有没有两颗心：一颗叫"慈心"，一颗叫"悲心"。慈心者，实际上就是爱心。爱，有小爱与大爱之分。这跟佛法有小乘与大乘之分一样，小乘佛法强调自身的修养，而大乘佛法强调的是把爱施予众生。教师的爱心之大与小，可以区别出教师修养的层次，所谓"宅心仁厚"，这颗心起码要跟你住的房子一样宽大吧。我们常常看到一些老师，在对待自己的子女与对待学生的态度是差别非常大的，他的心里存在着两种不同的教育思想，在对学生时用的是一种，对自己子女的时候是另一种，可见其内心之矛盾。还有一些优秀的教师，说起来好笑，当他看到自己班上的学生犯错误时，往往比较注意教育的方式方法，采用引导规劝说服等等比较柔性的手段。同样的错误，在别的班的学生身上出现时，他就耐不住性子了，往往简单粗暴，声色俱厉。看待别的班的学生的心态，如同看待邻家孩子一般，这样即使他教的班级再好，也不能说明他是有爱心的老师。当老师的心态如此纠结与矛盾，恐怕与教育的环境、教育的管理不无关系。

再来说说"悲心"。悲者，就是怜悯、同情的意思。无论是怜悯还是同情，都包含着感同身受的意思在里面。小学生难免犯错误，不会犯错误的学生好像从来没有来到这个世上过。而且小学生难免会犯同样的错误，性质相同而且次数重复，这都是学生心性发育未完全的特征。其实,大人犯重复错误的事一点也不比小孩子少,比如酗酒、吸毒、赌博等都是屡犯不改。重要的不是犯了什么错误,而是如何对待这些错误。在学生犯了错时,少些"这会影响我的工作业绩多少"的想法,处理起来会心平气和得多。有些老师曾说起经常因为班上学生犯错误而批评孩子,甚至生气起来打骂孩子,但过后回家冷静下来心里非常后悔痛苦的感受。可见这些老师还是宅心仁厚的,但有时候也难免动怒。因此,教师如何做到"慈悲为怀",我认为最重要的是加强学习,提高修养,看到更为广大的世界。坚持自己的教育思想,实践自己的教育思想,把业绩看得淡一些,把领导看得轻一些,这样学生在心中的地位就会重一些。

古罗马皇帝马可·奥勒留在《沉思录》中写道:"每天开始的时候就告诫自己:我将会遇到某个好管闲事的人、忘恩负义的人、狂妄粗野的人、奸诈阴险的人、善嫉的人。他们之所以染上这些恶习,是因为不辨善恶。而我,是能够明辨善恶的,并且知道沾染这些恶习的人本性与我相似——我们不仅在血统上本自一源,而且共享同样的理智与神性——因此,他们中没有人能损害我,我也不会对我的同类发火,不会憎恨他们,因为我们注定要相互合作,就像我们的双手、双脚、上下眼皮、长在上下颚的两排牙齿。若我们相互对抗,便违反了自然;相互发怒和仇恨无疑就是相互伤害。"可见,慈悲广大之心,不是佛家弟子所特有的,如果教师也能做到"慈悲为怀",也是一桩"善莫大焉"的功德。

陶行知先生曾说过:"谁不爱学生,谁就不能教育好学生。"只有对学生发自内心真挚的爱,才能给他们以鼓舞,才能使他们感到无比的温馨,才能点燃他们追求上进的希望之火。教师应该怀着一颗悲悯之心,悲伤着学生的悲伤、快乐着学生的快乐,经常以朋友的姿态出现在学生当中,用朋友之心去探测学生的心灵火花,做学生的知心朋友,帮助学生解除痛苦,快乐学习。每个学生都有自身的闪光点,只是我们老师没有把它发掘出来。每一位学生都是祖国的花朵,都要平等对待,不能厚此薄彼。对好学生不偏爱,对后进生不带偏见,不助长好学生的坏习惯,不压抑后进生的上进心。坚持了一个标准,对好学生和后进生的错误和缺点一视同仁,宽严有度,让学生人人都有自己的发言权,都有展现自己才能的机会。在学生犯错误时,能耐心教导使他们心悦诚服;在学生需要帮助时,能为他们指点方向;在学生迷茫时能为他们点盏明灯,使他们生活得更健康、更精彩。使每一位学生都能体验到学校的温暖、学习的快乐,这样才能真正教育好学生,才能使教育发挥最大限度的作用。[①]

想到张爱玲半个多世纪前写给胡兰成的一句话:"因为懂得,所以慈悲。"若每个教师都能怀揣慈悲之心,用爱点燃学生心中的智慧明灯,让爱心与教育相随、相融,我们必将迎来教育的春天。

四、遵守规则

教师自身要模范地遵守一切规章制度,同时又要用合理的规则制度来教育管理学生,在国学经典中,有很多可资借鉴的内容,让我们深受启发。子曰:"苟正其身矣,于从政乎何有?不能正其身,如正人何?"说的是如果能端正自己的行为,那么管理政事有什么难度呢?如果不能端正自己的行为,怎么能管好别人呢?孟子说:"夫子教我以正,夫子未出于正也。"老师叫我走正道,可老师却走旁门左道,如果是这种状况,教育的效果必然大为减弱,甚至适得

---

① 选自 http://zyzxqyh.blog.163.com/blog/static/17029057620111216114436638/

其反。

这个方面的论述,各家都有涉及,尤其是法家思想中的许多观点,值得我们吸纳和借鉴。

(一)规则的作用①

规则的第一个作用就是"定分止争",也就是明确物的所有权和人的权利义务,俗话说的"没有规矩,不成方圆"就是这个意思。其中法家学者慎到就做了很浅显的比喻:"一兔走,百人追之。积兔于市,过而不顾。非不欲兔,分定不可争也。"意思是说,一个兔子跑,很多人去追,但对于集市上那么多的兔子,却看也不看。这不是不想要兔子,而是所有权已经确定,不能再争夺了,否则就是违背法律,要受到制裁。

第二个作用是"兴功惧暴",即鼓励人们立功,而使那些不法之徒感到恐惧。兴功的最终目的还是为了富国强兵,取得战争的胜利。联系到教师的工作,这两点有很强的指导意义,用规则和制度来管理,比单靠个人魅力要稳定有效得多。再受学生欢迎的老师,也必须通过制度的规定,明确每个人的职责,赏罚分明,按章办事,使大家觉得公平合理,心服气顺。同时,奖优罚劣,让违反规则的人受到惩戒,减少乃至杜绝违规违纪现象,促进和谐校园与和谐班级的建设。这其中最至关重要的因素是教师要率先垂范,一视同仁,教师要带头遵守法规、公德、校纪等,平等对待每一个学生,这样许多纷争自然消弭,勤学上进自然蔚然成风。

(二)"好利恶害"的人性论

法家认为人都有"好利恶害"或者"趋利避害"的本性。像管子就说过,商人日夜兼程,赶千里路也不觉得远,是因为利益在前边吸引他。打鱼的人不怕危险,逆流而航行,百里之远也不在意,也是追求打鱼的利益。有了这种相同的思想,所以商鞅才得出结论:"人生有好恶,故民可治也。"

既然人的本性是"好利恶害",那么教师就应该因势利导,遵循学生成长的规律和心理上的需求,促进学生全面发展,如管子所说"与俗同好恶","俗之所欲,因而与之;俗之所否,因而去之"。只有选择学生喜闻乐见的方式、容易接受的方法,或者合适的契机进行教育,才可收事半功倍之效。

(三)"不法古,不循今"的历史观

法家反对保守的复古思想,主张锐意改革。他们认为历史是向前发展的,一切的法律和制度都要随历史的发展而发展,既不能复古倒退,也不能因循守旧。商鞅明确地提出了"不法古,不循今"的主张。韩非则更进一步发展了商鞅的主张,提出"时移而治不易者乱",把守旧的儒家讽刺为守株待兔的愚蠢之人。

这个观点给我们的启示是"教无定法",没有一成不变的教育方法,也不应该迷信某种理论、某位大家,应根据各自不同的校情、学情,学生不同的个性特征、素质水平,因材施教,灵活变通,以达到最佳的教育效果。

(四)"法""术""势"结合的治国方略

商鞅、慎到、申不害三人分别提倡重法、重势、重术,各有特点。到了法家思想的集大成者韩非时,提出了将三者紧密结合的思想。法是指健全法制;势指的是君主的权势,要独掌军政大权;术是指的驾驭群臣、掌握政权、推行法令的策略和手段主要是察觉、防止犯上作

---

① 从以下摘自河南文化产业网。

乱,维护君主地位。

虽然"法""术""势"三者都是君主治国的手段,但同样可以给教师有益的借鉴。教师在学生面前,应该树立一定的威信,具备驾驭全局的能力,加之健全的制度保证,再多一点策略与灵活,那么,教育的奥妙就尽在掌握之中了。

五、体现智慧

(一)因材施教因人而异

孙子曰:"夫兵形象水,水之形避高而趋下,兵之形避实而击虚;水因地而制流,兵因敌而制胜。故兵无常势,水无常形。能因敌变化而取胜者,谓之神。"兵家的思想,特别强调通权达变,根据客观情况的变化而调整变化,以达到己方所需的最佳结果。故最善战者,有战神之谓,那么,最善教者,可否称之为教神呢? 如果有,他必然是一位深谙事物变化规律与学生个性特征的教师。

子路问:"闻斯行诸?"

子曰:"有父兄在,如之何其闻斯行之?"

冉有问:"闻斯行诸?"

子曰:"闻斯行之。"

公西华曰:"由也问,闻斯行诸? 子曰:'有父兄在';求也问闻斯行诸,子曰:'闻斯行之'。赤也惑,敢问。"

子曰:"求也退,故进之;由也兼人,故退之。"

子路问孔子:"听到什么就行动起来吗?"

孔子说:"你有父亲兄长在,你怎么能听到这些道理就去实行呢!"

冉有也来问:"听到什么就行动起来吗?"

孔子说:"应该听到后就去实行。"

公西华问道:"子路问是否闻而后行,先生说有父兄在。冉有问是否闻而后行,先生说应该闻而即行。我弄不明白,想请教先生一下。"

孔子说:"冉有为人懦弱,所以要激励他的勇气。子路武勇过人,所以我让他谦退。"

孔子近乎完美地实行"因材施教",其基础就是对学生的充分了解。孔子说:"不患人之不己知,患不知人也。"(《论语·学而》)他认识到"知人"的重要性,因此他十分重视"知"学生,认真分析学生个性,甚至只用一个字即可准确地概括,足见其备学生之细致认真。这样,充分了解学生之"材",才能因其"材"而施教。如果缺乏了这个必备的前提,何谈"因材施教"呢?

现代教育,从理论上早已接受了这种观点,但在实践中几乎都把备课看做是备教材、备教案,甚少备学生,不了解学生的个性差别,千篇一律地灌输知识,至于哪些学生能接受,哪些学生不能接受,学生接受多少,很多教师不去考虑。

那么,如何"备学生"呢?

孔子的方法大致有二:

第一,是"听其言"。这是了解学生的重要途径,因为"不知言,无以知人也"。而"听其言",一是被动地听,二是主动地与学生交谈。被动地听,这在孔子的教学过程中不胜枚举,故略而不论。主动地和学生促膝谈心,以便更深入地了解他们,这在《论语》中也不乏其例:

颜渊、季路侍。子曰:"盍各言尔志?"子路曰:"愿车马、衣轻裘,与朋友共。敝之而无憾。"颜渊曰:"愿无伐善,无施劳。"子路曰:"愿闻子之志。"子曰:"老者安之,朋友信之,少者怀之。"(《论语·公冶长》)

特别是"侍坐",就是召集学生进行集体谈话,类似我们现在的座谈会。

第二,是"观其行"。也就是把学生的一举一动置于教师的视野之下,全面细致地观察其行动,如孔子所言:"视其所以,观其所由,察其所安。"(《论语·为政》)

阙党童子将命。或问之曰:"益者与?"子曰:"吾见其居于位也,见其与先生并行也,非求益者也,欲速成者也。"(《论语·宪问》)

当阙党有个儿童来向孔子传信时,有人问孔子这个孩子是否是一个要求上进的人。"他是想让自己学习上进的那种人吗?"孔子说:"我看到他站在成年人才应该站的位置上,看到他跟前辈长者并肩行走,不像是想通过学习使自己上进的人,而是急于成名的人。"孔子通过一个人的行走坐姿这种极为简单的行为来了解发现人的品行,可谓细致入微。

还可以通过观察其所处环境,如观察他所结交的人来间接了解其本人。孔子说:"人之过也,各于其党。观过,斯知仁矣。"(《论语·里仁》)也即"人以类聚,物以群分","近朱者赤,近墨者黑"。

既要"听其言",又要"观其行",二者结合起来,就是"听其言而观其行"(《论语·公冶长》)。把"言"和"行"结合起来考察,这就是孔子备学生的方法。对此我们应当很好地借鉴。现代教学过程中,教师往往高高在上,没有真正深入到学生中去,没有和学生进行朋友式的交谈,学生不愿吐露自己的真实想法,教育的效果难免大打折扣。

(二)正奇并用相辅相成

老子说:"以正治国,以奇用兵,以无事取天下。"治国者,需用正道,光明磊落,堂堂正正;用兵者,乃敌对双方的生死较量,不是你死就是我亡,生死关头,所以什么手段都可以用。

以正治国延伸至教育教学工作中就要求教师以身作则,身正行端,公平、公正地管理班级,教导学生,其实质是:理念正和行为正。圣人云:"我无为而民自化,我好静而民自正,我无事而民自富,我无欲而民自朴。"在某种层面上,教师是学校和班级风气的先河,他的理念影响班校的整体传统,上行下效,上梁"正"下梁才不会歪。

以奇用兵就是教师运用特别的策略,出奇不意地取得胜利。以奇用兵的核心是对自己和环境有着深入的了解,知晓处于何种社会环境中,面对的是哪些事情、哪些特征的学生,教育的侧重点与切入点在哪些方面,应该运用哪种方法才能收到最好的效果,不利的因素是什么,经过分析斟酌之后,再对症下药,出奇不意地解决问题。奇不是表面上简单地另辟蹊径,而是要深入内里,切中要害,集中力量促使目标的实现。

"以正治国,以奇用兵"包含了丰富的哲思,它的内涵需要细细挖掘。传统经典的深刻内涵是浩瀚无疆的,需要上下而求索。传统经典不仅仅是一种处世的参考,也是人生境界、思想观念的向导,从传统经典中获取的感悟能促使我们对世界和社会思考方式的转变。思维观念的提升和决策的正确性能够增强对班级、学校的有效管理力。站得更高,才能看得更全面,从而避免拘泥于肤浅的表面。

(三)临机处置恰当得体

"非得不用,非危不战。主不可以怒而兴师,将不可以愠而致战。合于利而动,不合于利而止。怒可以复喜,愠可以复说,亡国不可以复存,死者不可以复生。故明主慎之,良将警之。此安国全军之道也。"

《孙子兵法》不应该只被看做兵法,更应该当做是一部教人解决问题的书籍。可以这样讲,世界上的大多数问题,都可以通过《孙子兵法》解决。

《孙子兵法》很强调"知",而且其理论也都是围绕"知"而展开的,有了"知"才能有"谋",而有了"谋"才能有"行"。如果没有"知",就不能"谋",不能"谋"谈何"行"?

《孙子兵法》里的"知"有以下几个意思:

第一是知道事情的各个方面的情况。只有知道了事情的各个方面情况,你才能根据这些情况针对性的采取行动。

第二是知道别人看不到的地方。一件事情,普通人只能看表面,聪敏人看第二层,智慧的人看第三层。境界越高,看得越深,就越能见到很多别人看不到的地方,而这些地方都是胜利的根本。

第三是知道事情发展的规律。很多事情虽然很复杂,但都有其大致的规律,这就是老子说的"道"。孙子说,知道事情的发展规律,能避免,能提前应对,能正确地处理,所以,对事情的发展要有足够的预见力。

第四是知道自己。无论你处理何种事情,无论你和何人对弈,这里面都有一个很关键的因素,就是"自己"。所以说,了解自己,知道自己,是成功的第一步,知道自己能做什么,适合做什么,缺点是什么,才能正确地将自己的才能展示出来。

教师在工作中,有时会遇到意外情况,或者顽劣的学生制造事端,或者学生的情绪剧烈波动,或者师生之间的冲突等等,这些都会考验我们的应变能力。有时要当机立断,有时却事缓则圆,有时要明辨是非,有时又不妨模糊处理。总之,"世事如棋局局新",偶然性的事件各不相同,五花八门,需要我们用智慧和谋略,妥善地加以解决。

因此,一个优秀的教师必然是一个能遵循教育规律的人,他能见人所未见,能知己知彼,能稳妥有效地处理各种事务,尤其是突发事件。这对教师的要求很高,需要我们从国学经典中不断汲取养分,提高自己的育人智慧。

六、廉洁从教

教师的职业神圣而光荣,担负着培育下一代的艰巨任务,教师的人格对学生的学习、生活、为人、处事等诸多方面都具有潜移默化的熏陶作用,会直接地影响学生身心的发展。教师只有廉洁从教,为人师表,才能把真、善、美的种子播撒在学生心田,并使之"开花"、"结果"。孟子曰:"人不可以无耻,无耻之耻,无耻矣。"明末清初的思想家顾炎武说得好:"不廉则无所不取,不耻则无所不为。人而如此,则祸乱败亡,亦无所不至。"

廉洁是教师立身之本。只有廉洁从教,教师才具备道德上的感召力,才能深刻影响学生的道德情感和精神世界,使学生在敬仰中默默地产生着思想和行为的自我激励、自我修养和自我改造。相反,如果教师人格不健全,言行不检点,做事粗糙,责任心不强,对学生没有爱心,为人不廉洁,则会对学生的发展产生较大的负面作用,使学生产生对人、对事、对社会的不信任,甚至对未来失去信心。

廉洁是教师立教之本。廉洁所持,道之所存;道之所存,师之所立。孟子认为"教者必以正",为师不廉,师道必坏,师道坏则必误学子。教师不仅要用广博的学识授业解惑,而且还要用高尚的人格魅力立身传道,成为学生求智、做人的楷模。因此,教师要"修身慎行,敦方正直，清廉洁白、恬淡无为"；要处处为人师表，从小事做起，从自我做起，率先垂范，时刻提醒自己要实实在在求学问、认认真真当老师、清清白白干事情，全身心地投入到自己所钟爱的事业和工作中。唯其如此，才能保证教书育人的实效，学生才会"亲其师，信其道"，进而"乐其道"。

廉洁是教师职业道德的本质要求。社会期望教师具有比其他行业更高的道德情操，在社会公德、职业道德以及家庭美德等方面，都要求教师能做出表率。不廉洁，贪欲多，就很难为人师表。教师清正廉明是从教的一个重要的条件，是教师育人的品德基础，它要求教师对自己的职业秉持一种神圣的感情和执著的献身精神，爱岗敬业，乐于奉献。在面临社会各种诱惑时，严格约束自己，廉洁从教，抵制不良风气，坚守人民教师的操守。

总之，教师要真正承担起教书育人神圣职责，用教师职业道德规范严格约束自己，在工作和生活中增强清廉意识，坚守高尚情操，廉洁从教，保证教育的公正和有效。

当今社会，新旧体制转换带来了价值观的碰撞和体制规范的失衡，少数教师由于受社会上金钱至上、权钱交易等不正之风的影响，经不住物质的诱惑，人生观、价值观发生了偏差，丧失了应有的职业道德，出现了以教谋私、见利忘义等不廉洁的现象，严重损害了教师队伍的形象，削弱了学校育人的效果，在社会上造成了不良的影响。

那么，教师如何做到廉洁从教呢？

首先，教师必须坚守高尚情操，传承和发扬奉献精神。教师的奉献精神就是以为学生服务为最高目的，以培育青少年成才成人为最大责任，不计报酬，淡泊名利，乐于献出，不重索取的以教为志、以教为荣、以教报国的精神。

其次，要正确认识教师职业的苦与乐，树立正确的人生观、价值观。教师这个职业，也许不会带来物质上的大富大贵，但是在精神上却是充实的、快乐的。因此，教师要树立正确的人生观、价值观，安贫乐教，爱岗敬业。

再次，教师要杜绝利用职责之便谋取私利。当前确实还存在着腐败、分配不公、教师待遇偏低等问题，但教师作为社会上一个思想水平较高的群体，应以正确的心态来认识和对待这些社会问题，以坚定的立场来维护教师自身廉洁从教的形象，不能因为心理上的不平衡就利用职责之便谋取私利。

时代要求学校抓好廉洁教育，时代要求教师廉洁从教。我们应自觉地将师德原则、师德规范内化于心，刻意操守并最终达到"随心所欲不愈矩"的境界，自觉抵制不义之利的诱惑、社会"潮流"的冲击，扎根祖国教书育人的伟大事业！真正承担起教书育人的神圣职责，用教师职业道德规范严格约束自己，在工作和生活中增强清廉意识，坚守高尚情操，廉洁从教，保证教育的公正和有效。

总而言之，廉政是一种文化，它与学校密切相关，与学校中的师生关系重大。廉政文化教育进校园，对拓宽廉政教育领域，下移反腐倡廉重心，加强学生思想道德教育，从青少年时期就培养萌生其反腐倡廉意识，促使整个社会形成以廉为荣、以贪为耻的社会文化环境，具有重要意义。

第三节　静下心来教书，潜下心来育人

2007年教师节前夕，胡锦涛总书记在全国优秀教师代表座谈会上强调，全社会尊重教师，广大教师更应该自尊自励，努力成为无愧于党和人民的人类灵魂工程师。他号召广大教师"静下心来教书，潜下心来育人，努力做受学生爱戴、让人民满意的教师"。

一、静以修身，俭以养德

道家思想最为推崇"虚静"，十分重视内心的安宁平和。如《道德经》十六章中说："致虚极，守静笃；万物并作，吾以观复。夫物芸芸，各复归其根。归根曰静，静曰复命。"意思是尽力使心灵的虚寂达到极点，使生活清静坚守不变。万物都一齐蓬勃生长，从而考察其往复的道理。那万物纷纷芸芸，各自返回它的本根。返回到它的本根就叫做清静，清静就叫做复归于生命。于是"清静"则可"无为"，"无为则无不为"，就能做成许多事；反之，如果处于一种心浮气躁、意动神摇的状态，不断受到外界的影响，就难以有所成就。

这里所谓的静心，指的是心情平静，心神安定。教育是心灵的艺术，心灵的艺术是需要静下心来慢慢感悟的。只有静下心来，才能去浮抑躁，去伪存真，不被利惑，不为名扰。潜心，用心专一，心无旁骛。十年树木，百年树人。教书育人是"慢功夫"。只有潜下心来，才能脚踏实地，有所作为。静心教书，潜心育人，这是对教师的基本要求。

诸葛亮《诫子书》中说：

"夫君子之行，静以修身，俭以养德，非淡泊无以明志，非宁静无以致远。夫学须静也，才须学也，非学无以广才，非志无以成学。淫慢则不能励精，险躁则不能治性。年与时驰，意与日去，遂成枯落，多不接世，悲守穷庐，将复何及！"

有道德修养的人，他们以静思反省来使自己尽善尽美，以俭朴节约来培养自己高尚的品德。不清心寡欲就不能使自己的志向明确坚定，不安定清静就不能长期刻苦努力而实现远大理想。要知真知必须使身心在宁静中研究探讨，人们的才能是从不断学习中积累起来的。如果不下苦工学习，就不能增长与发扬自己的才干；如果没有坚定不移的意志，就不能使学业成功。纵欲放荡、消极怠慢就不能勉励心志精神振作；冒险草率、急躁不安就不能陶冶性情使节操高尚。年华随着时间流失，意志随着时间消磨，最终就会像枯枝落叶般一天天衰老下去。这样的人不会有益于社会，只有悲伤地困守在自己的穷家破舍里，到那时再后悔也来不及了。

古代家训，大都浓缩了作者毕生的生活经历、人生体验和学术思想等方面内容，不仅他的子孙从中获益颇多，就是今人读来也大有可借鉴之处。三国时蜀汉丞相诸葛亮被后人誉为"智慧之化身"，他的《诫子书》也可谓是一篇充满智慧之语的家训，是古代家训中的名篇。文章短小精悍，阐述修身养性、治学做人的深刻道理，读来发人深省。

《诫子书》是修身立志的名篇，其文短意长，言简意赅，主旨是劝勉儿子勤学立志，修身养性要从淡泊宁静中下功夫，最忌荒唐险躁。尤其是"非淡泊无以明志，非宁静无以致远"一句，既是诸葛亮一生经历的总结，更是对他儿子的要求。在这里诸葛亮用的是"双重否定"的句式，以强烈而委婉的语气表现了他对儿子的教诲与无限的期望。用现代话来说："不把眼前的名利看得轻淡就不会有明确的志向，不能平静安详全神贯注地学习，就不能实现远大的

目标"。通过上述分析，我们可以看出诸葛亮强调他要表达的"淡泊以明志，宁静而志远"的思想，这是一句富含哲理的话。这同"将欲取之，必固与之"，"欲达目的，需先迂回曲折"的道理一样。现在的"淡泊"、"宁静"求清净，不是不想有什么作为，而是要通过学习"明志"，树立远大的志向，待时机成熟就可以"致远"，轰轰烈烈干一番事业。"淡泊"是一种古老的道家思想，《老子》就曾说"恬淡为上，胜而不美"，后世一直继承赞赏这种"心神恬适"的意境。

二、高风亮节，见贤思齐

在我们的教师队伍里，你会发现很多静心教书、潜心育人的楷模。北京大学已故教授孟二冬在新疆石河子大学支教时，全身心地投入，备课、授课一丝不苟，最后累倒在讲台前；陕西省山阳中学教师仰孝升扎根山区 25 年，成了许多学生的知心朋友；广东省佛山市顺德区启智学校中学教师申承林坚持以人为本，用心育人，为智障孩子支起幸福的"拐杖"……他们情系教育、爱洒讲坛，不知疲倦、忘我奋斗，是教师队伍的主流，是榜样。

然而，不可否认，有个别教师受社会上不良风气的浸染，心浮气躁，心神不定，喜奔热闹处，厌坐"冷板凳"，金钱利益至上，奉献意识淡薄。或头重脚轻，满足于一知半解；或华而不实，耽于夸夸其谈；或哗众取宠，追求"轰动效应"；或好大喜功，不愿踏实积累；或脱离实际，耽于坐而论道；或弄虚作假，制造"学术泡沫"。

一些人之所以静不下心来、潜不下心来，是因为他们仅把教育当成手段而非目的，当成一时之"饭碗"而非一生之事业，急功近利、急于求成。老师就是老师，不是"老板"；学校就是学校，不是"学店"。早在 1924 年，朱自清先生就在《教育的信仰》一文中说过，无论是办学校的、做校长的、当教师的，都应当把教育看成是目的，而不应当把它当成手段。如果把教育当成手段，其目的不外乎名和利。他认为，学校一旦成了"学店"，教育就成了"跛的教育"，而"跛的教育是不能远行的"。

静心教书，潜心育人，首先要求广大教师淡泊名利、志存高远。高尚的师德，是对学生最生动、最具体、最深远的教育。粉笔黑板见证着教师的清苦，三尺讲台容不下半点虚浮。身为教师，当不以名喜、不为利悲，不浮不飘、不急不躁，不畏攀登之艰、不畏攻坚之苦。只有静下心来备课、教课、批作业，耐心地与每个孩子对话，潜下心来研究学问、总结规律，才能品尝到教书育人的真正乐趣，才能真正有所成就。

其次，应创造有利于教师静心教书、潜心育人的环境。少一些急功近利、不切实际的指标考核、评比表彰，多一些实实在在的人文关怀。在思想上尊重教师、工作上支持教师、生活上关心教师，让教师成为社会上最受尊敬的职业，让尊师重教蔚然成风，让静心教书、潜心育人的人受到重用，让争名于朝、逐利于市的人没有市场。

如果我们每位教师都能沉下心来，专注于教育教学工作，耐得住寂寞，挡得住诱惑，就必然会在平凡的工作中做出不平凡的业绩，而且也将创造出属于自己的人生辉煌。

第四节　三人吾师,终身学习

一、学无常师,不耻下问

《论语》中有一句人们耳熟能详的话:"三人行,必有我师焉。择其善者而从之,其不善者而改之。"意思是:几个人同行,其中必定有我的老师。我选择他好的方面向他学习,看到他不好的方面就对照自己改正自己的缺点。这句话,充分体现了孔子虚心好学、自觉修养的精神,一方面,见人之善就学;另一方面,见人之不善就引以为戒,反省自己。这样,同行相处之人,无论善于不善,都可以为师。老子《道德经》里也有类似的话:"善人者,不善人之师;不善人者,善人之师。"都表现了圣人善于学习、善于借鉴的态度,真可谓"处处留心皆学问"。

卫公孙朝问于子贡曰:"仲尼焉学?"子贡曰:"文武之道,未堕于地,在人。贤者识其大者,不贤者识其小者,莫不有文武之道焉,夫子焉不学,而亦何常师之有!"

一次卫国公孙朝问子贡,孔子的学问是从哪里学的?子贡回答说,古代圣人讲的道,就留在人们中间,贤人认识了它的大处,不贤的人认识它的小处;他们身上都有古代圣人之道。他随时随地向一切人学习,谁都可以是他的老师,所以说,没有固定的老师。

《论语》中不少记载,如孔子入太庙,"每事问",宰予白天睡觉,孔子说:"始我于人也,听其言而信其行;今我于人也,听其言而观其行。于予与改是。"子贡对孔子说,子贡自己只能"闻一而知二",颜回却可以"闻一而知十"。孔子说:"弗如也。吾与汝弗如也。"都体现了这种精神。这样的精神和态度,是很值得我们学习的。

新修订的中小学教师职业道德规范把教师终身学习纳入了师德规范内容中,这是新时代对我们教师的新的要求,是教师不断完善自我重要一环。善于学习已经成为教师成长进步的重要条件,只有秉持学无常师、不耻下问的理念,才能使自己不断提升。不论是道德修养、专业水平,还是知识储备、教学方法,都要虚心向一切可资借鉴的人学习,哪怕对方整体素质逊于自己,只要他有若干突出的亮点,或独特的过人之处,都应该成为自己的老师。"海纳百川,有容乃大","高山不辞抔土,大海不拒细流",只有这样,才能博采众长,兼收并蓄,迅速成长。

二、终身学习,孜孜不倦

随着信息技术的迅速发展,人类正在进入信息社会,教师终身学习的重要性不言而喻。据专家们分析:农业经济时代,只要7~14岁接受教育,就足以应付往后的40年工作生活之所需。工业经济时代,求学时间延伸为5~22岁。在知识经济时代,知识老化速度大大加快,必须把十二年制的学校义务教育延长为"八十年制"的终身学习,才能在这迅变的时代中生存、发展、成功。历史的发展、社会的进步强烈要求:学习化社会是社会发展的理想和结果,终身学习将成为每一个人人生不可缺少的重要部分和理想境界。

(一)时代发展的需要[1]

教师是人类永恒的职业,但社会对教师条件的选择并不永恒,时代对教师的要求越来越

---

[1]　选自:海安县家长学校《浅谈教师终身学习的重要性》一文。

高。教师良好的素质不光靠学校教育完成，更需要继续教育终身学习才能获得。纵观当今教育，教师"传道、授业、解惑"已不足以满足现代学生的需求、时代的需要，他们要求教师不断学习提高，做创新型教师、研究型教师、引导型教师。教师如果没有认识到自己学习的必要性、重要性，一味以过时的知识和观念去教育我们的学生，穿新鞋走老路，其结果如何，是不难想象的。

全球范围内，终身学习的思想观念正在变为社会及个人可持续发展的现实要求，学习越来越成为个人日常生活的一部分。在我国，教师的继续教育即在职研培已经趋向制度化，教师将是最先进入终身学习体系的一个群体，终身学习已经成为教师的一种责任和义务。与普通人相比，教师的终身学习更具目的性、系统性和紧迫性。

我国素质教育坚持"五育并举，德育为首"的原则，教师首先要以德育人。教育思想、教育观点对教育事业的发展至关重要，正确的教育观可以造就人才，错误的教育思想则会摧残人才。教师的政治取向、道德素质、教育观、世界观和人生观对学生起直接影响作用。大多数的教师政治立场坚定，高风亮节终身不变，但也有少数人在风云变幻的社会环境中迷失方向，腐败堕落，甚至误人子弟。"教书者先强己，育人者先律己"，教师要终身加强思想修养，加强现代教育理论、国家教育政策、法规和文件的学习，坚持正确的教育观、人才观和价值观，"学为人师，身为世范"，引导学生树立各种正确观念，教育学生学会求知、学会做人、学会创造，培养学生成为"全面建设小康社会"的新型人才。

（二）职业特点的需要

教育创新是当今教育发展的趋势。创新是一个民族的灵魂，是一个民族的希望。只有具有创新精神和创新意识的教师，才能培养学生的创新能力；只有教师自身具备不断学习提高的能力，才能教会学生如何学习。教师的创新能力需要终生培养、不断提高，教师的创新动机需要终生激励，而无论是创新能力还是创新动机都应归因于教师的终身学习。

教师职业劳动的示范性特点也要求教师要终身学习。尽管每个人的人生千差万别，但从逻辑上存在着一个普遍的发展模式，即"认识自我——实现自我——超越自我"。在自我人生的这一逻辑演进中，认识自我是人生的前提，实现自我是人生的关键，而超越自我则是人生进步的原动力。没有教师不想实现自我的人生价值，没有哪位教师不想追求精彩人生、超越自我、完善自我。无论是做人——以其高尚的人格、良好的修养引导学生，还是做事——以其创新的精神、能力引导学生，都需要自身连续不断地学习和修炼，原因只有一个——进行终身教育者必先成为终身学习者。

（三）自身成长的需要

学习是人类生存和发展的重要手段，终身学习是当代教师自身发展和适应职业的必由之路。"严谨笃学，与时俱进，活到老，学到老"是新世纪教师应有的终身学习观。同时构建终身学习体系不是一朝一夕就能完成的，我们必须动用社会各方面的力量，整合各方面的优势，让人们切实感到学习的必要性和重要性，主动提高自己的内在素质，真正实现社会的和谐发展。教师肩负着教书育人的重任，如果教师不能经常地更新知识结构，不能对新知保持长久的好奇与敏锐，就有可能被学生看不起，在学生眼里"老古董"多得很呢！一旦教师不被学生看重，麻烦可太多了，因为威信是维系师生关系最牢靠的锁链。而且，教师的魅力在于通过活化了的知识的积淀，所形成的诸多良好的品质：个性、修养、风度、气质、幽默感，对人的尊重的态度，以及对真理的追求与敬畏。教师对知识的虔诚态度是多么令人感动啊！

一旦教师停止了学习,教师的工作便如同机械的运作。在机械枯燥的活动中教师会丧失人的本质,会觉得生活毫无意义,会沮丧而没有活力。这一切都将使教师工作显得令人厌恶。因此,学习本身还在拯救教师自己。学习可能就是这样一种东西,它使学生亲和你,使教师永葆活力,更有魅力。因此教师不再是一次性的学习,而是通过持续的学习来扩展知识领域,从而来提高教学水平。

总之,一个现代的教师,应同时具备双重身份:既是教师,又是学生。教师为"育人"而终身学习,为"育人"而学习是教师的天职。作为教师,我们的学习不是一般的学习,而是基于一个教育者的学习,我们最终的追求是育好人。因此,我们应当不断学习新的教法、新的教育教学理念,让自己成为"源头活水",更好地滋润学生渴求知识的心田,影响自己的学生也树立终身学习的理念,并帮助他们打下终身学习的坚实基础。

第五节　担文化使命,行师德风范

一、使命光荣,责任重大

使命不受金钱和命令的驱使,不受地位和财富的制约,你可以将其上升为天职,让信仰、良知和品德作魂灵的推动。使命是一种责任,一种担当。"士不可以不弘毅,任重而道远。仁以为己任,不亦重乎？死而后已,不亦远乎？"使命又是一种情怀,一种连通古今的境界,如张载所说:"为天地立心,为生民立命,为往圣继绝学,为万世开太平。"教师的使命神圣而重大,是人类文明成果的传承者、社会正义的守护者,教师身上寄托着民族的未来与希望,如果教师没有文化使命感,没有崇高的师德,这个民族是没有美好未来的。因此,教师既要有对人的爱,也要有对人类文化的爱,爱应是人性的天职。但光有爱,没有使命的支撑是难以深入持久的。对于教师应该勇于担负的历史责任,使我们想到了孟子的话:"如欲平治天下,当今之世,舍我其谁?"

法国著名作家雨果曾说过:"花的事业是尊贵的,果实的事业是甜美的,让我们做叶的事业吧,因为叶的事业是平凡而谦逊的。""十年树木,百年树人",踏上三尺讲台,也就意味着踏上了艰巨而漫长的"育人之旅",教师就像那默默奉献的绿叶,时时刻刻衬托着鲜花的娇艳。

青年教师们把青春年华扎根于三尺讲台而无怨无悔,中年教师们将家庭搁置一旁而全身心地扑在教学工作上,老教师如老黄牛一般埋头苦干而不知疲倦。他们,所面对的不止是几十双求知的眼睛,而是一个需要用爱来倾注的浩瀚的海洋;他们,犹如辛勤的农夫,钟爱自己的这片土地,一年又一年精心耕作、无私奉献。

教师,这个神圣的称呼,它如磁石吸引我们游离的目光,安抚我们躁动的心河。"书山有路勤为径,学海无涯苦作舟",在辛勤耕耘的同时,自然会有收获和回报。教师们逐渐感悟到人生的哲理:甘于寂寞是成熟的标志。这不禁让人想起了培根说的一句话,我们不应该像蚂蚁单是收集,不应该像蜘蛛只从肚里抽丝,我们应该像蜜蜂,既采集又整理,这样才能酿出香甜的蜂蜜。

古今中外无数事例证明,育人单凭热情和干劲是不够的,还需要以德立身、以身立教。作为一名教师就要有默默无闻的奉献精神,甘为人梯,像"春蚕"吐尽青丝,像"蜡烛"化成灰烬,把毕生献给事业,献给学生,树立良好的师德形象。教师良好的思想品行将是教师最伟大人格力量的体现。

二、身体力行，率先垂范

教师工作的"示范性"和学生所特有的"向师性"，使教师在学生心目中占有非常重要的位置。孔子曰："其身正，不令而行；其身不正，虽令不从。"教师需要从小事做起，从自我做起，率先垂范，作出表率，以高尚的人格感染人，以整洁的仪表影响人，以和蔼的态度对待人，以丰富的学识引导人，以博大的胸怀爱护人。只有这样，才能保证教书育人的实效，学生才会"亲其师，信其道"，进而"乐其道"。因此，教师不仅是社会主义精神文明的建设者和传播者，更是莘莘学子们的道德基因的转接者。

教育，是无私奉献的事业；教育，是爱的事业。我们了解了不计其数的教师爱岗敬业、讲求奉献作为、不畏艰苦、孜孜不倦、潜心教书育人的感人事迹，感受到那种为了祖国和人民，为了孩子的明天，真诚奉献的博大情怀，在繁忙的工作中，看到了老师们的奉献和忠诚。教师，是一个神圣的称呼；师德，不是简单的说教，而是一种精神体现，是一种深厚的知识内涵和文化品位的体现。师德，需要培养，需要教育，更需要的是——每位教师的自我修养！

记得法国思想家卢梭说过："榜样！榜样！没有榜样，你永远不能成功地教给儿童以任何东西。"法国作家罗曼·罗兰也说过："要撒播阳光到别人心中，总得自己心中有阳光。"我想，我们每个教师的师德就如同这里的"榜样"和"阳光"。俗话说，亲其师，则信其道；信其道，则循其步。喊破嗓子不如做出样子。所以说教师是旗帜，学生如影随形般地追着走；教师是路标，学生毫不迟疑地顺着标记前行。

我们教师若不是路标，你讲的道理再透，教育的形式再好，艺术性再强，都是无根之树、无源之水、无雨之云、无光之灯！教师的一举一动、一言一行、一思一想、一情一态，都清晰而准确地印在学生的视网膜里、心光屏上，都有意或无意地进行着现场的观摩表演，这就是无声路标的示范性，这种示范性将在学生的心灵深处形成一股排山倒海般的内化力。《中国教育报》刊载过：北京十杰教师孙维刚被他的学生称为"思想和灵魂的导师，终生学习的楷模"。考入清华大学的王一在转为正式党员的汇报中谈到了中学的班主任孙维刚老师时说："我们的心灵从他的言行中得到了净化。大家热爱劳动，来自恩师每天早晨到教室打扫卫生；大家良好的修养，来自恩师每天上下班都和看门的老大爷亲切地打招呼；大家严格遵守纪律，来自恩师迟到了便向我们做检讨，甚至到教室外面罚站；大家艰苦朴素，来自恩师一年四季仅仅两套旧外衣……"王一汇报中还说："虽然现在我不在孙老师身旁聆听他的教诲，但他的形象经常闪现在我的脑海。尤其是当我打开录音机再次倾听我们最后一次班会录音时……"师德无价，学子对恩师的追随，如同云翔而影从。

没有什么比师魂的阳光更有无穷的魅力的了。

没有什么比师行的榜样更有无比的功能的了。

三、文化复兴，大势所趋，熔铸师魂，关乎国运

在当代中国，随着中国经济的增长，必然有一个文化的复兴，这是一个大趋势，大潮流。复兴并不是复古，而是以崭新的面貌立足于世界民族之林。在文化复兴的这个历史进程中，我们一方面要弘扬中国传统文化，学习国学，知道我们有深厚的文化传统根基；另一方面我们也要虚心学习其他民族的优秀文化，特别是西方文化，融会贯通，使民族的文化能够跟上

当今世界发展的形势,融入到世界文化之中。从这个角度看,中学与西学、传统与现代并不是二元对立的,应该超越五四时期的那种旧思维,把当前的"国学热"提到中华民族伟大复兴的战略高度作出新的评价。

在中国历史几千年的长河中,中国人一直是把阴阳协调、刚柔并济当做理想的目标进行不懈的追求。尽管由于各种各样复杂的历史原因,理想未能实现,仍然是始终坚持,毫不动摇,这就形成了中国人的核心价值观,称之为中和、太和,也就是和谐。我们学习国学,应该通过传统文化的方方面面,站在文化精神的高度,来深入体会和谐理念的内涵,并且与时俱进,进行现代的转化。进入到21世纪,构建和谐社会,共建和谐世界,这两个关键词已经由中国走向世界,成为时代的最强音,表明中华民族的伟大复兴指日可待,千年的理想即将变为活生生的现实。这是由传统到现代的一种成功的转型,在传统的和谐理念中,我们加进了民主法治、公平正义这些崭新的现代内容。作为教育工作者来说,应该加强人格修养,提高人文素质,自强不息,厚德载物,把自己的专业化成长融入到民族复兴的伟大事业中去。

总之,教育发展,教师是关键。教育事业的改革发展要坚持以人为本。以人为本体现为两个主体地位:一是教育要以育人为本,学生是教育的主体;二是办学要以教师为本,教师是办学的主体。教师在传播人类文明、启迪人类智慧、塑造人类灵魂、开发人力资源方面发挥着重要的、关键的作用。教师是社会主义事业建设者和接班人的培育者,是青少年学生成长的引路人。没有高质量的教师就没有高质量的教育,没有高质量的教育就没有高质量的人才。尊重劳动、尊重知识、尊重人才、尊重创造,首先就要尊重教师,关心教师的发展,重视教育队伍的建设。我们党的几代领导集体对教师都给予了高度的重视。毛泽东同志说:"教师是人类灵魂的工程师"。一个学校是否能为社会主义建设培养合格的人才,培养德智体全面发展、有社会主义觉悟的有文化的劳动者,关键在教师。江泽民同志指出,教师是学生增长知识和思想进步的导师,他的一言一行,都会对学生产生影响,一定要在思想政治、道德品质、学识学风上全面以身作则,自觉率先垂范,这才能真正为人师表。胡锦涛同志在全国加强和改进未成年人思想道德建设工作会议上提出,广大教师要为人师表,注重师德修养,以高尚的情操教书育人,注重素质教育和德育工作,充分发挥其在未成年人思想道德建设中的重要作用。重温和学习我们党几代领导人的讲话精神,我们更加深切地认识到,教育事业发展,关键在于教师。

教师素质,师德最重要。教师队伍建设是一个系统工程,是一项历史性战略任务。师德建设决定我国教师队伍建设的成败,也决定我国整个教育事业发展和改革的成败。今天,面对全面建设小康社会的新形势新任务,面对对外开放进一步扩大、社会主义市场经济深入发展的新情况新问题,面对树立全面协调可持续发展的科学发展观,促进人的全面发展的新目标新要求,我们更应该大力加强师德建设,不断提高教师的师德水平,为教育改革发展提供坚实有力的师资保障。

所有的教师都应以热爱学生、教书育人为核心,以"学为人师、行为世范"为准则,以提高自己的思想政治素质、职业理想和职业道德水平为重点,弘扬高尚师德,行为规范,忠诚于人民教育事业,做人民满意的教师。

第一章　随风潜入夜,润物细无声

——为人师表,行为世范

在儒家文化里蕴涵着我国大量的传统美德。《论语》是儒家的经典,常言道半部《论语》打天下,两千多年来它影响着一代代中国人。学者南怀瑾在《论语别裁》里写道:"《论语》是昂贵的古董,它不受时间与空间的影响,越看越美。从任何角度上看都觉得有新的发现。"

我们已经进入 21 世纪,21 世纪是一个充满挑战的世纪,经济全球化趋势必将给我们带来巨大的冲击,科学进步与社会文明的发展日益成为人们关注的话题。面对我们具有五千年文明史的中华民族和泱泱古国传统文化的深厚积淀,感受着现当代社会文化融合带给我们的芬芳。

源远的儒家思想无时无刻不在影响着我们,使我们树立远大理想,激扬爱国之志,陶冶精神情操。从先秦诸子的天人之辩,到汉代董仲舒"天人合而为一"命题的提出,再到宋明理学家"万物一体"论的形成,犹如一条红线贯穿了中华民族传统文化的主流观念,这种主流观念对于中华民族的形成、发展和凝聚,起到了积极的作用。在社会主义文化百花齐放的今天,走中国特色的社会主义,继承和发扬中华民族传统文化,剔除其封建宗法和唯心主义,弘扬其整体、和谐、统一的合理内容,树立严谨的人文科学态度,进而使先进的文化传统得到繁荣,显得尤为重要和紧迫。

第一节　儒家的基本观点与价值

价值观是文化的核心内容,是决定国家民族生活方式的最重要的因素。儒家主张德行至上、以礼治国、以仁治世、以民为本、恕道相随等积极治世观点。曾被视为积极的"亚洲价值观"或曰"儒学价值观"的中国传统文化,一直被世人所推崇。以儒家文化为核心的中国传统文化不仅是一种优良传统,它曾以"信奉节俭、勤劳、孝顺和忠诚"创造了新加坡、韩国和中国香港、台湾四小龙崛起的奇迹。

儒家维护"礼治",提倡"德治",重视"人治"。由于儒家相信"人格"有绝大的感召力,所以在此基础上便发展为"为政在人"、"有治人,无治法"等极端的"人治"主义。

一、儒家的核心价值

师德教育在儒家来说要志于道,据于德,依于仁,游于艺。唯其如此,才能不降其身,不辱其志。

儒家给当代"师德"教育留下了一个崇尚道德的传统,而严格说来,道德意识与法治意识并不矛盾。一个具有高度道德修养和道德自觉的人,也就是一个奉公守法的人,他在从事各种活动中自然能做到诚实守信。因此,我们认为,尽管儒家所论之道德规范和行为准则不一定都切合现代社会和现代经济,但中国作为文明之邦,在发展市场经济和现代化建设事业中,崇尚道德的优良传统却万万不能舍弃。

(一)以人为本,崇尚道德

为仁由己

儒家并没有完全抹杀人的个体主体的作用与价值,抹杀人的个体主体的独立性与主动性。孔子说"为仁由己",仁的境界的实现要靠自己的努力;又说"己欲立立人,己欲达达人",认为"立人"、"达人"要以"己立"、"己达"为前提。孟子说"道唯在自得",求道没有别的途径,全靠自身的修行和体悟。这都是对人的个体主体的独立性和主动性的肯定。第二,主体理应包括个体主体和类主体,主体意识应包括个体主体意识和类主体意识。就类主体和类主体意识来说,儒家不仅不曾忽略,相反却是十分看重的。

一方面,儒家从人性的普遍性出发,把人看成是一种社会性的类存在,作为类存在,人在自然、宇宙中居于特殊的位置。另一方面,儒家立足于人的家庭血缘关系,以人伦世界、人伦社会为人的生存发展的根本依托,故而人的社会价值或类主体价值较之人的自我价值或个体价值更重要。正是在这样的意义上,儒家强调"人贵物贱",认为人类有着不同于其他事物的高明高贵之处,具有其他事物无法比拟的价值;强调"民为邦本",认为人民构成国家政治的基础,只有基础牢固,国家的安宁才有保障,国家的发展才有可能;强调"民贵君轻",认为人民、国家、君主的重要性,人民是第一位的,天下之得失取决于民心之向背。

儒家的人本意识突出人的主体性。主张把人当人来看待,提倡重视民意,与民同乐,这是尊重人性、尊重人的体现,也是古代民主思想的萌芽。但是,儒家的人本或民本思想不同于近代西方的民主思想,人本或民本观念是通过对人性的肯定来论证人格尊严,而西方的民主观念是通过对人权的肯定导出人格平等。人性与人权、民本与民主具有相通性,但不能等同。不过,人本或民本思想仍然可以成为民主思想的基础。我们建设具有中国特色的社会主义民主,有必要从儒家的人本或民本思想中吸取有益养分。

儒家崇尚道德

儒家的传统是崇尚道德。儒家充分意识到道德对于社会和人生的重要性。首先,有无德行构成人们人格评价的直接依据。一个人如若没有崇高的道德,即使贵为王侯,也得不到万民敬重;反之,有了崇高道德,即使穷困潦倒,也能得到万民称颂而名垂千古。其次,道德还是人们设身处地的行为准则。儒家认为仁义之心是人之生命的根本,失去仁义之心也就等于丧失生命之根本。因此,他们强调做事要从仁义出发,不仁之事不做,不义之财不取,哪怕与人相处也要有所选择,要与有仁义之心即有道德的人相处。再次,道德构成文化教育的中心内容。儒家重视教育,但他们所论教育主要不是知识教育,而是伦理教育,如何做人的教育,儒家的愿望是通过道德教化以造就志士仁人的理想人格。最后,道德也是国家兴衰存亡的重要标志。一个国家的兴衰存亡,与这个国家上至国君、下至百姓的道德状况、道德水准有着非常紧密的联系,仁义存则国存,仁义亡则国亡。

(二)以爱为核,忠义规范

先秦时期,儒家主张仁义,道家主张无为,墨家主张兼爱交相利,而法家主张去私行公等等,儒家的"仁"字从人从二,表示人与人间相互依赖、相互亲爱的关系。

中国文化之仁爱文化注重以孝治国,忠孝两全被看做是社会的传统美德之一。古人云:"鸦有反哺之义,羊有跪乳之恩"。孝在人类的宗教里有一定的阐述和标榜,虽然形式不同,但含义是一致的。个人价值观决定选择:视事业或社会责任为第一要务,则尽忠职守;重朋友义气则义字当先,友情为重。

两难境地之出现,皆因朋友行为可能违规。因所应尽忠职责多为公认的行为规范,如朋友欲求与此不悖,即不会两难,而朋友欲求违规,才致重朋友义气必违职责要求的两难。

如为真诚之友,不应对朋友有违规之求,陷朋友于两难。且因己之违规诉求,而致朋友违规受责,也是不讲义气之举。为友者不伤友,应不算高标准。如朋友连此事理都不明白,此友是否可交可续就值得考虑了。

对朋友晓之以理,求得两厢好,则两顺非两难了。如一事不通,另事相帮,亦可表明心迹。此次虽两难,下次就两顺了。

人恒爱爱人之人

孟子曰:"君子所以异于人者,以其存心也。君子以仁存心,以礼存心。仁者爱人,有礼者敬人。爱人者,人恒爱之;敬人者,人恒敬之。有人于此,其待我以横逆,则君子必自反也:我必不仁也,必无礼也,此物奚宜至哉?其自反而仁矣,自反而有礼矣,其横逆由是也,君子必自反也:我必不忠。自反而忠矣,其横道由是也,君子曰:'此亦妄人也已矣。如此,则与禽兽奚择哉?于禽兽又河难焉?'是故君子有终身之忧,无一朝之患也。乃若所忧则有之:舜,人也;我,亦人也。舜为法于天下,可传于后世.我由未免为乡人也,是则可忧也。忧之如何?如舜而已矣。若夫君子所患则亡矣。非仁无为也,非礼无行也。如有一朝之患,则君子不患矣。"

【译文】

孟子说:"君子与一般人不同的地方在于,他内心所怀的念头不同。君子内心所怀的念头是仁,是礼。仁爱的人爱别人,礼让的人尊敬别人。爱别人的人,别人也经常爱他;尊敬别人的人,别人也经常尊敬他。假定这里有个人,他对我蛮横无礼,那君子必定反躬自问:我一定不仁,一定无礼吧,不然的话,他怎么会对我这样呢?如果反躬自问是仁的,是有礼的,而那人仍然蛮横无礼,君子必定再次反躬自问:我一定不忠吧?如果反躬自问是忠的,而那人仍然蛮横无礼,君子就会说:'这人不过是个狂人罢了。这样的人和禽兽有什么区别呢?而对禽兽又有什么可责难的呢?'所以君子有终身的忧虑,但没有一朝一夕的祸患。比如说这样的忧虑是有的:舜是人,我也是人;舜是天下的楷模,名声传于后世,可我却不过是一个普通人而已。这个才是值得忧虑的事。忧虑又怎么办呢?像舜那样做罢了。至于君子别的什么忧患就没有了。不是仁爱的事不干,不合于礼的事不做。即使有一朝一夕的祸患来到,君子也不会感到忧患了。"

古之从军,忠君报国则难孝敬父母,即为两难。忠义可解为:忠仍有尽忠报国之义,为大义,故忠君、忠于职守责,称为深明大义。义为义气、情义,朋友间义气。忠义两难,即尽忠会伤义气,重朋友义气又会疏于职守。

曾子还提出了"忠"和"信"的范畴。忠的特点是一个"尽"字,办事尽力,死而后已。如后来儒家所说的那样,"尽己之谓忠"。"为人谋而不忠乎",是泛指对一切人,并非专指君主。就是指对包括君主在内的所有人,都尽力帮助。因此,"忠"在先秦是一般的道德范畴,不止用于君臣关系。至于汉代以后逐渐将"忠"字演化为"忠君",这既与儒家的忠有关联,又有重要的区别。"信"的含义有二:一是信任、二是信用。其内容是诚实不欺,用来处理上下等级和朋友之间的关系。"信"特别与言论有关,表示说真话,说话算数。这是一个人立身处世的基石。"仁",中国古代一种含义极广的道德范畴,本指人与人之间相互亲爱。孔子把"仁"作为最高的道德原则、道德标准和道德境界。孔子是第一个把整体的道德规范集于一体,形成了以"仁"为核心的伦理思想结构,它包括孝、弟(悌)、忠、恕、礼、知、勇、恭、宽、信、敏、惠等内容。其中孝悌是仁的基础,是仁学思想体系的基本支柱之一。他提出要为"仁"的实现而献身,即"杀身以成仁"的观点,对后世产生很大的影响。在孔子的思想体系中,仁是它的内容,礼是它的形式,而中庸则是实现他们的思想方法,达成目标是社会"和谐"。

二、儒家的当代社会价值

儒家讲究天人合一,应该说对当今世界的和平发展、和谐社会的构建等具有重要的现实意义。以儒学价值为核心的中国传统文化,确实有重人伦、求和谐、盼安定的一面,从消极方面讲,它可能表现为保守、落后;从积极方面讲,它可能有助于稳定,有利于长治久安。西方传统文化从消极方面讲,它可能引发人欲横流、个人至上、秩序混乱;从积极方面讲,它有发展生产、尊重首创精神、竞争进取的一面。正确的方法是,要善于扬长避短,与时俱进,而不应否认它,贬斥它。

胡锦涛总书记在省部级主要领导干部提高"构建社会主义和谐社会能力"专题研讨班上的重要讲话中强调指出:"一个社会是否和谐,一个国家能否实现长治久安,很大程度上取决于全体社会成员的思想道德素质。没有共同的理想信念,没有良好的道德规范,是无法实现社会和谐的。要切实加强社会主义先进文化建设,不断增强人们的精神力量,不断丰富人们的精神世界。"这清晰地界定了先进文化建设在构建社会主义和谐社会中的重要地位和特殊作用。构建社会主义和谐社会,必须高度重视建设与之相适应的先进的和谐文化,引导全社会成员强化共同理想信念,提高思想道德素质,培育和谐精神,为构建社会主义和谐社会培育良好的文化基因。

(一)和谐发展的文化基因

中华民族伟大复兴首先是中华传统文化复兴!中华民族的伟大复兴绝不仅仅是经济的复兴,一定是中华民族文化的复兴和民族精神的复兴,只有民族的才是世界的。中华民族是人类历史上唯一没有文化断层的民族,四大文明古国都有一段没有文字记载的历史,只有中国文化五千年生生不息,就凭这一点也足以证明我们的民族有着优秀的文化基因,而中国的文化基因就是仁。

儒家仁爱思想的传承,除去糟粕外,仍有许多精华对当代社会生活的发展具有积极影响,应该给予肯定。我们认为儒家思想在关于人的问题上表现的积极作用更为突出。在儒家思想的形成和完善的过程中,对于人生价值的内涵、类型、层次、标准等问题,都有充分而精辟的论述,这些是构成中国传统文化的核心内容。儒家思想的人生价值观包含着对人的内在价值和外在价值的观点,包含着怎样做人,怎样实现个人价值的看法。人不是孤立的存在,每个人都处在一定的社会关系中,也与一定的自然环境发生联系。怎样做人,实质上就是怎样对待自己,以及怎样对待与自己构成相互作用的其他三组基本关系。这三组关系是:

与他人的关系、与民族和国家的关系、与自然环境的关系。一个人的人生价值正是通过对待自我、他人、民族和国家以及自然的关系而实现的。

学习国学,"开卷有益,掩卷有味"(林语堂)。国学中我们可以了解很多智慧,比如以儒做人,以道养生,以禅清心,以墨尽责,以法为基,以兵入市。以儒做人,可得风雅;以道养生,可得长寿;以禅清心,可得宁静;以墨尽责,可得成功;以法为基,可行稳健;以兵入市,可为奇谋。

随着我国综合国力的持续增长,国外兴起了一股规模空前的、包括了解传统文化在内的汉语热。国内对国学和传统文化的地位也展开了热烈讨论,引发了人们的关注。要处理好传统文化内涵博大精深、掌握难度较大,如何去粗取精、去伪存真的问题。传统文化体系庞大、内容十分丰富;积累很多,感到无从下手;时空太远、文字生辟难懂;工作很忙,难以深钻细研。此外,传统文化自身有精华也有糟粕,有优势也有劣势,有长处也有短处。

远在春秋战国时期,墨子持"性善"论,因此他主张教育要"求放心",强调以体验和反省为特征的"自求自得";而荀子基于"性恶"论的理解,强调"蓬生麻中,不扶而直",主张"师云而云,则是知若师也"。其实,我们很难分出仲伯,也很难作出孰是孰非的价值评判。

"仁"的解释均有不同

在先秦,儒家在诸子百家中为较大学派,为中国春秋末期孔子创立的学派。秦代时"以法为教",以吏为师,汉初崇尚黄老,儒家一度消沉。西汉时,汉武帝采纳董仲舒的对策,罢黜百家,独尊儒术。此后,直至五四运动之前的 2000 多年间,儒家思想一直统治中国学术界,在中国历史上影响最大,延续时间最久。

《论语》的核心思想是"仁",对于这评说法大家多没有异议。可是这个"仁"的具体所指是什么,却是很难有个定论。因为《论语》中孔子在多处对于"仁"的解释均有不同,自然"仁"就成了一种玄妙的伦理概念了!

所谓仁爱就是:要想自己立得住,同时也要使别人立得住;自己要行得通,同时也要别人行得通。凡事都能推己及人,就可以说是实行仁爱的方法。

"恕"道

子贡问曰:"有一言而可以终生行之者乎?"子曰:"其恕乎。己所不欲,勿施于人。"子贡问孔子:"有一句可以概括规范自己一生行为的话吗?"孔子说:"像是恕吧。自己不想做的事,切勿强加给别人。"本来恕是思想性的东西,本不应该放到规范人的行为的话上说的,那为什么孔子会混起来一起说呢? 这里却有其原因。[1]

西周时,统治者完全剥削人民与奴隶劳动力,官与贵族的生活很富足,越是这样官与贵族的生活越是讲究,除了政治行为上的礼节,从《论语》里就能看到,什么肉割的不正都不吃,什么稍过夜的不吃等等,这就是他们生活上的礼。然而统治者贵族们欢淫无度,任意生育,正统子弟队伍,无限扩大,到了东周,民众已经无法养得起他们,如此礼崩乐坏,士开始挨穷挨饿。充足生活都是给敢违反规定,肯给钱给奴隶与民去工作,或自己下田工作的部分官家贵族的这些人享了。守旧派家中没有了劳动力,自然挨穷。坚持守旧的孔子看眼里,怕自己的学生们顶不了,克制不了自己,倾向改革派思想,所以叫大家克服自己坚持住原来这些绅

---

[1]　参见杨荣国《中国古代思想史》,人民出版社,1973 年。

士作风,提倡"非礼勿视,非礼勿听,非礼勿言,非礼勿动"。然而,这样儒生们虽然说要守住,但现实又不得不让一些人心动,或有小动作,如孔子受困陈、蔡时,见到颜回用手抓锅里的饭吃,违反绅士风度违礼,面对自己喜爱的学生,孔子立即装着看不见,甚至连孔子都私下叫子贡拿象征身份的玉去换钱、经商(见《论语·子罕》)。他自己也存着这些小动作,何况他人?所以颜回后来说给孔子听,是有脏东西掉入饭里面,他舍不得丢掉才抓起来吃的,孔子感叹推拖说,了解一个人太难了。

我们抓到这些要点,就会明白当子贡问,用什么话概括来规范一生行为时,孔子想到的是什么思想上的"恕"。也就是当时大家都有坚持不了的东西,如果大家见到同道有违反礼的东西,就如孔子一样假装没看到,无论什么原因首先只能大家包容,采取心灵上的原谅——恕,恕人恕自己,大家各做各的,己所不欲,勿施于人。不过孔子却没有想到,当他们心中都恕了,"己所不欲,勿施于人"的规范行为准则在这里,就变的毫无意义,倡周礼成了自相矛盾了。

儒家文化是我们中华民族的根,是维系民族团结和国家统一的凝聚力和生命力之所在,是维护社会安定有序、推动社会和谐发展的精神纽带和重要力量。和谐文化则是维系社会长治久安、健康运行的具体文化形态。在思想观念上,和谐文化体现为人们对和谐社会的认知、感受,对和谐社会目标的描画、向往和追求;在价值尺度上,和谐文化表现为人们以和谐作为判断社会发展状态、社会氛围、社会群体间关系的一种标准;在制度规范上,和谐文化体现为人们在和谐理念的支配和引导下建设并不断完善的一系列调整利益分配关系、调解社会人际关系、化解社会矛盾冲突的制度机制、方式方法。对个体而言,和谐文化潜移默化地影响着人们的思想和行为准则,是人们心灵栖息的精神家园;对社会而言,和谐文化是构建安定祥和、宽容谅解的和谐社会的基础和前提,和谐文化具有明确的价值导向作用,培育着人们集体认同的共同价值观和精神支柱,是社会具有凝聚力、向心力的重要源泉。可见,一个社会的和谐,内在、本质地体现为渗透在全社会的和谐文化精神,和谐的文化因素渗透并体现在社会生活的方方面面和各个环节。

儒家思想关于人生价值以及实现人生价值的基本观点,构成了互相联系的统一的人生价值观。正确对待自己是正确对待他人、民族和国家以及自然的基础,而一个人人生价值的完满实现,又是通过正确处理与他人、民族和国家以及自然的关系体现出来的,这也就是说,实现自身价值与服务祖国人民是统一的。

(二)仁学的传承

儒家思想的传承,除去糟粕外,仍有许多精华对当代社会生活的发展具有积极影响,应该给予肯定。我们认为儒家思想在关于人的问题上表现的积极作用更为突出。在儒家思想的形成和完善的过程中,对于人生价值的内涵、类型、层次、标准等问题,都有充分而精辟的论述,这些是构成中国传统文化的核心内容。

举"仁"之大旗的是儒家,是孔子。孔子,"东方智慧的象征",被尊奉为圣人。"吾道一以贯之",并且把"仁"作为做人的根本,应该"终身行之"。《论语》一书中,"仁"字是出现频率最多的字之一,前后达109次。[①]

---

① 安德义主编,《德行卷解读本》,长江出版社出版,2005年。

孔子仁学思想,引领世纪学子去探寻如何"立于世",既"不辱其身",站得直,行得正,又有所成就,"不降其志"。孔子的"仁学"是智慧之学,是"安身立命"之学,人们学到的不仅仅是知识,而是勇气,力量与信心。孔子对于"仁"作了明确的定义,那就是爱人。忠——"己欲立而立人,己欲达而达人"——即自己要生存、发展和完善,也要让别人生存、发展和完善。恕——"己所不欲,勿施于人"消极方面的爱人。道家主张无为而至和老死不相往来的愚民治理,有封闭性。儒家强调出世和自身道德,有外张性。

《论语》其思想核心是"仁","仁"即"爱人"。孔子把"仁"作为行仁的规范和目的,使"仁"和"礼"相互为用。主张统治者对人民"道之以德,齐之以礼",从而再现"礼乐征伐自天子出"的西周盛世,进而实现他一心向往的"大同"理想。

1. 仁包诸德

仁包括智:"里仁为美。择不处仁,焉得知?"

仁包括勇:"仁者必有勇,勇者不必有仁?"

仁包括恭、宽、信、敏、惠等:"能行五者于天下,为仁矣。"

仁包括爱憎分明:"唯仁者能好人,能恶人"。

仁包括不怕困难、朴实、性格坚毅:"刚、毅、木、讷近仁。"

仁包括正派耿直:"巧言令色,鲜仁矣。"

仁包括有牺牲精神:"志士仁人,无求生以害仁,有杀身以成仁。"

仁包括说话谨慎:子曰:"仁者,其言也切。"曰:"其言也切,斯谓之仁已乎?"子曰:"为之难,言之得无切乎?"[①]

孔子认为"仁"有丰富含义。在他看来"仁"包含了几乎所有道德规范的内容。仁包括孝悌,仁包括忠,仁包括智,仁包括勇,仁包括恭、宽、信、敏、惠等,仁包括爱憎分明,仁包括不怕困难劳苦,仁包括外表朴实、性格坚毅,仁包括正派耿直,仁包括有牺牲精神,仁包括说话谨慎。

中国传统经学历史悠久,可以说始于有史之初,博大精深。在创立发展、传播过程中,与道、佛二教有过激烈碰撞、论争之作,直至北宋,在薄弱的传统基础上,三教合一,以儒为主的理论主张开始隆盛,尤以周敦颐的《太极图说》及《通学》成果为显著。这是北宋周子在经学承传中的重要贡献。

中国传统经学发展经历表明中国传统经学萌生于尧舜禹时代。"盖自上古圣神,继天立极,而道统之传有自来矣,其见于经,则允执厥中者,尧之所以授舜也;人心惟危,道心惟微,惟精惟一,允执厥中者,舜之所以授禹也。尧之一言至矣尽矣,而舜复益之以三言者,则所以明夫尧之一言必如是而后可以庶几也。盖尝论之,心之虚灵知觉,一而已矣,而以为有人心道心之异者,则以其或生于形气之私,或原于性命之正,而所以为知觉者不同,是以或危殆不安,或微妙而难见耳。然人莫不有是形,故虽上智不能无人心;亦莫不有是性,故下愚不能无道心,二者杂于方寸之间,而不知所以治之,则危者愈危,微者愈微,而天理之公足无以胜夫人欲之私矣。精则察夫二者之间而不杂也,一则守其本心之正而不离也,从事于斯,无少间

①　以上见《简明中国教育史》(修订本),北京师范大学出版社,1999 年。

断，必使道心常为一身之主，而人心每听命焉。"（节选自《中庸》）①

2. 孔孟等的"仁义"观念

孔子从人的情感出发阐释礼的起源。他提到的人类情感，只不过是人类情感中的一个特殊部分，基本限于家族成员之间。孟子认为，人心中不但有以孝为中心的恻隐之心的体现——仁，而且内含着调节社会生活关系的羞恶之心的体现——义。孔孟都意识到人性的体现会遇到矛盾冲突，但孟子更加注意到道德心理引发的道德行为之间的矛盾，他对仁与义的冲突进行了正面讨论。孔孟都认为矛盾的解决关键在于对自身有更高的反思，但同时也意识到必须对天道加以思考，它表明儒家道德践履所遇到的矛盾还需要有超越人的道德心理，去思考更加广泛的问题。

"义"与"仁"

《孟子·尽心》中有这么一句话：仁者以其所爱及其所不爱，不仁者以其所不爱及其所爱。"以其所爱及其所不爱"与"以其所不爱及其所爱"，一模一样的九个字（其实只用了六个字），只是把"不"字移了个位置，意思全然相反。在日常生活中，这是两种对待生活的态度，前者的心身是阳光的、愉悦的，因为用爱的眼光看世界，世界都是爱；后者的心态则是负面的、阴暗的。"及"字用的相当好，及即至。"其所爱""其所不爱"，说明了仁者与不仁者都是有感情的，都有所爱有所不爱，但仁者是以爱为主体去包容不爱，有"把爱洒向人间"的味道。

佛要普渡众生，就是想要众生充满爱，我们的儒者早就想到了。耶稣天天布道的事，也就是我们祖宗说的"仁者"要做的事。

所以说，万物归宗，宗就是道。即"仁"只是心之所爱，即道德行为产生的动机，那么作为道德原则和伦理精神来说是不够的，于是提出另一个"义"字来补充。在孟子看来，"义"是人类道德的准则和规范，是"仁"的精神的外在体现。（见《孟子·尽心》、《孟子·告子上》的表述。）

孟子说："人者，仁也，合而言之，道也"（《孟子·尽心下》）。人心中的仁义属性与人之别于禽兽的理性能力就是"道"，它是一切伦理原则的根据。在他看来，宗法伦理和社会伦理都是由仁义推演而来。他说："人之所不学而能者，其良能也，所不虑而知者，其良知也。孩提之童，无不知爱其亲者，及其长也，无不知敬其兄也。亲亲，仁也，敬长，义也，无他，达之天下也"。"人皆有所不忍，达之于其所忍，仁也。人皆有所不为，达之于其所为，义也"（《孟子·尽心下》）。礼制即是对仁、义两种不同内容的伦理行为规范的调节和文饰。

孟子的仁与义都有明确的内容，他说："仁之实，事亲是也；义之实，从兄是也"（《孟子·离娄上》）。又说："亲亲仁也，敬长义也"。所谓"从兄"与"敬长"同义。这个"长"包括一切长者，它不像亲亲之"亲"那样与自己有亲族关系，所以实质上，孟子的"仁"的概念主要针对宗法伦理，而"义"则是针对宗法伦理之外的社会关系，是君臣上下贵贱之宜。孟子一方面竭力扩充仁的内涵以及覆盖面；另一方面，他对"义"又非常重视，试图给"义"以相对独立的地位。"未有仁而遗其亲也，未有义而后其君者也"（《孟子·梁惠王上》）。他的仁义并重的道德论具有更加明确的社会意义，包容了更加广泛的内容，也比较符合中国古代社会关系的实际。

孟子继承了孔子从内在道德心理需求论证礼的起源的思想，并结合战国时社会关系的

---

① 见《简明中国教育史》（修订本），北京师范大学出版社，1999 年。

变化，发展了孔子思想。

"鱼我所欲也，熊掌亦我所欲也；二者不可得兼，舍鱼而取熊掌者也。生我所欲也，义亦我所欲也；二者不可得兼，舍生而取义者也。生亦我所欲，所欲有甚于生者，故不为苟得也。死亦我所恶，所恶有甚于死者，故患有所不避也。""仁义德行，常安之术也（奉行仁义道德，是常常能得到安全的办法）。今以夫先王之道，仁义之统，以相群居，以相持养，以相藩饰，以相安固邪？"

荀子的"仁义为本"

仁者无敌！甚至于在谈论军事时，荀子也常强调仁义。"仁义为本"，他说：彼仁者爱人，爱人，故恶人之害之也；义者循理，循理，故恶人之乱之也，彼兵者，所以禁暴除害也，非争夺也。故仁人之兵，所存者神，所过者化，若时雨之降，莫不说喜。是以尧伐兜、舜伐有苗、禹伐共工、汤伐有夏、文王伐纣，此四帝两王皆以仁义之兵行于天下也。故近者亲其善，远方慕其德，兵不血刃，远迩来服，德盛于此。①

总之，南怀瑾曾说：孔子学说与《论语》的价值，无论在任何时代、任何地区，对它的原文本意义只要不故意加以曲解，就能认识它具有不可毁的不朽价值，后起之秀笃学之，慎思之，明辨之，融会有得而见之于行事之间，必可得到自证。

儒家思想的人生价值观包含着对人的内在价值和外在价值的观点，包含着怎样做人，怎样实现个人价值的看法。人不是孤立的存在，每个人都处在一定的社会关系中，也与一定的自然环境发生联系。一个人的人生价值正是通过对待自我、他人、民族和国家以及自然的关系而实现的。

第二节　尽忠职守，爱国爱教

爱岗就是热爱自己的工作岗位，热爱本职工作。敬业就是要用一种恭敬严肃的态度对待自己的工作。敬业可分为两个层次，即功利的层次和道德的层次。爱岗敬业作为最基本的职业道德规范，是对人们工作态度的一种普遍要求。

君子务本，本立而道生。孝弟也者，其为人之本与？

——《论语·学而》

一份职业，一个工作岗位，都是一个人赖以生存和发展的基础保障。同时，一个工作岗位的存在，往往也是人类社会存在和发展的需要。所以，爱岗敬业不仅是个人生存和发展的需要，也是社会存在和发展的需要。爱岗敬业应是一种普遍的奉献精神。

一、尽己之谓忠

爱岗敬业是平凡的奉献精神，因为它是每个人都可以做到的，而且应该具备的。爱岗敬业又是伟大的奉献精神，因为伟大出自平凡，没有平凡的爱岗敬业，就没有伟大的奉献。

从一个城市来说，没有人当市长是不行的；同样，如果没有人去扫地、清除垃圾也是不行的。想当市长的人多的是，想扫地的人肯定不多。但在一个城市里，市长只需要一人，清洁

---

① 南怀瑾，《老子他说》，上海：复旦大学出版社，2002 年。

工人却需要几百人、几千人，甚至几万人。无论是心甘情愿的，还是不得已而为之的，只要是在自己既得的工作岗位上认真负责，尽心尽力，遵守职业道德，这就是一种普遍的奉献精神。在我们国家，如果大大小小的公务员、企事业单位职工、私营企业主、个体户都能够表现出这种奉献精神，人民就会更加富裕，国家就会更加强盛。

尽己为忠

子张问曰："令尹子文三仕为令尹，无喜色。三已之，无愠色。旧令尹之政，必以告新令尹。何如？"

子曰："忠矣。"

——《论语·公冶长》

【译文】

子张佩服楚相子文，三次罢相，没见他不高兴；三次恢复相位，也没见他高兴。更可佩服的是每次罢相，必定要把政务对新令尹交代清楚了才安心。子张问老师，够得上"仁"了吧！

老师说：仁？不好说。忠，那是肯定的。

立　誓

伍子胥逃离楚国时，与好友楚大夫申包胥诀别，立誓曰："我必复楚国（复：报复、颠覆）。"申包胥曰："勉之！子能复之，我必能兴之。"（《左传》）

好友勉励伍子复仇，这是你的责任。同时也立誓：你能灭楚，我能兴楚！这是我的责任。

三年后，吴师攻陷楚都郢。

申包胥赶奔秦国乞讨救兵。秦哀公未允，包胥号啕大哭，七日七夜不绝声，粒米不进、滴水不饮。哀公感动，秦师乃出。败吴军而复楚国，楚昭王要重赏申包胥。

包胥曰："辅君安国，非为身也；救急除害，非为名也；功成而受赏，是卖勇也。"（《新序·节士》）逃赏隐居，终身不出。

呜呼，忠哉！感慨悲歌之士也。

曾子还提出了"忠"和"信"的范畴。忠的特点是一个"尽"字，办事尽力，死而后已。如后来儒家所说的那样，"尽己之谓忠"，这是师德的要求。"为人谋而不忠乎"，是泛指对一切人，并非专指君主。就是指对包括君主在内的所有人，都尽力帮助。因此，"忠"在先秦是一般的道德范畴，不止用于君臣关系。至于汉代以后逐渐将"忠"字演化为"忠君"，这既与儒家的忠有关联，又有重要的区别。"信"的含义有二，一是信任、二是信用。其内容是诚实不欺，用来处理上下等级和朋友之间的关系。信特别与言论有关，表示说真话，说话算数。这是一个人立身处世的基石。

做官的责任心

汉相孔光，谨小慎微；晋相羊祜，宽宏洒脱。两人的风格不同，但做官的责任心一个样。

孔光位居三公十七年，门人弟子想要借光，孔光是一个也不荐举。《汉书》称："其公如此"。

羊祜倒是喜欢荐举人才，只是被荐人升了官却不知道是谁推举的。人说羊祜太慎，他说："拜爵公朝，谢恩私门，吾所不取。"（《晋书》）

所谓"以私害公，非忠也"（《左传》），这是他们做官的事业心。

羊祜上疏，不论是献策还是评政，草稿统统烧掉。

孔光在家从不言朝政，家人问：宫廷中种些什么树？

光嘿不应，更答以他语，其不泄如是。（《汉书》）

装憨傻笑，答非所问。坚决把小道消息堵塞在源头上。这是他们做官的责任心。

《新民晚报》故事，记者问："是否还有意创造中国男子百米纪录？"刘翔的回答很干脆："我只专心于跨栏。其实一个人一生能够认真去做好一件事，就足够了。"

人们只看到刘翔辉煌一面。辉煌的背后，成功的基础，就是不可或缺的事业心。

子曰："敬其事而后其食。"（《论语·卫灵公》）。这就是说少计较待遇，先干好本职工作。

二、敬业爱岗

敬业爱岗就是认真对待自己的岗位，对自己的岗位职责负责到底，无论在任何时候，都尊重自己的岗位的职责，对自己岗位勤奋有加。爱岗敬业是人类社会最为普遍的奉献精神，它看似平凡，实则伟大。

尽己之谓忠，推己之谓恕

今天曾某讲忠恕二字，尽己之谓忠，推己之谓恕。忠恕就是不亏人，不但人不可亏，物也不可亏，亏就天理不容。当我受官兵打时，丝毫不怨，所以身体没有受伤。后来我守坟时才知道，我赶车时打牲畜太狠，所以得这样的报应。[1]

夫子之道，忠恕而已。（《论语·里仁》。）

忠，就是忠诚无私，尽心竭力。忠，敬也（《说文》）。恕，就是恕道，体谅。恕，仁也（《说文》）。朱熹说："尽己之谓忠，推己之谓恕。"

敬业爱岗这是师德的好的基础。"忠"是以自己的真诚内心，诚实地为他人谋事做事的行为，从而能够做到忠于职守，忠于国家。"忠魂"还包含有个人对国家、个人对民族之间的道德关系。"君使臣以礼，臣事君以忠。"（《论语·八佾》）君应该依礼使用臣子，臣应该忠心事奉君主。

以己及物，仁也；推己及物，恕也，违道不远，是也。忠者天道，恕者人道；忠者无妄，恕者所以行乎忠也；忠者体，恕者用，大本达道也。

——程子

改朝换代，忠恕而已：无论是绚丽多彩的历史画卷，还是可歌可泣的历史丰碑，都是靠一种战无不胜、所向披靡的力量成就的，而传承和汇聚这种力量的只是"忠恕而已"。巨人们或者是为了一种向往，或者是为了一种自由，或者是为了一种信念，无不是以忠恕的道德规范，沿着确定的目标，履行着自己的诺言，最终成就了伟业。

万物进化，忠恕而已：地球上的生命，从最原始的无细胞结构生物进化为有细胞结构的原核生物，从原核生物进化为真核单细胞生物，然后按照不同方向发展，出现了真菌界、植物界和动物界。无论是什么生物，在进化过程中，总是带着祖先的遗传信息，并依据环境条件进一步演化成新的生物。这里的遗传就是忠，演化就是恕。

民族精神，忠恕而已："自强不息，厚德载物"是中华民族的精神，而发扬和光大这种精神

---

① 《王凤仪年谱与语录》。

的只是"忠恕而已"。忠是自强不息之根,恕是厚德载物之源,只要有了忠和恕,就必然生发出"自强不息,厚德载物"的民族精神。

文化传承,忠恕而已:现代人还能读懂几千年前的文字原稿,世界上仅只汉字而已,而这种文化的传承和光大靠的也是"忠恕而已"。我们聪明的祖先用有限的汉字表达无限的世界,巧妙地把"语言"与"文言"分开,以不变之文言应对变化的语言,形成了独一无二的"语文"。而忠恕的子孙们,在保护的基础上发展,在传承的过程中包容,这里的保护和传承就是忠,发展和包容就是恕。

做人做事,忠恕而已:为什么有的人做事能够尽心尽责、用心之至? 其原因只是"忠恕而已"。西方人做事,强调法与理,因此是一种认真的态度;而中国人做事,讲究忠和恕,故而是一种用心的境界。北京劳模李素丽说:"认真做事只能把事情做对,用心做事才能把事情做好。"法与理只能规范出"认真做事"的态度,而忠和恕必然升华出"用心做事"的境界。

勤政廉政,忠恕而已:古今中外的勤政廉政者,乃人民的公仆,不胜枚举,这些人之所以感动天地,英名永存,也只是"忠恕而已"。他们思想高尚,胸怀宽阔,心中存着人民、国家,勤勤恳恳工作,廉廉洁洁做人,以忠诚之心报孝国家,以仁爱之心呵护人民。

可见,忠和恕是做人的根本,是敬业爱岗立足点,忠恕程度决定了个人道德修养的尺度。忠和恕可以把做人、做事提升到一种境界,可以把态度铸造成意志,把意志锤炼成精神,把精神汇聚成力量。不仅如此,宇宙长空,物竞天择,适者生存,适者也只是"忠恕而已"。

"寂寞嫦娥舒广袖,万里长空且为忠魂舞",让我们以忠于职守的风尚,在本职工作中铸就忠魂。"春秋伯牙抚琴曲,高山流水却为恕道歌",让我们以海纳百川的情怀,在本职工作中持守恕道。所以,我们若要对孔子的思想用一个词概括就是"仁",用两个词概括就是"忠恕"。

第三节　言忠信,行笃敬

"言忠信,行笃敬"出自《论语·卫灵公》,言语忠诚老实,行为敦厚严肃的意思。

言必诚信

孔子在人与人交往中很重视信义,"言必诚信,行必忠正"(《孔子家语·儒行解》);"主忠信,徙义,崇德也"(《论语·颜渊》),强调"与朋友交,言而有信","信近于义,言可行也"(《论语·学而》)。汉·许慎曰:"信,诚也,从人,从言"(《说文》),意谓,人说话应本乎诚,要出于真心。孔子主张"言必信,行必果"(《论语·子路》),"人而无信,不知其可也"(《论语·为政》)。

孔子一贯倡导"言忠信,行笃敬",反对言而无信,厌恶"群居终日,言不及义"(《论语·卫灵公》);"所谓君子者,言必忠信"(《孔子家语·五仪解》)。他认为,与人约信,必先以"义"为其规范;义者,事之宜也。约信能合乎义理,始能践守诺言。"主忠信,毋友不如己者,过则无惮改"(《论语·子罕》);"千乘之国,敬事而信"(《论语·为政》)。

一、言传身教,以身作则

四海之内皆兄弟

子夏曰:"君子敬而无失,与人恭而有礼。四海之内皆兄弟也。君子何患乎无兄弟。"

《论语·颜渊》)

故事讲的是孔子的弟子司马牛,有一次向孔子请教怎样做君子。孔子对他说:"君子不忧愁,不害怕。"司马牛不懂这话的意思,问道:"不忧愁,不害怕,就叫做君子了吗?"孔子说:"君子经常反省自己,所以内心毫无愧疚,还有什么可忧愁、可害怕的呢?"司马牛告辞孔子后,见到了他的师兄子夏。他忧愁地说:"人家都有兄弟,多快乐呀,唯独我没有。"子夏听了安慰他说:"我听说过:'一个人死与生,要听从命运的安排,富贵则是由天来安排的。'君子对工作谨慎认真,不出差错;和人交往态度恭谨而合乎礼节。那么普天之下到处都是兄弟,君子何必担忧没有兄弟呢?"

教师的一言一行无时无刻不在直接影响着学生。言教重要,身教更重要。孔子说:"其身正,不令而行;其身不正,虽令不从。"(《论语·子路》)孔子认为教师的道德行为和作风正派,就是不发命令,学生也会执行;教师本身行为不正,即使下命令,学生也不会听从。中国古人特别重视以身作则的教育原则。孔子又说:"不能正其身,如正人何?"孟子也说过:"身不行道,不行于妻子。使人不以道,不能行于妻子。"是说自己没有好的德行,虽则在家庭妻子之间,也不会听从你所讲的话;使人不合正当的道理,即或是在家庭妻子之间也是行不通的。民国初年,爱国将领朱庆澜的《家庭教育》一书,也把以身作则列为家庭教育的首要原则,认为父母给子女做出榜样,是家庭教育的"根本道理"、"根本法子";还说:"根本法子一错,什么教法都是无效的。"因此,教育中教师的以身作则相当重要。

正人先正己

在《论语·阳货》中有一段对话:"子曰:'予欲无言。'子贡曰:'子如不言,则小子何述焉?'子曰:'天何言哉?四时行焉,百物生焉,天何言哉?'"孔子对学生子贡说:"我不打算说话了。"子贡说:"如果您不说话,那我们还有什么可以传述的呢?"孔子说:"天说了什么呢?四季照样运行,百物照样生长,天说了什么呢?"自然繁衍了人类,人类效法着自然。

所谓"无言之教",就是通过暗示、榜样去影响学生,潜移默化,"其濡染观摩之效,自不求而至,不为而成"。

二、学而不厌,诲人不倦

对自己,"学而不厌",对人家,"诲人不倦",我们应取这种态度。

"学而不厌",作为教师尤其要做到这一点。教师是学生的示范,我们希望学生做一个终生学习的人,首先教师要做一个终生学习的人。"身教重于言传","亲其师,信其道",教师应该是学生很好的榜样。

子曰:"默而识之,学而不厌,诲人不倦,何有于我哉?"(《论语·述而》)

《中庸》中说:"君子尊德性而道学问,致广大而尽精微",将德性和学问作为君子的基本素质。孔子也认为:要做一个君子,必须在德性和学问两方面下工夫。

自幼好学

孔子自幼家贫,但是,这丝毫没有磨灭他好学的锐气,相反,他身贫志坚;孔子的人生道路虽然荆棘丛生,但是,他在困难中愈挫愈勇。《论语·述而》里记载着许多孔子勤于学习淡薄名利的内容,如:"饭疏食饮水,曲肱而枕之,乐在其中矣。不义而富且贵,于我如浮云。"他曾对自己作中肯的评价："吾十有五而志于学，三十而立，四十而不惑，五十而知天命，六十而耳顺，七十而从心所欲，不逾矩。"（《论语·为政》）。他"发愤忘食，乐以忘忧，不知老之将至云尔"。（《论语·述而》）可见，孔子终生好学乐学不知倦怠。

"学而不厌，诲人不倦"，这句话的意思是说，做人要不断学习，不感到厌烦；教育学生要有耐心，不感到疲倦。"学而不厌，诲人不倦"，这是孔子在历史上成为一个大教育家的两个最基本的优点和特点。①

学而不厌　诲人不倦
——记青年教师康海燕

她热爱学习。为使自己成为一名合格甚至优秀的人民教师，她先后自学了教育学、心理学等业务书籍。参加了电大学习和多种业务培训及继续教育学习。2005 年获得"普通话二级甲等证书"；2005 年被评为"小学一级教师"；2007 年获得"信息技术高级证书"；2008 年获得"小学教师脱产研修的结业证书"。除此之外，她坚持阅读了教育教学专业书刊，坚持做读书笔记和书写心得体会。近些年来，她累计摘记和书写心得体会及论文 30 余万字。2006 年12 月撰写的《对厌学学生的转变工作探讨》获中国现代教育丛刊《中国育才杂志》二等奖；2008 年 4 月撰写的《浅谈多媒体在语文教学中的作用》获省一等奖；《在语文教学中如何调动小学生的情趣》获市一等奖；《论语文课的"教"与"学"》获省优秀奖；《浅谈小学的体育教学》获县三等奖。这些为从事专业教学和班级管理工作打下了坚实的基础。

她勤教善研。十多年来她一边教学不断，一边自学不辍，做到教学相长。从一教学的门外汉到教育教学内行，从中经历了多少酸甜苦辣。她得知：要从一个门外汉到教书匠到教育家，必须勤教善研，用心专一。这些年来，除理论学习外，她一边教学一边摸索虚心求教。领悟教育教学之法，通过不断探索和努力，她终于有了收获，现在，她能熟练地驾驭教材，根据内容设计教法。在教学中，注意情景教学和学生学法指导，在课堂上能运用多媒体手段如课件、幻灯、录音等辅助教学，采用开展游戏、举行比赛等形式充分调动学生的积极性，使学生成为学习的主人。学生学的活，学的实。她所授课多次参加公开课比武，2009 年执教的语文课《小羊过桥》获县一等奖、2010 年执教的语文课《摘星星》获坡头中心校一等奖、2011 年执教的《心愿》获县一等奖。她积极指导青年教师进行教育教学，和他们谈教学体会和班级管理经验，帮助他们树立正确的人生观。经她指导的青年教师李凯、周炼、高凤、刘盛开等都已成为青年骨干教师。

她关心学生。从参加工作起一直担任班主任工作。为了能当好班主任，她开动脑筋认真撰写班主任工作计划，关心了解她的每一个学生，与他们达成良师益友的关系。爱是沟通师生情感的桥梁。班主任要借助爱去寻找师生的共同语言，用爱去洗涤学生心灵上的灰尘。在转变差生中，既要讲严父般原则的"爱"，又要施与慈母般的"情"。她曾经用"爱"这把永不生锈的金钥匙开启了他们的心灵之门。她曾任四年级的班主任，班里有位姓廖的男学生，由于父母离弃，十岁刚过的他只好寄托于七十高龄的外婆照管，由于失去了经济来源，生活极其困难，常常是连买学习用品的钱也没有，更别说买零食、玩具了。但同学、邻居小朋友常常买零食，玩各种有趣的玩具，他何尝不想自己尝尝、玩玩呢？于是，趁一天上课的休息时间，

---

① 见毛泽东的《中国共产党在民族战争中的地位》。

他把班里一位同学交生活费的钱偷偷地拿走了,到学校商店买了零食和玩具。这件事在班里引起了很大的反响,她发现在调查时他脸色有点不对头,且又根据同学们提供的情况找他谈心,她循循善诱。他见老师用一种猜疑目光看着他,却口头上拒不承认。在这种情况下,她以严父般的"爱"指出起行为的可耻性、危害性,并警告他:如犯了,但拒不承认的话,将会贻误终身。经过反复多次地耐心教育,使他终于承认了错误,并表示下决心坚决改掉。见他的思想认识上来了,她又以慈母般的"爱"去关心他,一方面在班里发动全体同学都伸出友爱之手帮助他,使他感觉到集体的温暖;另一方面拿钱给他买学习用品,把自己孩子玩过的玩具借给他玩或送给他。在这爱的氛围里,他不仅改掉了爱占小便宜的坏习惯,而且还在学习上突飞猛进,各科成绩从原来班上的倒数十名一跃为前十名,还被同学推举为班干部,期终被评为学校的优秀干部。

她工作成绩显著。所教班级多次评为先进班级,所教班级学生成绩合格率达100％。优秀率为80％以上。2008年下学期至2011年下学期,她所教的一、二、三、四年级的语文,分别在中心学校期末统考中稳居第一名。每年"六一"或元旦汇演都会为学校主持编排节目,效果很好。2010年在坡头中心校举办的"六一"汇演参赛的独舞《我最乖》获得优胜奖。经她辅导的朱昊同学的绘画两次获县三等奖,受到了领导和学生家长的好评。个人形象在社会上很好。由于她工作中做出了显著的成绩,单位也给了她许多荣誉,2007年、2010年获县嘉奖。①

第四节　博爱真诚,化育后生

"为富不仁矣,为仁不富矣。"(《孟子·滕文公上》)

据说中国人穷日子过惯了,破罐子破摔,所以在有些人心里,"仇富"情结便油然而生。冤有头,债有主,"仇富"情结谁先结?"阳虎曰:为富不仁矣,为仁不富矣",早被孟子记录在案(《孟子·滕文公上》)。当了富人就当不了善人?当了善人就当不成富人?环顾现实,不得不承认阳虎还真是个预言家。因为国内的富豪还没有谁肯率先打破这一怪圈,财富榜与慈善榜总是各榜各的,无法合二为一。本土富豪聚财之道不管真懂假懂,毕竟财富在手,胜者为王。但说起"散财之道",比起外面的一些富豪,那可真是望尘莫及的。

仁者是充满慈爱之心、满怀爱意的人;仁者是具有大智慧、人格魅力、善良的人。

一、爱生如子,知人善教

弟子如子女

孔子关心学生品德学业的增进和他们的生活与健康状况。"爱之能勿劳乎?忠焉能勿诲乎?"(《论语·宪问》)爱护他能够不叫勤劳吗?忠于他能够不教诲他吗?"二三子以我为隐乎?吾无隐尔。吾无行而不与二三子,是丘也。"(《论语·述而》)学生们以为我会隐瞒什么吗?我对你们是没有任何隐瞒的,我没有什么不告诉你们的,这就是我孔丘的为人。孔子对学生为学与为人毫无保留,真是做到了无隐无私。

在中国古代称学生为弟子,在老师的眼里学生既是徒弟也如子女,而在学生眼里的老师

---

① 选自 http://www.hsxedu.com/E_ReadNews.asp? NewsId＝12846。

是一日为师终身为父。从《论语》上记载的材料看来,一方面表现出孔子对弟子们的关怀爱护,另一方面表现出弟子们对老师的敬爱尊重。这就形成了一种严肃认真而又亲切自然的师生关系,它是中国教育史上的优秀传统。热爱教育,爱生如子,对教育事业表现出充沛的精力和毅力,这是教师应具备的情感意志品质,是对学生进行素质教育的必要条件,也是师德的重要内容。孔子说:"仁者爱人","智者知人。"(《论语·颜渊》)

孔子说仁者爱护人、关心人、把人当人对待;智者善于了解人,识别人。

宽宏的胸怀

在《论语》里对曾经犯过错误的少年,孔子表现出宽宏的胸怀。他说:"人洁以进,于其洁也,不保其往也。"意思是说人家已经去掉了污点而进步,就要赞许他的洁净,对他的过去不应该抓住不放。在平时我们常常会遇到一些"不顺眼"的学生,其实,他们的心灵深处更需要老师的呵护。我想,如果将孔门的七十二贤三千弟子看成是棵棵树苗的话,那孔子就是肥沃的土壤,他们共同营造了一片生命的绿洲,两千多年来,这一片绿洲一直点缀装扮着我们华夏大地。

我们既然选择了教师这个职业,就要爱学生、尊重学生,千万不要像训练犬马一样去教学生。孔子说:"君子不器。"(《论语·为政》)就是说君子不能只具备某一方面的能力。从培养人才的角度看,我们应该承担起培养学生的全面素质的重担,不能仅仅只是着眼于如何提高学生的考试分数。这是师德的重要体现。

二、潜移默化,滋润大地

子曰:"参乎,吾道一以贯之。"曾子曰:"唯。"子出,门人问曰:"何谓也?"曾子曰:"夫子之道,忠恕而已矣。"

【译文】

孔子说:"参啊,我讲的道是由一个基本的思想贯彻始终的。"曾子说:"是。"孔子出去之后,同学便问曾子:"这是什么意思?"曾子说:"老师的道,就是忠恕罢了。"

早在2500年前,孔子就说了一句老话:"己所不欲,勿施于人"。这句话道出了做人的真实意义。所谓"己所不欲,勿施于人",就是用自己的心推及别人;自己希望怎样生活,就想到别人也会希望怎样生活;自己不愿意别人怎样对待自己,就不要那样对待别人;自己希望在社会上能站得住,能通达,就也帮助别人站得住,通达。总之,从自己的内心出发,推及他人,去理解他人,对待他人。"己所不欲,勿施于人",简单地说就是推己及人,它和中国民间常说的将心比心,设身处地为别人想一想等等,都是一个意思。

"最简单的东西"

可能很多老师都有这样的经历,有时候学生从办公室捧到教室来的作业本并不是我们所需要的。分析其中原因,第一,老师含糊其辞,没有指明是何种作业本,犯了一个"以为学生会知道"的错误。第二,学生对老师说的话只达到听见的程度,而没有主动设想。其实在日常教学中也不难发现这样的例子,我们的老师经常抱怨学生最简单的"东西"都不明白,出的错误匪夷所思,屡犯低级错误。学生也叫苦,老师说的"最简单的东西"太复杂了,听不懂。换个角度想,教师的知识、阅历都比学生丰富,那些在老师看来理所当然的事情也是经历了某个过程而得来的。当我们静下心来思考问题的症结所在，才发现令人头疼的问题只是某个环节的误会。如果老师多一些精心设计，多一些换位思考，学生对知识理解与掌握就会更快更好。

学生个体间的差异不仅是客观存在、普遍的，而且表现为多方面：生理方面如性别、体力、视力、听力等差异；个体认知风格方面如场依存与场独立、冲动型与深思型等；个体情绪和意志方面如主导情绪的不同，焦虑水平、自制力的差异等；气质性格方面如气质类型的不同、内倾与外倾等；能力水平和结构方面如智能结构上的不同等；社会环境因素方面如学生家庭和经济状况的不同、家庭结构的不同、家长社会地位的不同，等等。我们要承认个体差异、尊重差异，用发展的的眼光去看待学生。要善待差异，从研究学生的差异入手，正视学生的独立性、可变性，为他们创设适当的教育环境，针对学生的个性差异，因材施教，使每一位学生都能得到充分的发展。不吝微笑，不吝表扬，不能忽略情感交流。心理学研究表明，赞赏与信任的言语能对人的心理产生积极的暗示效应。赞赏产生激励效应，使学生产生被器重的自我意识，从而增强学习的自信心，减少自卑感，进而积极乐观奋发向上，充分挖掘内在潜力。[①]

在学生心目中，教师是知识的化身、品德的楷模。教师的思想品德、处世方法以及个性特点都会引起学生的注意，并对学生的心理和行为有意无意地产生感染和启迪作用。教师善用权威和示范作用，有利于学生的发展。学生不一定会主动做什么，但他们会做教师要求的事。因为学生难免会有懈怠情绪，教师的权威性和示范性越强，学生完成任务的质量可能会越高些。

现在人们看"君君，臣臣，父父，子子"（《论语·颜渊》）觉得罪恶深重，其实这种理解就是戴了有色眼镜的结果。俗语有云，"不养子，不知报母恩"，即言行"恕"之难。不过，可能正是因为行"恕"之难，方显"恕"之可贵。

一种思想理念的盛行，首在达成共识。思想文化实为维系国家民族之一命脉，文化兴则国民兴，文化衰则国民衰，文化亡则国民亡。我辈当对先人光辉思想加以整理继承，以之明于当世，兴我华夏之邦。作为一文明古国，我华夏亦当为全球文化有所贡献。为建设社会主义和谐社会，中央提出要弘扬民族优秀文化传统，倡导和谐理念，培育和谐精神，建设和谐文化，笔者认为，忠恕之道便属于这种传统、理念和精神，在今天，大有倡导之必要。

社会和谐关键在于人与人之间关系的和谐。而人与人之间的关系离不开道德的调节，人们共同遵循社会伦理原则并使之成为共同的价值观，相互关系才能和睦融洽，个人也才能心情舒畅。在现实生活中，人与人之间难免存在这样或那样的分歧、龃龉、磨擦、纠葛、矛盾以至冲突，往往由于不能正确地对待它而出现不和谐的音符，造成相互关系紧张和个人心理负担。如，有的汲汲于名利，为争高低上下而互不服气，结下怨尤；有的听信流言传闻而造成误会，耿耿于怀；有的因言语不周、处事不慎产生的磕碰而长久记挂；有的为些许小事互不相让弄得面红耳赤，心情不悦……其实，哪有多少不可调和的矛盾，多是庸人自扰之。

邻里间、同志间、朋友间、合作伙伴间以至陌生人之间都要讲"忠恕之道"。忠恕，是儒家学说中重要的伦理思想。《论语·里仁》："曾子曰：'夫子之道，忠恕而已矣。'"朱熹注："尽己

---

① 节选自刘志敏《随风潜入夜 润物细无声》，《教育艺术》2011 年第 5 期。

之谓忠,推己之谓恕。而已矣者,竭尽而无余之辞也。"也就是说,"忠"要求尽己之力积极为人,"己欲立而立人,己欲达而达人",省察"为人谋而不忠乎?"待人要忠厚忠实忠诚;"恕"则要求推己及人,"其恕乎! 己所不欲,勿施于人",用今天的话说就是凡事要换位思考,为对方着想,对人要宽容宽厚宽宏。《论语》中的"君子之道,忠恕而已矣","己所不欲,勿施于人","我不欲人之加诸我也,吾亦欲无加诸人"说的就是这层意思。

"己所不欲,勿施于人"是指:自己不想要的东西,切勿强加给别人。孔子所强调的是,人应该宽恕待人,应提倡"恕"道,唯有如此才是仁的表现。"恕"道是"仁"的消极表现,而其积极表现便是"己欲立而立人,己欲达而达人"。孔子所阐释的仁以"爱人"为中心,而爱人这种行为当然就包括着宽恕待人这一方面。

《论语》中提到:夫子之道,忠恕而已矣。这句话所揭晓的是处理人际关系的重要原则。孔子所言是指人应当以对待自身的行为为参照物来对待他人。人应该有宽广的胸怀,待人处事之时切勿心胸狭窄,而应宽宏大量,宽恕待人。倘若自己所讨厌的事物,硬推给他人,不仅会破坏与他人的关系,也会将事情弄得僵持而不可收拾。人与人之间的交往确实应该坚持这种原则,这是尊重他人、平等待人的体现。人生在世除了关注自身的存在以外,还得关注他人的存在,人与人之间是平等的,切勿将己所不欲施于人。

第五节　君子六艺,儒雅博学

"博学之,审问之,慎思之,明辨之,笃行之。"(《礼记·中庸》)

博学才能兼容并包,使为学具有世界眼光和开放胸襟,真正做到"海纳百川、有容乃大",进而"泛爱众,而亲仁"。因此博学乃能成为为学的第一阶段。越过这一阶段,为学就是无根之木、无源之水。"审问"为第二阶段,有所不明就要追问到底,要对所学加以怀疑。问过以后还要通过自己的思想活动来仔细考察、分析,是为"慎思"。"明辨"为第四阶段。学是越辩越明的,不辩,则所谓"博学"就会鱼龙混杂,真伪难辨,良莠不分。"笃行"是为学的最后阶段,就是既然学有所得,就要努力践履所学,使所学最终有所落实,做到"知行合一"。"笃"有忠贞不渝,踏踏实实,一心一意,坚持不懈之意。只有有明确的目标、坚定的意志的人,才能真正做到"笃行"。以"博学笃行"为校训,并非只取"博学"和"笃行"四字,而是包括"审问、慎思、明辨"在内的,由"博学"而"笃行"的内在统一、相联互动的过程。要实现"老吾老,以及人之老;幼吾幼,以及人之幼"的"天下大同",非有过人之本领无以担此重任。以"博学笃行"为做学问之道,方能学有所依、学有所成、学有所用,"爱众亲仁"才不至于流于口号,流于形式。

一、君子"六艺"

古代的儒家用"六艺"(礼、乐、射、御、书、数)概括,规定了一个儒者所要修习的主要方向。然而中国有"六艺",西方却有"七艺"(文法、修辞、逻辑学、算术、几何、天文、音乐)。但不管六艺还是七艺,都在提示我们:

(一)要成为一个可堪大用的人才,必须先有一个全面的学习

既包括知识学养上的,也包括道德品格上的,甚至于待人接物的方式、言谈举止的风度。

礼艺:吉、凶、军、宾、嘉礼五科,是关于社交能力的学问;

乐艺：云门、咸池、大韶、大夏、大护、大武六科，是关于达情能力的学问；
射艺：白矢、参连、剡注、襄尺、井仪五科，是关于知识能力的学问；
御艺：鸣和鸾、逐水曲、舞交衢、过君表、逐禽左五科，是关于主事能力的学问；
书艺：象形、会意、指事、转注、假借、谐声六科，是关于记述能力的学问；
数艺：方田、粟布、差分、少广、商功、均输、盈朒、方程、勾股九科，是关于数算能力的学问。

"六艺"能都修固然更好，可提高社交能力、达情能力、知识能力、主事能力、记述能力、数算能力更为重要。

（二）文武兼备、知能兼求

"六艺"教育之中，礼、乐、书、数之教为文，射、御为武，所以六艺教育是典型的文武兼备的教育。而且"六艺"教育除了知识教育以外，也包括六种艺能的训练：演礼的技能；乐德、乐语、乐舞的技能；射箭的技能；驾战车的技能；书写的技能；计算的技能。而且从人的发展来说，六艺教育既重视人的品性的涵养，又重视身体的训练和音乐的熏陶。所以六艺教育是一种非偏向的课程设置模式。尤其是"数"的教育，属于理科范畴，实为后世科技教育之源头。汉以后的各种专科教育，不管是唐的医学、律学、算学，还是宋胡瑗的治事斋、清颜元的艺能斋都是以产生于殷周，发扬于孔子的"六艺之教"为依托的。六艺教育是中国古代课程改革中的旗帜。而有人认为一个现代的新新人类更要懂得"现代七艺"。

（1）懂一门生存技术。严格来讲应该是一种谋生的技能或手段。

（2）驾驶交通工具的技术。最好是三种以上的"海、陆、空"全懂。

（3）电脑。不用具备当"黑客"的水平，但写博客，聊 QQ，打打文件总应该要会。

（4）游泳。可以锻炼人的体魄，有时更是保命的手段。

（5）书法。不一定要当书法家，但自己的签名一定要有特色，让人无法轻易模仿。还有万一出席重要场合，人家要你题词怎么办？

（6）乐器。一个人穷极无聊时，可以自娱自乐又可陶冶情操。如果有人欣赏，那更是一种成就感！

（7）交谊舞。订货会结束，常常会举行庆祝酒会，如果不懂交谊舞，一个人呆呆坐角落，让人对你印象大打折扣，所谓："没办法同流就没办法交流；没办法交流就没办法交易！"

我们认为，对于教师而言，除必备专业知识外，还应具备以下基本技能：（1）电脑，（2）外语，（3）驾驶，（4）法律。教师要与时俱进，必须具备"君子六艺"，提高自身的教育科学素养，学习和理解现代各种领域的新观念，完善自己的思维方式。注意观察新闻、新的社会信息，洞悉时代的动向。

二、做临床专家型教师

教育家办学的呼声目前越来越高！进入现代社会以来，教育研究似乎存在着一个十分严重的误区，即刻意仿效自然科学研究范式，过分关注教育过程的可操作性和可检测性并据此建构"教育科学"体系，忽视了教育的"艺术"属性，导致教育之"应然"与"实然"不同程度的分离。在此种价值观驱使之下，学校教育走向形式主义和机械主义，原本充满动态的教育过程管理，便异化成事务性的"程序管理"，文牍主义盛行。现代学校急需一大批掌握"六艺"的临床专家型教师。

自古以来,教育的形式与路径就是多样化的。即便在时下,我国学校教育业已形成内涵不同甚或迥异的多样化实践型态:既有重塑学生自信心的"成功教育",又有提升学生意志品质的"挫折教育";既有传统的"先教后学",又有颠覆传统的"先学后教";既有体现教师主导作用的课堂教学,又有让学生自主开展的研究性学习;既有严格的以"军事化"为特征的管理,又有开放的以"民主"为取向的改革。我们很难用正确或错误对这些截然不同的探索加以评论,更难于在教育实践中扬此抑彼。需要特别指出的是,所有这些改革都已凭借着显现的教育成效获得生存空间,得到教育界的普遍认可。问题的实质在于,为什么有的学校敢于独辟蹊径?更进一步的问题是,为什么一所学校成功的改革经验"推广"到另一所学校每每会出现"水土不服"而事倍功半甚至功败垂成?究其原因,盖是不同的教育理念使然。学校教师和校长若无自己的教育理念,教育行为便没有灵魂,学校就会毫无生机,所谓的改革多半会陷于"东施效颦"。

俞艳:做一名专家型教师

在大多数人的印象中,教师的工作就是上课、改作业。然而,在萧山第一职高,却有一位专家型教师,她编写的教材、取得的科研成果能媲美大学教授,她就是俞艳。

自1988年参加工作以来,俞艳一直从事着中职学校的电工技术基础等电类专业课的教学工作。面对重理论轻实践、技能教学与企业实际脱节的教学现状,面对着学习基础和行为习惯相对较差的中职学生们,俞艳从来都没有过放弃的念头,而是一步一个脚印积极探索教学改革,努力让学生愿意学习,并且做到学有所得,学有所用。

2004年,俞艳开始编写她人生中的第一本教材。"当时遇到很多问题,多亏了学校的支持,还有金国砥老师的指导。"谈起自己的处女作《电工读图》,俞艳显得很开心。此后,俞艳又编写了多部教材,其中,由人民邮电出版社于2006年4月出版的《电工基础》,已经重印了16次,印数达6万多册,成为该出版社同期出版教材中最畅销的教材。为了更好地配合教学,该书的配套用书《电工基础同步辅导与练习》也相继出版。在该书基础上,《电工技术基础与技能》成为中等职业教育课程改革国家规划新教材。如今,俞艳已编写了14部正式出版的教材。

除了编写教材,俞艳还积极参与课题研究,学习先进的教学理念和教研方法。她平时的爱好之一便是浏览新闻,把先进的教育理念和方法应用到实际的教学之中。从教以来,俞艳多次承担国家级、省、市、区的立项课题研究工作,教育教学科研成果(论文)获奖、发表36项。其中,代表性教学成果《在反思中成长——基于电子电工专业教师成长的教学反思的实践研究》获浙江省职业教育教学成果二等奖、杭州市教学成果一等奖。

一名优秀的职业教育专业课教师,除了具备普通教师的教学能力外,还必须具备专业技能。俞艳积极参加技能培训,学习电工专业的新知识、新技术和新工艺,不断提高专业技能,2006年获得了维修电工技师等级证书,成为了名副其实的"双师型"教师。

功夫不负有心人,今年萧山唯一获得浙江省特级教师荣誉称号的就是俞艳,她也是萧山职业教育领域第一位获此殊荣的教师。对此,俞艳只是淡然一笑,她说:"教师的职责在于教书育人,我所做的一切都是为了学生更好地发展。"[①]

---

① 本文选自:萧山网—萧山日报,记者:洪斐 通讯员:郭亚萍 http://www.jiaoshi.com.cn/main/help_76020.html

人的教育过程与"产品"制造过程是截然不同的。这不仅因为人的发展是遗传与习得、内因与外因、认知与情感、生理与心理盘根交错的动态过程,而且也因为学生的成长是在师生之间、同伴之间以及学校、家庭、社会之间的多维交互作用的复杂过程,故而,任何个体发展的条件、水平、特点、性向都不可能是完全一样的。作为教育家的教师,应该善于观察学生,善于观察教育活动,具有独到的洞察力,并且能根据需要和可能、条件和要求、个性和基础对教育形式、内容、途径、方法进行合目的性的创新探索,临床专家型教师在此基础上对自己的教育思想与行为进行不断的反省与思索,从而完成自己的教育使命,实现自己的人生价值。

临床专家型教师是富有智慧的教育大师,是教育的集大成者,更是艺术的经典化身。在这个意义上,洞察力是前提,创造力是核心,反思力则是教育家不断提升自身素质的机制。

教育是一种职业,更是一项事业。学校教育关系着个体是否健康成长,关系着社会是否和谐,关系着国家的发展是否具有可持续性,因而被誉为"千秋大业"。事实上,教育的功能并不是传授知识,甚至也不是培养个体的能力,而是使作为"自然体"的个体(学生)在学校教育的情境中更好、更快、更充分地完成"社会化",成为"社会人"。在这个过程中,师生之间和学生之间的人际交流与情感互动是一种决定性的影响因素,这也是人区别于动物的最为基本的属性。古代《学记》所归纳的"教学相长"现象,在一定程度上揭示了教育过程的互动属性。

所以,教育工作者除了需要具备特定的知识与技能之外,更需要有人格魅力,更需要爱心,更需要虔诚的情怀。而作为学校掌门人的一校之长,则更需要好的睿智人格的感召力。

第六节　投身教育,终身修炼

孔子是万师之表,孔子的儒家十分重视个人的道德修养,以求塑造成理想人格。在春秋时代,社会变化十分剧烈,反映在意识领域中,即人们的思想信仰开始发生动摇,传统观念似乎已经在人们的头脑中出现危机。于是,曾参提出了"反省内求"的修养办法,不断检查自己的言行,使自己修善成完美的理想人格。儒家的自省,则是自我修养的基本方法,《论语》中多次谈到自省的问题,要求孔门弟子自觉地反省自己,进行自我批评,加强个人思想修养和道德修养,改正个人言行举止上的各种错误。这种自省的道德修养方式在今天仍有值得借鉴的地方,因为它特别强调进行修养的自觉性。

与其说儒家的人生哲学注重动机,不如说更注重养成道德的品行。儒家理论认为一个人的德行比他的才能更重要。孔子在论人性时多次提到:吾未见好德如好色者也。胡适先生对这解释说:孔子的人生哲学注重养成道德的品行,无论做人做事都要以道德为基础,只有品德高尚的人才能获得成功!

子曰:"如有周公之才之美,便娇且吝,其余不足观也已。"(《论语·泰伯》)

就是说,才能资质属于才的方面,骄傲吝啬属于德的方面,也就是说,如果一个人才高八斗而德行不好,那么圣人连看也不看他一眼,只要德才兼备才是完美的人。

孔子又说:"君子食无求饱,居无求安,敏于事而慎于言,就有道而正焉,可谓好学已。"

君子,是有德之人,饮食尚俭,不铺排,不浪费;居住尚朴,不奢侈,不求安逸,做事多而说话少,靠近正值,见贤思齐,以正人和贤人为榜样,纠正自己的不良行为。孔子认为做到这些就是"好学",可见儒家"好学"的内容也是德。

一、学为人师

学为人师,就是要使"学"能成为后学的师表。行为世范,就是要方方面面,时时刻刻,都光明正大,能够成为社会的模范。"学为人师,行为世范"之中包含着丰富的辩证思维。从"学"与"行"的关系看,二者相辅相成,不可偏废。崇高德行的养成要靠学问修养,高洁的品行又为"学"提供保障。"学为人师"与"行为世范"二者构成一个不可分割的整体,突出强调了个人与社会的统一,理想与实践的统一,知与行的统一。"学为人师,行为世范"要求全体师生将治学与为人、认识与实践、知与行在高标准上统一起来。莘莘学子不管是在校学习时,还是步入社会参加工作后,都要不断学习进步,求真创新、敬业乐群、为人师表。

师者,传道、授业、解惑也!师之道,承袭了几千年。实践出真知,尤其是面对育人这项伟大而艰巨的任务时,教师肩上的责任很重大,我们的行为关乎到学生的未来。好比好奇的巴甫洛夫杀死了校长心爱的宠物,但校长并没有大发雷霆,而是选择让他画解剖图作为惩罚。就是因为这个奇特的决定,世界多了一位伟大的科学家!在教育教学活动中,我们的对象是天真的少年,他们有的聪颖活泼,有的勤奋好学,有的调皮好动,有的沉默内向。不管他们的成绩如何,最初他们都是怀着一颗上进的心来的。如果因为我们的疏忽,使他们不能学有所长,那也将是我们一生中的遗憾。

知识分子的人格修养

"学为人师,行为世范"自古就是中国知识分子人格修养的标准和精神追求。它吸纳了中华民族教育传统之精髓,与"学而不厌,诲人不倦"等古训息息相通。它凝练了、凝聚了以李大钊、鲁迅、梁启超、钱玄同、黎锦熙、陈垣、范文澜、白寿彝、钟敬文等为代表的一代代名师;培养了以李达、周谷城、侯外庐、张岱年等为代表的一批批品学兼优的学子。"所学要为世人之师,所行应为世人之范。"学,是指每位师生应具有的学问、知识和技能。

子曰:"里仁为美。择不处仁,焉得知?"(《论语·里仁》)

这也就是说,人最重要的是爱人,能同胸中有大爱的人在一起,是最幸福快乐的了。

国学大师季羡林认为真性情者皆心存仁爱之心!大爱是福,大爱是智慧,爱以无穷的光照亮他人,能给别人带来大爱,必会得到别人的爱心和尊重。

大爱无言,智慧无边,幸福无限

有人说过:"疼爱自己的孩子是人,而热爱别人的孩子是神。"我对学生的爱是神圣而纯真的,是教师爱学生的一种本能,就像父母爱子女一样是本能的爱。学生一旦体会到了这种真爱就会"亲其师""敬其师",从而"信其道"。班上有一位男生,母亲因病去世后,心情非常悲痛,在此情况下,该同学不爱和他人交往,独来独往,课堂上不举手发言,课外常坐在位子上发呆,我看在眼里,急在心里,与其谈话半天他也吐不出一句话来,内心凄凉苍白,着实让人痛心。根据他的情况,我上课多提问,下课多亲近,和他谈他关心的问题,让他每天收拾老师的讲桌,整理作业,检查出不整洁的作业时,告诉其作业的主人如何保护作业。通过大量与同学们教师接触,他慢慢淡忘了悲痛。渐渐的他像变了一个人似的,课堂乐于发言,课外乐于与人交往,学习成绩逐步提高。这是我的爱心所致。

"热爱一个学生就等于塑造一个人才,厌弃一个学生无异于毁坏一个人才。"热爱学生才会尊重学生,信任学生,给学生创造一个"海阔凭鱼跃,天高任鸟飞"的良好成才环境。尊重如同一把金钥匙,可以破译任何心锁的密码,打开学生个体发展的大门。每一个学生都是一个独立的个体,不具有可比性,作为班主任,在工作中我用不泯的童心去和一颗颗稚嫩的心进行对话,去发现他们的与众不同,让他们的个性得到张扬,特质得到发展。多年的班主任工作,我始终把育人放在首位,把爱心献给每一位学生;始终把培养学生的良好习惯融入教学当中。所以自己所教的班集体最有凝聚力,最有荣誉感。我平时总相机与学生谈心交流,抓住学生的闪亮点及时给予鼓励,对那些表现不好的学生,更是用爱心去抚慰,用爱心去呵护,用爱心去关照。学生李欣做事丢三落四,当天的作业总是教不上来,只知道调皮捣蛋,吵吵闹闹,是学校有名的淘气包。我因势利导,让她做班内活动的通知传达和解释。刚开始有同学问她时她随口就说,不加思考,但她常解释出错,在我的引导下,她认识到了自己出错的原因,慢慢地变得不再随口就说,上课爱说话的毛病也改正了,作业也能按时认真地完成了。学生余占鑫性格内向,上课不发言,但爱绘画,我就让他出面组织爱绘画的学生组成绘画小组,发挥他们的特长。通过这样的活动,他现在也开朗的多了,上课也慢慢开始发言了,他的求知欲望被激发出来了,成绩也提高了。

我热爱学生,关心学生,学生也很听话,班上的养成教育抓得特别好,我用我的一言一行处处影响着学生:学生爱校如家,教室粉刷几年后墙上没有污点,窗明几净,干净整洁,学生从未出现过损坏公物的现象。

经过长期的探索、实践,我注重实效,独具特色,强化了班风,培养了学生的自制和自学能力,收到了很好的效果。我认为成就好的班集体:首先,抓养成教育,使学生养成良好的行为习惯,提高学生的自制力,分清是非;其次,找优点,找闪光点,激励学生积极向上,使学生感到"我能行! 我最棒!"防止学生厌学;第三,经常善于察言观色,经常贴近学生,走到他们中间,了解学生思想状况,对症下药,采用座谈、对话等形式对有问题的学生进行心理辅导,解决学生心理问题;第四,抓重点,抓住班级当前阶段性任务,开展系列活动,形成共识,提高学生集体意识;第五,解疑惑,抓住学生"为什么""怎么做"等问题,做好学生的正面引导,做好管理的度。正是有这样一套行之有效的管理方法,我所带的班级班风正,学风浓,班级成绩不断提高。

有爱的教育才是稳健的教育,因为它根植于实际的土壤,它能够耐心地期待生长;有爱的教育才是活泼的教育,因为它充满了挑战,它离不开交锋;有爱的教育才是真实的教育,因为它连接教师和学生的心灵与思想,它能够让师生在平等的层面上教学相长。对于正在生长着、变化着的孩子们来说,承担教育责任的我们真的不应该忘记:每一个孩子都很重要,每一个孩子都渴望着爱与被爱;每一个孩子都是一个与众不同的人,那一颗颗敏感而纯洁的心灵,最需要我们的悉心呵护,需要爱,需要关注。[①]

仁者爱人,大爱是智慧!

所以,仁者的老师要的是一种大爱,没有这种心态就无法有效实现教育的目标。而实现

---

① 节选自赵莉的结题报告《大爱无言,智慧无边,幸福无限》。

教学目标不是知识和学问所能解决的,需要的是人生的智慧,来源于生活中不断的磨炼。

当代著名作家余秋雨,在他的《山居笔记》中有一段关于成熟和智慧的描写非常绝妙:"成熟是一种明亮而不刺眼的光辉,一种圆润而不腻耳的音响,一种不再需要对别人察言观色的从容,一种终于停止向周围申诉求告的大气,一种不理会哄闹的微笑,一种洗刷了偏激的淡漠,一种无须声张的厚实,一种并不陡峭的高度。"的确,在生活中爱别人不能光凭一腔热血,还需要内在的成熟和智慧,仁者的教师是一种大爱,就更需要做教师的人具有成熟和智慧的素质。

所以,大道无形,大爱也是无形的,出色的教师需要开启"四两拨千斤"的大智慧,需要拥有博大的爱心。

二、行为世范

"学为人师"与"行为世范"二者的统一,应当体现在一个人一生不懈地求知和实践的过程之中。

以仁存心

仲弓问仁。子曰:"出门如见大宾,使民如承大祭。己所不欲,勿施于人。在邦无怨,在家无怨。"仲弓曰:"雍虽不敏,请事斯语矣!"(《论语·颜渊》)

【译文】

仲弓问孔子,如何处世才能合乎仁道?孔子回答道:"出门与同仁行礼如见贵客一般,对民如大祭一样凝重,自己不喜欢的事不要强加给别人。如此在朝上就不会招谁怨,在家中私下的交往也不招谁恨。"仲弓感谢道:"我虽迟钝,但一定要牢记先生的话。"

孟子曰:君子所以异于人者,以其存心也。君子以仁存心,以礼存心。仁者爱人,有礼者敬人。爱人者,人恒爱之;敬人者,人恒敬之。有人于此,其待我以横逆则君子必自反也:我必不仁也,必无礼也;此物奚宜至哉!其自反而仁矣,自反而有礼矣,其横逆由是也;君子必自反也:我必不忠。自反而忠矣,其横逆由是也;君子曰:"此亦妄人也已矣!如此则与禽兽奚择哉!于禽兽又何难焉!"

在"学"与"行"的关系上,"学高为师、身正为范"等格言也在某种程度上揭示了其内涵,但它们偏重于对一种事实的静态指认,而"学为人师,行为世范"则强调一种追求卓越人生的状态,它将"学"与"行"统一在一个动态的实践过程中,更突出了人生有为的强烈进取心。"人非生而知之者,孰能无惑?"每个人都会在人生中遇到各种困惑,有了困惑就要多方学习、多方探求,这样才能使认识水平随着实践的发展不断提高。路曼曼其修远,学问无止境,人生探索的道路亦无止境。"学为人师,行为世范"正体现了中国文化传统中上下求索、自强不息的精神追求。

孔子提出:"躬自厚而薄责于人","以身立教,为人师表"等;江泽民同志也说过:"教师作为人类灵魂的工程师,不仅要教好书,还要育好人,各方面都要为人师表。"

我们从论语的开卷第一句话中的"人不知而不愠,不亦君子乎!"(《学而》)来谈起师德。开始孔子讲到学习的快乐,讲到朋友之间的友情和欢乐,接着就讲君子。可以看出,孔子对于学习、快乐、君子观念的非常重视。我们大都免不了在别人不理解或者误会的时候,会感到很生气,而孔子则是告诉我们,"人不知而不愠"则是"不亦君子乎!"在这种情况下,做到不生气抱怨，就可以说是君子了。

这种行为即是君子所表现出来的品质，具有君子的修养。当然这也不是很容易就可以做到的。因此孔子认为具有这种素质的也可以说是君子了。我们也知道，在《易经》中，有一句很著名的话："天行健，君子以自强不息。"君子是自强不息的，就如同天地的运转一样，因此君子也是效法于天道的。因此，君子不仅在日常生活中表现出来，同时也是和天道联系在一起的。

仁者爱人，这是孔子思想也是儒家学说的最高道德概念，是儒学所主张的爱的方式。这种爱的基本原则，就是根据血缘关系的远近，决定爱的程度。从历史渊源来看，仁爱一直是中华美德的肇端，但当下经济越发达，往往人情更淡爱心更冷，可见学校实施仁爱教育势在必行。有人说："'没有爱就没有教育'是老师们明知故犯的座右铭，学生最不愿去的地方是学校，最不愿见的人是老师。"试想，学生以全部的生命投入学习，将成长中最宝贵的美好时光交给了学校，教师当然要尊重、珍视学生的学习与生活的切身体验。按照孔子"仁者爱人"的说法，仁的基本含义应该落实到对他人的尊重和友爱上面，具体地说，应该承认人的存在，尊重人的人格，具有明确的人化意识和行为。孔子"仁"的思想强调人伦义务，希望人人尽伦尽职。换言之，教师需要有一颗体谅、宽容、慈爱之心，确立中国风格教育服务工作范式，有更大的担当，有更重的承载，有更深的仁爱，以仁心仁术育人，以慈爱友爱换爱，去构建斯文国度中教育领域里的温馨精神家园。

所以人们说，教师的职业是太阳底下最光辉的事业。也有人说，教师是天底下最苦的职业，也是最神圣的职业，如果再做一次选择，我选的还是教师这份职业。的确，如果有一天你走上了教师这个平凡的岗位，你用不平凡的心去对待它的话，你会发现，在这里，你用双手抚育了一批又一批青少年，内心是愉悦的，天天与青少年接触，你的心是年青的，是纯真的。即使是最顽皮的学生，他们的可塑性仍是很大的，只要从爱护他们的角度去教育他们，他们都会变成很有出息的人。讲到这里，也许你会仰起笑脸，望着蓝蓝的天，想起自己选择这份职业是不枉此生了。那就努力去干吧，精彩的人生还期待自己努力去创造！

俗话说，百年大计，教育为本；而教育之计，教师为本。教师作为一种职业，在人类社会发展中起着桥梁和纽带作用，承担着人的思想文化传播，新生一代的培养，社会所需要的各种人才的造就等艰巨任务。

第二章　博施予(于)民而能济众

——师德修行,功德无量

当前,对于佛学是不是国学在学术界有广泛的争议,关于这场争论,中国社会科学院世界宗教研究所佛教研究员韩廷杰答记者问时谈到:儒、释、道都是我国的传统文化,也就是国学。就这个问题,香港中文大学文化及宗教研究系助理教授刘元春在接受记者专访时,亦坚定地指出:排斥佛学,何以成"国学"? 佛学的研究在近代中国蔚然兴起。梁启超说:"故晚清所谓新学家者,殆无一不与佛学有关系。"卓越的佛教领袖赵朴初居士曾引述一位著名历史学家的话说,不懂佛学就不懂中国文化。他还指出,现代人如果真要彻底摒弃佛教文化的话,恐怕他们连话都说不周全了……本章节基于佛学是国学的重要组成部分这一认知展开阐述。

之所以将佛学与教师师德结合论述,并非出于所谓"真""善""美""圣"的考虑,如同有的西方学者和宗教家们把所谓"圣洁"的光环赐给宗教,并视作最高价值一样,而是认为宗教不仅创造了古代文明,而且对今天尚有未尽的历史任务,在净化人生、寄托信仰、维系社会生活和进行道德教育等方面,仍发挥着重要的作用。

第一节　关于佛教的基本理论

佛教是世界三大宗教之一,也是社会意识形态之一。佛教与道教不同,如果说道教是中国土著宗教的话,佛教则是外来的宗教。但佛教在中国,受到中国的政治、特别是文化的影响,逐步走向中国化的道路。隋唐之后,佛教逐步与中国传统文化相融合,最终演化为中国化的佛教,不仅在中国生根,而且还从中国向周边国家传播。

一、佛教的形成

佛教是世界三大宗教之一,起源于印度。在公元前 6～前 5 世纪,由印度的迦毗罗卫国(今尼泊尔境内)王子悉达多所创,他属于释迦(Sākya)族,人们又称他为释迦牟尼,意思是释迦族的圣人,也是我们尊称的佛祖。佛教的形成于印度奴隶制发展和奴隶制国家逐渐兴起的阶段,反对婆罗门的特权的地位,宣扬人生无常,一切皆苦,并教人摒弃世间的贪欲,寻求精神的解脱。

二、佛教的基本教义

佛教基本教义为四谛:即苦谛、集谛、灭谛、道谛,简称"苦集灭道",把四谛看成四条神圣的真理,故称"四圣谛"。所谓"苦谛",是指人生一切皆苦;所谓"集谛",是指造成苦难的原因的"烦恼";所谓"灭谛"和"道谛",就是要进行修养,走出苦海,达到"涅槃"的彼岸,以求得彻底的解脱。

三、佛教的理论支柱

佛教的理论支柱是"三世因果""六道轮回"等学说。"三世因果"指的是前世造因,今世受果,今世造因,来世受果。其他宗教只谈现在世,或只论及现在、未来二世。因此,三世之说可视为佛教教理的主要特色之一。"六道轮回",是指有情生活轮回于其中的六个界别,其生生死死,来去往复,犹如车轮的回旋,在这六道中周而复始,无有出期。"三世因果""六道轮回"也是人们富、贵、贫、贱、寿、夭等差别及社会不平等的根源,佛教最终的目的就是要跳出"三世""轮回"的范围,达到"涅槃"的境界。

四、佛教的传播

佛教在公元前3世纪一度为印度的国教,中世纪初期逐渐被印度教排斥,12世纪末消亡。19世纪再度在印度复兴。其发展过程经历了原始佛教、部派佛教(在早期佛教发展史中,上座部与大众部分裂后到大乘佛教兴起前的这个时期被称为部派佛教)、小乘和大乘佛教、密教四个历史阶段。在孔雀王朝的阿育王同志时期得到很大的发展,并开始向古印度境外传播,逐步发展成为世界宗教,在不同的国家形成具有民族特色的教派。

五、佛教传入中国及中国化的情况

佛教大约西汉末东汉初(公元1世纪前后)经丝绸之路传入我国,在魏晋南北朝时期得到发展,梁武帝萧衍曾将其定位国教。隋唐时期达到鼎盛,玄奘去印度取经,是为了向内引进,鉴真东渡日本,是为了向外传播。当时佛教已经形成许多的教派,其中影响较大的是天台宗、法相宗、华严宗、净土宗和禅宗等,以禅宗的影响为最大。宋明以后,佛教各宗派逐渐与道教、儒学相融合,为宋明理学的形成提供了一定的思想理论基础。对佛学来说,是把佛性心性化;对儒学来说,是把心性佛兴化。佛教作为一种宗教,在社会民众的精神生活中起着重要作用,佛教的伦理学说和道德说教,比起其他方面的宗教教义学说,在民众中的影响更深刻,社会作用也更广泛。

六、佛学与中国传统文化

佛学对中国文化的发展有着多方面的影响。首先哲学方面对理学的影响。佛教的"佛性"论,对理学家的"心性义理之学"的影响深刻,佛家的修养方法,为理学家的内省、慎独提供了理论依据。因而有人把理学,特别是心学称之为"儒表佛里",或"阳儒阴释"。顾炎武说:"今之所谓理学,禅学也"。梁启超也认为,理学是"儒表佛里",是不无道理的。其次,在文学和艺术方面也有广泛的影响。唐代杜甫、李白、高适、王维、孟浩然;宋代周敦颐、朱熹、苏东坡;近现代的魏源、谭嗣同、章太炎、熊十力、梁漱溟等与佛学的缘分都有可靠的记载。唐代诗人王维有"诗佛"之称。他的《辛夷坞》中:木末芙蓉花,山中发红萼。涧户寂无人,纷纷开且落。在这里,儒家的思想被佛教所代替,讲的就是绝对的个人生命的完成,这个生命不为别人而存在,非常单纯。再有"行到水穷处,坐看云起时","偶然值林叟,笑谈无还期"。这些诗句与禅宗中的偈语非常相似,就一两句话,内含机锋,能不能领悟不在于话多不多,表现在诗变得单纯,很纯净。在宋代,程颢在《偶成》诗句中写到"万物静观皆自得,四时佳兴与人同。道通天地有形外,思入风云变态中",既是理学思想,又是与佛学相通的。苏轼的诗句:"静可致群动,空故纳万境",深刻地表明了佛学色空与动静之间的关系。苏轼与高僧佛印交游酬唱的佳话,也充分说明了儒释的密切关系。在书画方面,很多作者的意境和思想与佛力禅趣相切合,出现了一大批著名的诗人和画家。在建筑、雕塑等方面,也由于佛教的影响,留下了许许多多名胜古迹,如敦煌莫高窟、云冈石窟、龙门石窟的佛雕和壁画,不仅为民族留下瑰宝,而且为世界留下宝贵的文化财富。唐代大诗人李白有"冥坐寂不动,大千入毫发"的诗句,说明宗教影响之深。在推动教育事业健康发展上,一些开明的上层人士以"讲学、传道"的方式请高僧大德为民众开示,起到了净化人心、内省见性的目的。

第二节　佛学当代社会价值

当下是全球化的时代,世界大多数国家都以经济利益为重,视现代科技为救命稻草,在军事、经济、科技、能源等多领域展开激烈竞争,不但导致能源、生态、气候、环境等全球性的"生存危机",亦导致了信仰、道德、文化之精神危机。表面繁华的背后,人类逐渐在审视自己的内心,人类向何处去,人类应如何自我救赎?无疑成为人们在21世纪的必答题。"现代人往往只能找到'感觉的幸福',却难以获得'幸福的感觉'。"这句话引自国家哲学社会科学规划项目"中国特色社会主义理论体系与创新当代中国马克思主义哲学研究"(2008Bzx05)的中期成果报告。笔者非常认同。文中还指出:思想家海德格尔以"烦"来揭示人的存在的生存论结构。在他看来,人向日常生活的沉沦使人丧失了诗性之思和倾听的精神生活,从而遮蔽和遗忘了关于自身存在的本质真理……的确,当生活的意义被物化所侵蚀的时候,人就会成为一种"存在着的空虚","无家可归"所导致的焦躁和忧虑就必然在人的心灵深处产生。若世人能真正走进佛学,体悟其思想之深邃、逻辑之严谨、理识之圆融、智慧之超拔,则不免让人顿觉茅塞大开,颇有醍醐灌顶之功效。

一、佛教与科学

佛教属于宗教。提起宗教,常人被人误判有荒诞不经之感,将宗教与科学对立起来。然而,事实远非如此,相反越是大科学家,对宗教越是充满着敬畏,越是看重两者的联系和互补。1927年诺贝尔物理学获奖者康普顿所言:科学与宗教不存在冲突,科学愈来愈成为宗教的盟友。[①] 爱因斯坦亦有:没有宗教的科学是瘸子,没有科学的宗教是盲眼。除此之外,大物理学家开普勒、牛顿、爱因斯坦、普朗克,大数学家莱布尼兹、康托尔等皆有身后的宗教情结。杨振宁先生有一句话:哲学发展到一定程度变成科学,科学发展到一定程度就到了宗教了!佛学当代价值意蕴初探关于佛教,可以这样理解,佛家的智慧是对理性的最高认识。古今中外很多著名人士如马克思、恩格斯、尼采、罗素、孙中山等对佛教都有很深的认识,他们普遍认为:佛教不是一般的宗教,有文化性、哲理性,是一种理智的宗教,不是崇拜神权。著名佛学、国学研究专家北京大学哲学系教授、国学研究院博士生导师楼宇烈言:佛教,很多人

---

① 选自郭继民《佛学当代价值意蕴初探》。

认为它是一种迷信，但是我想告诉大家，佛教不怕不信，就怕迷信。一代宗师弘一法师指出：佛法并不是有些人所认为的是一种迷信，而是可以称得上是解释人生和宇宙的智慧。他之所以以自己毕生的精力投身于佛法的研究和弘扬，也就是为了能让更多的像我们一样的普通人能真正地了解佛法，并且从中获得无穷的智慧与精神力量。

为了让大家正确认识佛教、佛学，这里介绍一个经典佛家故事——《丹霞烧柴，院主落须眉》。

唐朝有一个法号叫丹霞的老禅师。一年冬天非常寒冷，老禅师有点冻得受不了，就开始找柴取火。找来找去，一根柴也没找到。抬头一看，见到寺里供奉的菩萨像庄严肃穆。主位上供的是文殊菩萨，一座很精致的木像。老禅师二话不说，拿起斧子就把佛像劈了，并且直接扔到了火堆里。火越烧越旺，惊动了同样冻得瑟瑟发抖的方丈，方丈看到丹霞禅师砍佛像烧柴，不由得大惊，急忙阻拦。"你在干什么"？方丈惊呼道。"我在劈佛像啊！"丹霞禅师不紧不慢地说。"你为什么要劈佛像？"方丈已经愤怒了。"我看有没有舍利子啊！"老禅师答道。"木像里怎么会有舍利子啊！"方丈觉得老禅师简直不可理喻。"没有舍利子啊？那就好，我把旁边那两尊也烧了吧。"说完老禅师又扛了两尊佛像投入火中。"你这样会遭报应的！"方丈觉得老禅师确实疯了。"是的，会有报应。"老禅师淡淡地说。报应来得很快，话音刚落，方丈的胡子、眉毛突然间开始脱落，一瞬间就掉没了，而丹霞禅师仍然安然无恙。[①]

这是佛家的一段公案。这个故事中的寓意非常深刻，笔者以为，佛教的信仰是在心中，也就是"只要心中有佛，佛所无处不在"。

佛教既然是宗教就会提倡信。怎样学习佛？怎么了解佛？有四个字，叫做信、解、行、正。信是信仰；解就是了解、理解，要读佛经，懂得佛教的教义、理论；行，就是见；正，要有反正，我是不是做过了，还是没有做到。佛教提倡正信，释迦牟尼创立佛教，就强调佛教的信仰是一种正信的信仰。成佛必须信仰佛教的教义。佛教的教义中有个法宝，这个法宝就是"般若"。"般若"相当于汉语的智慧。在佛家来讲"智"就是能够通达世俗谛，通达因果缘起。"慧"就是观察一切空性，从现象透视本质，万法皆空，这便是佛法的魅力之所在。

二、佛学与心灵

近代以来，人们在研究佛教、佛学中有意义深远的发现，那就是佛学与心理学的关系。有学者断言：佛教哲学在人类历史上最大的贡献就是心理学。就此，近代著名学者梁启超1922年在清华大学讲课中曾指出：佛家所说的叫做"法"，假如有人问我"法"是什么？我便一点也不迟疑的告诉他：就是"心理学"。

佛经上云："佛说种种法，为治种种心"。佛学是开启人类智慧，解脱生死的法门，是极其重要的一门"心学"。当前社会偏重物质，对心灵了解太少了。而人性里头有一部分是不属于物质层面，而属于精神层面的内容。如果人缺乏精神食粮，时间长了，就会空虚。佛法是心灵之学，非常注重心灵的培养与升华，心灵有了涵养，即使物质上很简陋，人也会非常快乐。古人中有很多这样的例子，像孔子赞叹颜回：一箪食，一瓢饮，在陋巷，人不堪其忧，回亦不改其乐。孙中山先生亦说过：佛法是救世济人。物质文明再发达，也解决不了人精神世界

---

① 选自显密文库 http://read.goodweb.cn/news/news_view.asp? newsid=68998。

的问题,反而有可能因为贪欲、瞋恚等有害情绪,对自己他人造成更大的伤害。

在中国的佛教发展过程中,最有代表性的是中国的禅宗。禅宗,就是来启发你的疑问,让你来思考。禅宗里最多提出的让你思考的问题就是:"你的本来面貌是什么?"人到这个世界上来,一接触到五光十色的世界,就慢慢地失去了原本的自我了。其实我们现在每个人最痛苦、最烦扰的事情,就是自我的失落,不知道自己是什么,认不清自己。老子的《道德经》里有一句话,叫做知人者智,自知者明。你能够了解别人,只不过说明你比较聪明,可是能够认识自己,这才是明。还有一句话,"胜人者力,自胜者强",你如果战胜了敌人,说明你有力量,自己能够战胜自己的,才是真正的强者。佛教要我们思考什么是我们的本来面目,只有思考了有疑问了,尤其反省自我,才会有正确的理解。"恶莫作,做善奉行,自净其意,视明佛教"。自己要净化自己的心灵,不要生长不同的邪念,因为人的种种行为都由你的心来指挥,佛教讲,人的心是决定一切的根本,不能有贪心、嗔心、痴心。所以,佛教是一种正信信仰。举个大家很熟悉的案例:

一个风和日丽的中午,富翁来到海边,看到一个渔夫悠闲地躺在沙滩上晒太阳,就好奇地走过去,于是有了下面的一段对话。

富翁:"你没有出海打鱼吗?"

渔夫:"已经打回来了。"

富翁:"为什么不乘天气好多打一些呢?"

渔夫:"多打一些干什么,吃不了也浪费。"

富翁:"多打一些你可以去卖钱呀。"

渔夫:"卖了钱干什么?"

富翁:"卖了钱你可买大船啊。"

渔夫:"买大船干什么?"

富翁:"买了大船你可以打更多的鱼。"

渔夫:"打更多的鱼干什么?"

富翁:"打更多的鱼你可以卖更多的钱。"

渔夫:"有更多的钱又干什么?"

富翁:"有了更的钱你可以买更大的船,打更多的鱼。"

渔夫:"买更大的船,打更多的鱼干什么?"

富翁:"你买了更大的船,打了更多的鱼,就可以卖更多的钱。有了更多的钱,你就可以盖漂亮的房子。"

渔夫:"我出海打鱼,盖漂亮的房子干什么?"

富翁:"有了很多很多的钱,你就不用出海打鱼了。"

渔夫:"那我做什么?"

富翁:"到时候你什么也不用做了,可以天天可晒太阳享清福了。"

渔夫:"我现在不是已经在晒太阳,享清福了吗?"

富翁:"……"

这则故事寓意非常深刻,给我们的启示是怎样读懂自己、学会放下、智慧地活着。

三、佛法与修行

前面介绍了，释迦牟尼是在古印度极不平等的奴隶制度下创立佛教，当时占主导地位的婆罗门教将社会分成等级森严的四个阶层，它们宣扬无因论，认为人之所以这样，或者一个生命之所以这样，都是偶然的，找不出原因来。释迦牟尼反对邪因论和无因论，提倡正因论，所以我们讲佛教的正因就是首先正信因果。什么是正确的因果关系呢？就是决定事物因果循环的是事物自身，而不能在事物之外。你之所以是今天这样的结果，都是过去造的业结出来的果，所以佛教讲业和报。业就是人的思想言论行为，这叫做身口意三业，身就是你的行为，口就是你的言论，意就是你的思想，你的身口意，造成这样的业，你就要受这样的报。佛教认为，每个人的命运都是自作自受。

佛教与中国的传统思想不一样，中国的传统思想常常将子女的过错与父母联系在一起。《易传》里面讲，积善之家必有余庆，积不善之家必有余殃。中国的传统观念里，父债要子还，但是在佛教里讲求的是自作自受，跟你的父母没有关系，每个成人都要为自己的行为负责任，修行是自己的事情，任何人都不能替代。这里介绍一个佛家的经典故事——《修佛》。

一人去深山中的寺庙找禅师问道。

禅师问："你到这儿来是干什么的？"

那人说："我是来修佛的。"

禅师答："佛没坏，不用修，先修自己。"①

生活中我们常听人说：法师呀，我烦恼多极了，这那么多的烦恼缠着我，我该怎么办？法师就会问他，是谁给你烦恼了，是谁缚住你了，请你仔细想想，是不是你自己缚住你自己，比如现在，就没人缚住你，但你仍然在烦恼，所以你的心结别人解不了，要你自己解。

人生中，造成各种烦恼是有原因的，也就是你自己在前面种下了什么因，现在就会有什么果。现在的烦恼只是前面"因"的结果。佛教里面讲这样的问题，反过来讲，要改变你现在这样的报，就必须要改变你自己所造的业。这个因果关系我们正确地理解了，就可以看到，其实我们每个人的命，都是自己来定的，所以佛教鼓励多做好事，积极地改变你的人生。

四、觉醒与觉悟

佛教是一种对智慧信仰的宗教，是一种依靠自己的智慧和毅力求得自身解脱并能够帮助他人解脱的一种形式。佛教不要信众盲目地膜拜，而是人觉悟。佛教的智慧核心就是觉悟，佛教认为佛跟我们普通人的差别就在于佛是觉悟的人，而平常人往往容易被迷惑而心生烦恼。我们现在讲的佛，是佛陀四十二经的简称，佛陀的含义就是觉悟。人如果觉悟了，就有佛陀了。佛教就是启发你的智慧，让人觉悟人生。所以佛教重视智慧。对于佛教来讲，任何其他人的途径和方法，都只能做一个借鉴，不能照搬，佛教最反对盲目的照搬，每个人都要动脑筋，自己解决自己的方法和途径。中国的佛教，强调佛就在你自己身上，修不成佛也是你自己的事情，只有你自己想办法，自己去实践。

著名的佛学家、国学研究专家楼宇烈在讲学中就举出这样一个佛学案例。说是有一位

---

① 选自 http://www.douban.com/group/topic/5381058/。

藏医(藏传佛教里面的医生),不仅学了医术,还学了修藏秘的功夫。有一天,他问师父,应该怎么来修佛法。他的师父告诉他,就在行医的过程中间。在行医的过程中,对有钱的没钱的都是一样的态度;对那些脏的病人或者干净的病人,都要一心一意去对待他。只要在现实行医的过程中能够消除你心里的种种差别对待,你就是修好了佛。听了师父的话,藏医开悟了:修其实不能离开自己的本分工作去修,可是难就难在让你天天面对你的工作要去消除你的分别心,这是最难的。在现实的具体工作中,你能够真正克服这种这样的考验,在佛教里面叫做你能不能经得起"八风吹不动"。这八种风分别是利、衰、称、讥、誉、毁、苦、乐,你能不能忍受八个风的吹动,这就是一个考验,佛应该说他们都是经过这些八风吹他不动的,岿然不动。

关于"八风吹不动",还有一个典故加以说明。宋代著名文学家苏东坡跟一个当时著名的禅师交往很密切,经常聊天。有一天苏东坡去拜访禅师,恰好这个禅师不在。他就在大殿里面转,转来转去思绪就起来了,就写了一首诗:"冀州天中间,朝光照大仙。八风吹不动,端坐紫金莲。"写完后,他就把这首诗留下来了,叫小和尚给他师傅。禅师回来看到这首诗,在后面写了"放屁"两个字,让小和尚送回去。苏东坡一看要跟他评理,我这首诗怎么叫放屁。禅师说,你的诗说八风吹不动啊,端坐紫金莲,你是在赞扬佛,也就是你希望自己能够向佛学习,能够做到八风吹不动,我一个屁字就让你过江南。"八风吹不动,一屁过江南。"有的时候啊,利是实的,名是虚的,但是常常是实利可以放下,而虚名真的是不容易放下。苏东坡是这么一个有修养的人,这次也放不下他的虚名。所以,学佛法,能够真正做到八风吹不动,才能达到一个境界。

对佛教,如果简单地归纳它的精神,尤其是中国佛教的传统精神,笔者以为其根本就是慈悲和智慧,即慈悲做人,智慧做事。因为佛教是以一种辩证思维方式去处理问题,而不是以一种极端的、绝对的思维方法去处理问题。对佛教,如果我们从正确角度去理解它、把握它,我想,对于我们的人生是有很实际意义的,对于我们这个社会的改进也有实际意义。

第三节　佛学精华与生命智慧

佛学的核心是修、悟人生的大智慧,激活自我的佛性,从而能面对生活中的积怨、内心的烦恼,能智慧的思考,自我解脱。从"传道"的角度看,佛教的社会功能与教育有着共通之处。现在功利社会中,人的心性已被环境的尘垢所蒙蔽,价值观被严重的扭曲,即使教育这块本应是喧嚣中的净土也难免遭到侵蚀和非难。本节将以佛教的经典为基点,从佛教修行的角度关照当下教师职业道德,试图以澄明之心还原教育净土的原貌,以求教师能在喧嚣的尘世中明心见性,消除烦恼,用佛法慈悲与智慧的精神指导实现人生的和谐发展,进而达到师生生命的圆融和通达。佛学的经文很多,以下简介几则。

一、《般若波罗蜜多心经》(以下简称《心经》)

《心经》是六百卷《大般若经》的精要。是般若经系列中一部言简义丰、博大精深、提纲挈领、极为重要的经典,为大乘佛教出家及在家佛教徒日常背诵的佛经。其正文 260 字,题目 8字。这 268 字,把佛教的要义、宇宙人生的真理讲得极为透彻,包括了佛教的核心内容。它主要是教导我们怎样观照当下的精神生活境界和物质生活境界,教导我们在圣凡迷悟之间怎样处理修行者所面对的真理世界和世俗世界。

《心经》突出地讲了一个"空"字,这一个"空"字,扫除了凡情圣解;也突出地讲了一个"无"字,这一个"无"字,显示了佛教的不二法门。其中"观自在菩萨,行深般若波罗蜜多时,照见五蕴皆空"。这里的"照见",就是般若(智慧)的观照力、般若的功能。"五蕴"是我们的生活内容,"皆空"是通过观照的力量突破生命的局限性(各种烦恼)所显示的真理,空的内涵即是涅槃。这"照见五蕴皆空"六个字浓缩了佛法的所有内容,既有功夫,即"照见"二字;也有见地,即"皆空"二字;而且所要转化的对象也非常具体,即"五蕴"二字,也即是我们人类生活的本身,或者说生活的当下、生命的当下。①

曾有一人双手拿着鲜花要献给释迦牟尼佛。佛叫他"放下",他就把左手拿着的花放在地上。佛又说"放下",他又把右手拿着的花放在地上。佛还是要叫他"放下"。他问:"我手中的花都放下了,世尊还要我放下什么呢?"佛说:"我叫你内要放下六根、外要放下六尘、中间要放下六识,十八界统统放下,放到无可再放的地步,便是你的安身立命之处。"他听佛如此说,随即悟道了。可见,放到放无可放之时,即心无任何挂碍了。

学佛修行,没有别的要求,就是如何面对我们生命当下的困惑,当下的烦恼。因为离开了当下,要找我们的生命,找我们的生存,找我们的生活,是找不到的。千经万论、历代祖师都强调要在当下这一念心中来落实修行的要求。

二、《金刚经》

《金刚经》是佛教重要经典。于公元前994年间(约当中国周穆王时期),成书于古印度。是如来世尊释迦牟尼在世时与长老须菩提等众弟子的对话纪录,由弟子阿傩所记载。"一切有为法,如梦幻泡影,如露亦如电,应作如是观"堪称《金刚经》精髓所在。《金刚经》属于大乘派般若部经典,传说翻译该部经典时,那年桃花开了6次。

《金刚经》全称《金刚般若波罗蜜经》。"般若"(音为 bō rě),智慧之意,波罗蜜为"到彼岸";"金刚"有"坚固""光明""锋利"三种意思,因此理论上它具有坚固不破、破一切黑暗、断一切邪见的功用。在佛教徒看来,《金刚经》正是这样一部能断一切法、能破一切烦恼、脱离苦海到彼岸、成就佛道大智慧的经典。相传中国禅宗六祖慧能,就是偶有一次听人诵读《金刚经》,顿悟时大彻大悟的。

《金刚经》云:"凡所有相,皆是虚妄;若见诸相非相,则见如来。"这里所说的"则见如来",也可以理解为达到了无所住、无挂碍的清净平静空灵圆明之心境。无住心即是无相心。无相,即是无我相,无人相,无物相。诸法无我,诸法皆空。"应无所住,而生其心"。实相是世界的真实和事物的本来面目。在人们脑海里、意识中的对象,是我们主观的构想,同客观实际已经相背离了。应该以般若(智慧),采取不住、不执、不取的如实态度去观照实相,才能够看到事物的根本。为了帮助读者领会以上经句,我们以自然现象的观察来加以理解。

比如:一早起来观察身边的草木,我们看到草叶上、树叶上都有水珠,那是露水,但太阳一出来,就没有了,它的存在只是短暂的,一刹那而已。天阴下雨,打雷时闪的那个电光,电

---

① 选自楼宇烈《佛学精华与生命关怀》。

光一闪就没有了。雨中的河面,会有大大小小的水泡,起灭往往就在一瞬间。周围一切一切的一瞬间,尽管很快在我们视野中消失,但你能说他们没有存在过吗?佛家用"梦、幻、泡、影、露、电"这六个比喻,来描述"一切有为法,变异无常,生灭迅速,无有停留。"一切有为法,本来就像这样子,你说有,只是暂时有,转眼就消失了。我们人也是一样,人的一生就个体来说是"一生",有漫长的岁月,但人的一生就整个宇宙而言,实在短得无法计量。

人的生命就像《四十二章经》所说的"生命在呼吸间"这样的短暂,在宇宙中就像闪电那样,一闪就消失了;又像朝露那么的短暂,太阳一出来它就消失了,应该这样子"观想"。"应作如是观","观"是"观想"。就是说你学"金刚经",学"般若智慧",应该用"梦、幻、泡、影、露、电"这六种的比喻,去做"观想","一切有为法"就如"梦、幻、泡、影、露、电"那样,是"虚妄不实""变异无常""生灭迅速"。你能这样"观想",对"一切有为法"就更能"看破放下"。在现实生活上,你就不会处处与人计较,这样你就不会因为偏执而自生烦恼。所以圣人"用心如镜",过去的就让它过去,把它舍得一干二净,心做到"无住",即对世界万物都无系无念,才能得到真正的解脱。

怎样才能做到"无住"呢?佛在讲法的开始就告诉众生了。那就是穿衣、吃饭、洗脚、睡觉,就是规规矩矩做人,老老实实做事,诸恶莫做,众善奉行。佛已经做出了榜样,他自己穿衣、化缘、吃饭,吃完了,洗洗泥巴脚,又把位置收拾妥帖,然后自己上去坐,并没有要一个侍从来帮忙。由此,我们也能看到,佛也反对偶像崇拜。庙宇中佛像并不是佛的本身,只是让你起诚敬之心的一种象征。只有心无所住,就能获得真正的佛法。前面我们讲的"丹霞烧木佛,院主(指当家师)落须眉"的故事,就说明了真正的佛法不能执著与形相的道理。

三、《华严经·入法界品》

《华严经》,全名《大方广佛华严经》,是大乘佛教修学最重要的经典之一,被大乘诸宗奉为宣讲圆满顿教的"经中之王"。据称是释迦牟尼佛成道后,在禅定中为文殊菩萨、普贤菩萨等上乘菩萨解释无尽法界时所宣讲,被认为是佛教最完整世界观的介绍。《入法界品》在整部华严经中,于信、解、行、证四大分,属于证的一分。经中一个代表性的人物就是"善财童子"。

善财童子发了修证无上菩提的大愿之后,参访53位大菩萨,请菩萨为他说"菩萨云何学菩萨行?云何修菩萨道?"也就是向菩萨请教怎么样实践菩萨行愿。而我们看到,善财童子所请教的那些大菩萨,每个都说,我这点东西算不了什么,我唯得此一法门,"岂能了知诸大菩萨无边智慧清净行门?而我云何能知能说?"之后总要对善财说你去请教谁谁吧。就连大慈大悲、可以闻声救苦救难、具有广大灵感的观世音菩萨也说:"善男子!我唯得此菩萨大悲行门。如诸菩萨摩诃萨,已净普贤一切愿,已住普贤一切行,常行一切诸善法,常入一切诸三昧,常住一切无边劫,常知一切三世法,常诣一切无边刹,常息一切众生恶,常长一切众生善,常绝众生生死流;而我云何能知能说彼功德行?"并又把他推荐给正趣菩萨那里,去问"云何学菩萨行、修菩萨道"。

在世人眼中,菩萨的智慧是无限的,但当善财童子去请教他们的时候,他们都非常谦卑地引导并指点他下一个求学的对象,可见,个人的能力是有限的,个人的知识是有限的,个人的智慧是有限的,可不能自以为是、功高傲慢、目中无人、心里无佛。

古希腊的哲人苏格拉底，听到神说他是世界上最有智慧的人，他感到非常不理解，于是就到处参访。但是他所遇到的人，都觉得自己是世界上最有智慧的人。而他却总觉得自己没有什么智慧。于是苏格拉底就对神说他是世界上最有智慧的人的真正意思有了理解。神为什么说苏格拉底是最有智慧的人呢？就因为苏格拉底认为自己是一无所知、最无智慧的人。其实，能够认识到自己的无知、无智慧，确实是最有智慧的表现。因为不管你得到多少知识，与整个未知的宇宙奥妙比起来，那还不仅仅是一点毛尘水？把人已经认识到的东西比作一个圆，那么，这个圆越大，圆外未知的领域也就越是广阔无际。所以，认识到自己是无知的，是无智慧的，是最符合实际的真知。比起那些还没有得到"毛尘水"就以为自己了不起的人来，就确实是最有智慧的人了。①

第四节　明心见性　师德修行

明心见性是佛教语，指屏弃世俗一切杂念，彻悟因杂念而迷失了的本性（即佛性）。"明心见性"是一句充满着辩证思维，并具一定科学性的禅语，是修佛的浓缩和佛法的精华。"明心"是修佛的方法。"见性"是修佛的正果。"明心见性"是自己所感受到的一切，又是没有办法用语言能够形容出来的悟佛、修佛的一种境界。能否成佛，关键在于能否悟"本心""本性"的真面目。悟到这个真面目，即使普通人也能成佛，悟不到这个道理，即使佛也变成了普通人。佛与凡夫本无差别，只在"迷""悟"之间。密宗第三代祖师元音上师讲：学佛"不明心见性，就免不了瞎修盲练"，所以说"学佛、修佛，明心见性，是第一要务"。佛祖释迦牟尼讲法49年，对于修佛之人领悟的多少，说了这么一句话："如同饮水，冷暖自知"。②

一、故事领悟"明心见性"

慧能是唐代高僧，中国佛教禅宗六祖。他自幼父早逝，与老母相依为命，生活贫苦，以卖柴谋生计。一次，他在卖柴中见顾客在读《金刚经》，一听便明白开悟，之后，他按照顾客的指引前往冯茂山，拜五祖弘忍导师为师。弘忍渐渐的老去，他需要在弟子中寻找一个继承人。有一天，他对徒弟们说，大家都做一首偈子（有禅意的诗），谁做得好就传衣钵给谁。五祖高徒神秀很想继承衣钵，但又怕因为出于继承衣钵的目的而去做这个偈子，违法了佛家的无为而作意境。所以他就在半夜起来，在院墙上写了一首偈子。

> 身是菩提树，
> 心为明镜台。
> 时时勤拂拭，
> 勿使惹尘埃。

第二天，当庙里的和尚们都在谈论这首偈子的时候，慧能禅师听到了。慧能当时就叫别人带他去看这个偈子。慧能是个文盲，他不识字。他听别人念了这个偈子，自己也做了一首，并央求别人写在了神秀的偈子的旁边。

---

① 选自马有《佛学中的教育智慧》。
② 选自项家庆主编《教师如何品国学》。

菩提本无树，

明镜亦非台，

本来无一物，

何处惹尘埃。

五祖弘忍看到这个偈子以后，问身边的人是谁写的，边上的人说是慧能写的，于是他叫来了慧能，当着他和其他僧人的面说：写得乱七八糟，胡言乱语，并亲自擦掉了这个偈子，然后在慧能的头上打了三下就走了。这时只有慧能理解了五祖的意思，于是他在晚上三更的时候去了弘忍的禅房，在那里，弘忍向他讲解了《金刚经》这部佛教最重要的经典之一，并传了衣钵给他。

用佛教的义理来解释神秀的偈子，意思是：要时时刻刻的去照顾自己的心灵和心境，通过不断的修行来抗拒外面的诱惑和种种邪魔。相反，在慧能的偈子里，五祖发现他是一个有大智慧的人。慧能理解世上本来就是空的，看世间万物无不是一个空字，心本来就是空的话，就无所谓抗拒外面的诱惑，任何事物从心而过，不留痕迹，这是禅宗的一种很高的境界。领略到这层境界的人，就是所谓的开悟了。"明心见性"是禅语，亦是禅宗的思维或成佛方式。一代高僧慧能大师的修为法门就是"直指人心，见性成佛"。在大师的顿悟禅里，一切的繁琐之教义，一切的分别心，都没有影子，有的只是以修行和开悟为目的的顿悟禅。

二、明心见性，悟道修行

佛教中，"八正道"是佛弟子最重要的修行方法。修行是为了防止两个极端：其一是：沉迷于贪欲、寻欢作乐的生活。佛教认为，这种生活是通向毁灭的道路。其二是自我施加的苦行、折磨。佛教认为，这种生活是不会带来什么收效的。

佛家修行的"八正道"依次为：

1. 正见：对事的如实知见。出世间正见唯有通过修禅定及放下一切杂染心才能生起。正见由多闻、思维、修持得来；

2. 正思维：没有贪嗔等烦恼情况下，依正见观察、思维，如理地作出决定，故又称为正欲或正志；

3. 正语：即戒止口之四恶业。不妄语欺骗，不搬弄是非，或发表引起两者间之憎恨、敌意及不和之言论；不粗恶口骂人或苛刻、酷毒之讽刺等；

4. 正业：正当的行业，以正当的行业来维持生命，不做不道德的事，言行善良，不侵害一切众生。于修道时，在行住坐卧中正念而住；

5. 正命：以合法不损害他人的谋生方式来维持生命，过符合佛陀教导的正当生活；

6. 正勤（正精进）：精进努力离恶向善，即精进修道。这里的正精进专指修禅定而言；

7. 正念：以世间法来说，不生邪恶之心念，称为正念，反之则是邪念；

8. 正定：专心致志地修习佛教禅定，于内心静观四谛真理，以进入清净无漏的境界。佛教认为按此"八正道"修行，就能修成阿罗汉或成佛，由迷界达到悟界。[①]

---

①　选自百度百科 http://baike.baidu.com/view/6680.htm。

三、师德修养，重在修行

"八正道"是佛弟子修行的八项内容。教师作为一项在社会中演绎重要角色的职业，能够做到造福于社会、造福于家长、造福于孩子，同样需要修行，这是教师职业赋予的使命。

（一）正见——正确认识职业责任

佛法云：对事的如实知见，放下一切杂染心才能修成正果。教师的"正见"需要教师正确认识自己的职业，放下一切杂念，专注于自己的职业，专心于向学生传递人类科学文化知识和技能，发展学生的体质，对学生进行思想道德教育，培养学生高尚的审美情趣，把受教育者培养成社会需要的人才。

（二）正思维——合理规划职业人生

《敦煌变文集·妙法莲华经讲经文》有语："贪嗔烦恼昏沉，也似睡梦何别。"人有"贪嗔"，有无尽的烦恼，在烦恼的情况下，是不会有正确的言行举止的。教师的"正思维"首先要与孩子们一样，保持一颗清净、明朗的心。在这样澄明心境下，才能更好地思考职业人生。

（三）正语——和蔼真诚循循善诱

佛家指引佛徒对人常说真诚和善的话。真诚、和善在教师的职业伦理中非常重要。给每个学生一个支持性的安全的成长背景和氛围，让学生学习愉快，获取成功并分享他们的成功，是优秀的教师必备的人格素质。

（四）正业——专注本职敬业竞业

佛家把"正业"作为修行的重要功课，引导众生以正当的职业维持生命，不作乱，不损人。对于教师这一职业而言，《礼记·学记》语："大学之教也时。教必有正业。"教师的"正业"是以学生的全面发展为宗旨，心里装着学生，关照他们的学习个性风格，满足他们学习的个性化需要，服务于学生，为了学生的发展和成长。一切为了学生，为了学生一切，为了一切学生。这也是教师修行的重要一课。

（五）正命——不以小利乱纪乱为

正命是顺从佛陀的教导，远离五种被认为不正当的职业（相互标榜、乍现奇特、占卜巫术等），以从事正当的职业来获得生活的来源。就教师职业而言，提倡的是精神的富足，提倡的是甘于清贫。对于有些教师"课上不教、课下教""违规补课、违规收费"获取私利的行为是与教师职业道德相背离的。

（六）正勤——学高为师精进修道

佛家讲求"正勤"，以精勤心断除怠慢心。"勤"是教师修炼内功的密匙。就教师的职业特性而言，"勤"首应表现在"勤学"。学习是教师教师要不断学习充实自己，但是不可能也不应该永远充当一桶水，那样至高无上的角色了。师不必贤于弟子，弟子不必不如师。青出于蓝而胜于蓝。教学过程是师生共同学习共同进步的互动合作过程，能者为师，知之为知之，不知为不知，是知也。教师不可能是万能者，要虚心从学生的思想中获取养分，共同研究，相互促进，教学相长，达到双赢。

（七）正念——主宰自己见性成佛

正念是佛法的核心。正念是能够把我们带回当下的那种力量。培养我们自己心中的正念，就是培养我们的自性佛。教师如果能够做到"正念"，就能够坦然面对工作、生活的繁复，能招回我们散乱的心，使它恢复完整。这样，我们能够主宰自己、恢复自我，我们就能过好生命中的每一分钟。

（八）正定——静观真谛专心修习

佛教认为按此"八正道"修行，就能修成阿罗汉或成佛，由迷界达到悟界，摆脱生死轮回之苦，证得解脱之大乐。"修炼"同样伴随着优秀教师的成长。只要不断修炼自身的正气、才气、书卷气、精神气、锐气，就会不断体验作为教师的"大乐"，感受为师的人生价值和社会价值。

四、视如己出，佛在人间

2009年10月15日《长江日报》上刊登题为《清华毕业生当尼姑8年收养26名弃儿》的文章，这篇文章而后在各大媒体和网站上转载。以下摘转文稿部分内容与读者分享。

1995年出家前，智宏法师是清华大学哲学系的学生，大学毕业后，她选择了宗教，选择了佛门。秦岭脚下一座小小的庙宇，是智宏法师的落脚之地，2001年春天的一个晚上，她听到了一阵哭声，顺着哭声的方向，智宏法师看到一个小女孩正在小庙门口哭泣，小女孩的个子不高，年龄大约在6～9岁之间，小女孩也说不清自己的基本情况。智宏法师将小女孩带回庙中，安顿下来，却一直不见小女孩的家人来接孩子，而且她发现这个小女孩身患重病，智宏法师意识到：这是一个被父母遗弃的孩子。在和智宏法师相处的日子里，小女孩对智宏法师产生了深深的依赖。随后不久，智宏法师要去南方，这个无依靠的孩子也要跟随她一起到南方去，智宏法师就给小女孩取了一个佛教的名字：德道。不知道德道的准确年龄，智宏法师就将一个佛教中的纪念日作为德道的生日。

目前，德道已经考上了国内一所佛学院的研究生，潜心研究佛学。在这之后不久，不断有人将弃儿放在小庙的门口，从2001年开始至今，智宏法师在门口捡到了24名女孩、2名男孩，被遗弃的小孩绝大多数都身患疾病。

在小小的寺院中，被开垦出一块菜地，这个季节里，满是白菜、南瓜、萝卜，平时，这块小小的自留地，就是智宏法师她们的蔬菜基地。自己开垦、种植，所收获的农作物，不仅用于吃喝，还是寺院的另一个经济来源。这笔费用就是孩子们平时的生活所需，也是孩子看病的经济来源之一，这些孩子捡回来的时候基本上都患有疾病，但通过治疗，基本都恢复了健康。卉卉（化名）被智宏法师捡回来的时候上颌缺失，根本无法听清楚她的发音，智宏法师已经带着她在西安交大医学院口腔医院做了两次手术，每次手术费用大约需要两三万元，目前卉卉的恢复情况良好，已经在附近的小学就读二年级。"再做一次手术，她就可以完全恢复了。"目前她正在筹集孩子的第三次手术费用。为了孩子的读书、生活、治病，智宏法师修建寺院大殿的事一直拖延，"如果看到孩子的苦难，却视而不见，念佛又有什么意义？"

这篇文章在网络上传播时，有网友（教师）在博客中发表自己的感想。《有感于智宏法师的善与德》文稿内容如下：《长江日报》今天报道了题为《清华毕业生当尼姑8年收养26名弃儿》的文章,因当时公务缠身,未及多看。晚上料理完家务,一心想了解究竟,上网收索"清华大学",未及输完全题,"清华毕业生当尼姑收养26弃儿"自动出现在网页上。文中谈及为了孩子的读书、生活、治病,智宏法师修建寺院大殿的事一直拖延。对于这些,智宏法师说:"如果看到孩子的苦难,却视而不见,念佛又有什么意义?"皈依佛门有其渊源,将智宏法师与26名弃婴联系在一起时,她就是"活佛"的化身。佛教众生行善积德,不光口中有佛,心中有佛,更在行动上受佛的指引,用德善之行感化众生,解脱众生的苦难,这就是她潜心修行的意义。

如果将这样的心境迁移到我们教师的职业上,应该可以归结出这样一句话:"如果做不到因材施教,有教无类,看到孩子们偏离知识的航线越来越远,却视而不见,做教师又有什么意义?"智宏法师的善举为我们做教师打开一扇窗,她提醒我们珍惜与孩子们相处的机缘,也就是过有意义的生活。

五、安贫乐道,师德楷模

佛陀不是人格的神,更不是所谓创造宇宙及主宰宇宙的上帝,或所谓的"道成肉身"。佛陀是人完成的,如能依照佛陀所说的修行方法,切实做去,便到了佛陀的境界。

基于中国国情,"安贫乐道"应该是教师职业道德的一个基本要求。"安贫"是"乐道"的基础,"乐道"是"安贫"的精神支柱,一个热爱教育事业的教师是会"安贫"的。"安贫"不是说教师愿意受贫、该贫、乐于贫、不想过富裕生活,只是说明广大教师能以教育事业出发,正确对待清贫,表现出我国教师群体崇高的精神境界。一支粉笔,两袖清风,三尺讲台,四季诗意。描绘出的是教师那庄严儒雅、洁身自好、高洁廉正的形象。两千年前有"其身正,不令而行。其身不正,虽令不从"的教育家孔子;而今有"千教万教教人求真,千学万学学做真人"的教育家陶行知;一生清贫、无私奉献,鞠躬尽瘁,死而后已的程千帆先生,他们那种甘于寂寞、安于清贫、乐于奉献、此生无悔的红烛精神为今天的教师们树立一道丰碑。在他们榜样精神的感召下,一批批可圈可点的优秀教师脱颖而出。[①]

渔家孩子的好"师娘"——杨兰娟

杨兰娟老师是"浙江省优秀教师",从教32个春夏秋冬,把毕生的精力与心血无私奉献给了海岛的教育事业,曾多次放弃了到大岛、到大陆和城市工作的机会,扎根嵊泗小岛,敬业爱岗,关爱学生,不讲索取。虽然,杨兰娟的学识没有高等学府的教授那么深奥尖端,但她忠贞不渝,甘于奉献,像波涛之中的航标那样默默守望着渔岛的启蒙教育,令海岛人深深地感念。

在育人的岗位上,杨兰娟对自己的要求是:春风化雨,潜心育人。尽管有人说:"家长期望不高,能教多少算多少。"可杨兰娟不这么认为,她觉得,为人师表就要对得起父老乡亲,对得起渔岛孩子。不管渔家"无心栽柳"还是"有心种花",无论孩子今后铁锚镇浪还是桅杆升天,从新生入学踏上第一个台阶起,启蒙教育就要瞄上"城市标杆",要让孩子德智体美全面发展。

作为一名教师,她认为自己"一桶水"还不够,非要有"一担水",才能舀给孩子"一勺水"。她教学生写字,自己一天几十遍地练。写了擦、擦了写,直至满意了才挂到讲台上。后来,她

---

① 选自新浪博客 http://blog.sina.com.cn/s/blog_59a90efd0100f450.html。

的板书在岛上出了名,连渔家的红白喜事,也慕名请她书写婚帖,题书墓碑。她跟着半导体收音机学普通话,"小喇叭"学龄前儿童节目广播时,她和学生一起"学舌",听完后就学用普通话背出孙敬修爷爷讲的童话故事。在生活中,杨兰娟一生节俭,吃穿不挑不拣,出门的挎包可以十几年不换,但她大笔开销就是买书。岛上买书不便,她就汇款邮购,后来家里有了电脑,她就通过网上购书。在被人视为"小儿科"的教学岗位上,这个渔家女不断深潜,不懈探寻。在评为高级教师后的15年里,她的论文和教案仍经常在全县获奖,其中出现最多的一个关键词,就是"创新"两字。批改作业逢错打叉,本无可厚非。但杨兰娟手里的红笔,从不在学生作业本上打一个"×"。发现做错的题目,她只在旁边画一个小圈圈来提示。有些学生作业错得多,她就把他们叫到跟前"面批",错在哪里,为什么做错,总要耐心地讲一遍,直到学懂弄通。有时候,她还让学生当场改错,然后补打一个红勾。她说,小朋友的心灵很稚嫩,做老师的要细心爱护,才能使他们茁壮成长。

上世纪80年代后期,渔民的钱袋子鼓起来后,开始重视下一代的教育。他们联名写信给镇党委,要求嵊山小学选派优秀教师来上课。谁去?按嵊山小学的规则,该是年轻教师去更艰苦的地方锻炼。杨兰娟早已不属此列:她已成家,儿子才9岁,而且还担任校副教导主任。"我是党员,还是我去!"正在大家迟疑的时候,杨兰娟挺身而出。1988年3月,杨兰娟走进了这个南风永远吹不到的冷山岙。一个学期下来,后头湾渔家兄弟连声夸奖:"到底是杨老师,把舵摇橹,样样'厉害'!"1991年,正当杨兰娟筹划新学期打算时,丈夫突然接到通知,要从嵊山岛调至温州工作。丈夫这一走,她失去了"靠山",儿子吃喝拉撒睡全都压在她的肩上。她默默地承受双重负担,一如既往地在后头湾续写春蚕诗篇。丈夫调到温州工作后,也想把她调过去。温州方面爽快答应她调入市区的一所中心校。但是她没去。杨兰娟不会忘记:小时候因家里掏不出学费,她几次差点儿辍学,亏得邻里乡亲替她垫钱;15岁那年,父亲出海捕鱼时遇险去世,留下孤儿寡母五口人,她不得不到渔业队剥虾养海带;3年后,乡亲们选送她上师范学校,由此改变了她一生的命运。她实在割舍不了与渔家孩子的感情,更不忍心辜负渔家百姓的厚爱。最后,她还是让丈夫调回嵊山岛。

在杨兰娟老师病重期间,不知苦熬了多少艰难,却不曾流过一滴泪水,更没有耽误学生一节课。作为一位教师,杨兰娟深深地理解自己的使命,并用内心执著的信念指导着自己的言行。为人师者,只有甘守清贫,深深地热爱他所从事的职业,才会为之奋斗,为之献身。杨兰娟以培养渔家的孩子健康成长为最大的责任,不计报酬,淡薄名利。扎根边远海岛,守着清贫,克服重重困难改善办学条件,用知识的甘泉浇灌着祖国花朵的感人事迹,令教师中个别"站三尺讲台,想四方生意"的为人师者感到汗颜![1]

第五节　慈悲为怀　普渡众生

慈悲为怀、普渡众生是佛家语,认为大众营营扰扰,如溺海中,佛以慈悲为怀,施宏大法力,尽力救济他们以便登上彼岸。佛学三大根本经典之一《华严经》中指出:"一切众生为树根,诸佛菩萨而为华果,以大悲水浇益众生,则能成就诸菩萨。将佛家普渡众生与教师师德

---

[1]　选自百度网 http://xzc. 2000y. com/mb/1/ReadNews. asp? NewsID=115890。

联系在一起,可能有用"唯心"论证"唯物"之嫌,但笔者以为,佛家这种"浇益众生"成就自己"智慧华果"的思想与学校"一切为了孩子;为了一切孩子;为了孩子的一切"的教学理念应是殊途同归。[①]

民众在感念一位教师的"德"时,常常会说:这位老师有颗菩萨心肠。这颗菩萨心肠就是佛语所言的慈悲,能够爱孩子,并给予孩子快乐,能够让家长安心,放心,信任地把孩子的成长交付予他。佛教这种"修己达人"的理念为众生提供了生存的智慧,倡导的平等慈爱、舍己为人的思想实在是一种"至善"的纯美,是作为教师应当学习的。

一、慈悲为怀,润物无声

佛教慈悲是慈爱众生,给予快乐。佛教认为,慈从悲来,悲必为慈。一个人深刻感受到自身的痛苦,也就能够对他人的痛苦感同身受,产生悲情,自然由此衍生对他人的同情,并扩展为对一切众生、普遍的平等的爱。当代教育,强调以学生为本,充分地尊重学生,热爱学生,平等对待学生,首先需要教师有一颗悲天悯人的古道热肠。教育强调,蹲下身来与学生对话,因为只有蹲下身来,才能够站在学生的视野和心境去认识和看待事物,进而发现社会。

有一个很有意思的案例,说是一位妈妈在百忙中利用假日带孩子去公园。公园张灯结彩,人头攒动,好不热闹。不料孩子一个劲吵闹要离开,妈妈百思不得其解,并很懊恼。这时孩子的鞋带散了,妈妈蹲下来给孩子系鞋带,当这位妈妈蹲下来时,她看到孩子看到的"世界",就是一双接一双的大腿在孩子眼前晃动,除此之外,孩子什么美景都看不到。妈妈立刻抱起孩子……

还有这样一个真实的故事:美国纽约工厂、企业等经常因为暴风雪放假,但一所公立学校10年间只因暴风雪太大放过7天假。在校学生许多家长都十分不理解,怒气冲冲打电话向学校质问:为何让学生冒着风雪到学校上课?奇怪的是,所有的质问者在放下电话时都满脸微笑。原来这所学校有很多贫困学生,每天靠在学校吃饭来维持日子,一旦学校放假就意味这孩子们在家要过一天只有一顿饭的日子。电话中,当家长问起:"为什么不让单独让这些贫困的孩子上学?"校方负责人解释道:"我们所有的老师都不愿这些孩子感受到怜悯,情愿早起一两个小时边走边扫清路上的积雪,步行到校。真正的帮助他人,就不要让对方感到是种负担。"

在教育学生的过程中,我们何尝不需要"蹲下来"和孩子说话,"蹲下来"倾听他们的发言,"蹲下来"感受他们的内心?蹲下来,需要我们有慈爱的心境;蹲下来,因为学生需要我们教师陪伴他们一同成长。

二、一阐提皆能成佛

《大涅般经》第五卷说:"一阐提者,断灭一切诸善根本,心不攀缘一切善法。"这段话反映佛门博大的胸怀。一阐提皆能成佛的观点启发我们教师,面对形形色色的学生,特别是我们常谈论的后进生、学困生,首先应当充分相信他们的能力,并在如何帮助他们走出困境上开

---

① 选自付俊亚《中国佛学中慈悲理念的现代价值探析》。

拓性地进行教育,力求使他们的潜能得到最大的调动和发挥。①

教育中有这样一则案例:一天中自习,赵教师在黑板上布置了两道数学题目,要求大家抄题画图解决,题目刚抄完,学生张某就向教师走去,一副很委屈的样子,说自己的手不能写字,能不能让同学帮忙抄题目,老师觉得事情很严重,下自习后找到张同学希望了解真相。原来,张同学因为早上迟到,家长责怪不按时起床,在话语不和之间与家长吵了起来,结果整个手上都是被家长用衣架抽打过的伤口。赵老师充分利用这个与张同学进行沟通,说道:"如果你不介意,我愿意帮你抄题。"此话一说,张同学的眼泪就流了下来,赵老师用很工整的字迹帮他完成了抄题和画图,本子还给他之后,又以很快的速度冲到学校对面的药店给他买了一包创可贴,并亲自为他贴在伤口上,而且每节课下课都去询问,还疼吗?当天,张同学就强忍着疼痛,用左手完成赵老师当天布置的所有作业,并且在以后的学习生活中有很大的进步和提高。此后,他与赵老师成为朋友。②

古人云:"感人心者莫先乎情"。这个情,就是理解、信任和尊重。以此为前提,相信很多教育中遇到的困难都会迎刃而解了。

三、身有残缺亦可悟道

身体有残缺的孩子在教育过程中不少见,社会生活中,他们应该平等地受到关爱、接受教育已成为文明社会的共识。但在现实中,这类孩子因为残缺受到不公正的待遇的现象还是屡见不鲜。作为教师敞开心扉接纳、帮助、关爱、有针对性地鼓励他们是义不容辞的责任和义务,这样的善举对社会文明程度的提升、和谐发展能起到积极的、重要的作用。

无声世界里的天使

2008年北京残奥会,来自武汉市第一聋校34名聋哑姑娘参与开幕式《星星,你好》的表演,演出震撼了所有人,这一段"史无前例"的华彩乐章,吸引了全球的目光。带领这些孩子走向艺术殿堂的天使,就是武汉市第一聋校艺术教育(舞蹈)教师杨小玲。她先后荣获全国爱心奖、全国特教园丁奖、武汉市第二届十大魅力教师、武汉市"五一劳动奖章"、德艺双馨模范教师、优秀共产党员等光荣称号。

聊起手语、聊起学生、聊起舞蹈,杨小玲有说不完的话,在这些话语中她所流露的全是幸福和满足。20年前,她从武汉市幼儿师范学校毕业,这位的舞蹈尖子没有想到,自己对舞蹈的热情会播撒在聋哑孩子身上,而且这个缘分持续20年,并将伴随她的教育人生。

刚进聋校,杨小玲一边突击手语,一边教学生跳舞。为了尽快进入正常教学,杨小玲要求自己每天自学50个手语。3个月后,她就基本上能用手语流利地上课了。然而,困难比她想象的要大,音乐再悠扬,学生们也听不见,节拍再鲜明,学生们也感受不到。所有的舞蹈术语,她必须"翻译"成肢体语言,所有的节拍和口令,她只能用手势传达。一曲简单的《采蘑菇的小姑娘》,她以为只用一节课就可以教完,最终用了5节课。舞是跳下来了,可动作根本不能细看,一个踢腿就高的高、低的低,面对困难,杨小玲一度想放弃,可是一件小事让杨小玲坚定了干下去的信心。

①　选自马有《佛学中的教育智慧》。
②　选自项家庆主编《爱育修炼》。

有一天深夜,她发现一间学生寝室隐隐透出灯光。她悄悄走到跟前,从门缝往里看,原来是几个孩子正聚在一起练习那个踢腿动作。4个小姑娘同时把腿抬起,在半空中一动不动。1分钟,2分钟,5分钟,10分钟……最后,所有的腿都痛苦地抖动起来,但姑娘们互相扶持着,咬着牙,不让它们掉下来。杨小玲转过脸,这无声的一幕让她不忍再看,也坚定了她要教这些残疾孩子舞蹈的决心。

杨小玲说:"孩子们听不见音乐,我就带着他们用心灵去感受。""与健全人相比,他们的确是不幸的,但走近他们,你会发现,他们心地善良、聪明、懂事,乖得让人心疼。"她说,"我爱他们,他们也需要我的爱。"

年复一年的辛劳,造成她左脚跟腱断裂。孩子们到医院看到手术后躺在病床上的她,不禁失声痛哭。孩子们看着杨小玲不时坐在一旁用手捏着胀痛的脚跟,都来帮她揉。杨小玲不仅指导舞蹈,对舞蹈队孩子的学习也不放松,舞蹈队的学生要是成绩有所下滑,她就会亲自辅导他们的功课,利用练功空隙检查学生作业,督促他们改正,直到班主任反映学生的成绩已经跟上了进度。孩子心里有"疙瘩"也逃不过她的眼睛。每当发现学生有了烦心事,她就像妈妈一样跟他们聊天。

"学生的需要,就是我的工作目标,学生的梦想,就是我的心愿。"杨小玲说,"就是这样一种情感和信念支撑着我,我付出,我艰辛,但我快乐,我幸福。"①

四、宽容大度,度己达人

《无量寿经》经云:"心常谛住度世之道。于一切万物。随意自在。为诸庶类。作不请之友。""心常谛住度世之道",意思是:修佛第一要紧的事情就是要把心量拓开,要能够容忍,要能够包容。把我们的福报与一切众生共享;将我们的智慧、能力、财富与一切众生共享。佛门对待众生的宽容大度对教师行业有着积极的启示。

在教育过程中,宽容蕴藏着一种殷切的期望和潜在的教育动力。宽容学生不是纵容学生犯错误,更不是对学生的错误不闻不问、不予理睬,而是需要理智、需要耐心,对其正确地引导,给予其改过的机会与过程。因为宽容,老师给了学生足够的理解和尊重,给了学生一个改过的机会与过程,也赢得学生的感激之心和敬重之情。宽容能驱走怨恨,宽容能带来亲情,能创造轻松、和谐、融洽的氛围。宽容也是一种无声的教育,它的教育力量常常超出我们的想象。

当然,对待"问题学生"更需要教育智慧。充满智慧的教育,会对学生产生莫大的吸引力,在吸引其积极主动参与的同时,教育的目的与效果会不着痕迹地达成。可以肯定地说,若干年后,教师教给学生的知识,学生可能难以全部记住,但教师的那些有智慧的做法,却会给学生留下永远的启迪。

在佛教经典故事中有这样一则故事——《送一轮明月》。一位住在山中茅屋修行的禅师在皎洁的月光下走回住处,遇到小偷光顾。找不到任何财物的小偷,要离开的时候才在门口遇见了禅师。原来,禅师怕惊动小偷,一直站在门口等待,他知道小偷一定找不到任何值钱的东西,早就把自己的外衣脱掉拿在手上。小偷遇见禅师,正感到愕然的时候,禅师说:"你走老远的路

---

① 选自《楚天都市报》http://ctdsb.cnhubei.com。

来探望我,总不能让你空手而回呀!夜凉了,你带着这件衣服走吧!"说着,就把衣服披在小偷身上。小偷不知所措,低着头溜走了。禅师看着小偷的背影走过明亮的月光,消失在山林之中,不禁感慨地说:"可怜的人呀!但愿我能送一轮明月给他。"

俗语有:良言一句三冬暖,恶语一出三伏寒。禅师的话语恐怕温暖了"小偷"的一生。佛教讲究"修业",教师在教育学生过程中,语言沟通是最多的途径,怎样的语言让学生感到温暖,也让自己的教育顺利实施呢?以下为读者简短介绍几例:

我们先来看看现实中存在粗暴师语,粗暴师语伤人心。

孤立式——"同学们,他这是什么行为?""这堂课被他搅得上不成了,大家看怎么办?"

挖苦式——"这么笨!还学数学,我教了这么多年书,没见过像你这样的!"

比较式——"你和他简直不能比。"

告状式——"我管不了了,叫你家长来。"

预言式——"我看你就是没有出息,你呀,什么也学不好,全校再也找不出你这样的活宝了。"

记账式——"早晚跟你算账!"

以下介绍春风师语。

我还有哪些地方没讲清楚?

喜欢的原因:做一个自我检讨、自我反思的教师比只会训斥学生的教师要强得多,教师应当成为学生学习的支持者。

倾听是分享成功的好方法。

喜欢的原因:学生上课不注意听讲与他们身心发展不成熟有关。教师要帮助学生尽量减少自己的无意注意,从而实现有效学习。

有些问题你要学着自己解决,实在解决不了,我会帮你。

喜欢的原因:好老师不是授人以鱼,而是授人以渔。教会孩子处理问题的方式,比帮他们解决问题更重要。

先吃饭,然后赶紧改作业,我在办公室等你。

喜欢的原因:这句话拉近了和学困生的距离,让学生感受老师不仅关心学习成绩,更关心自己身体,因而倍感温暖。

不说话,我们比一比谁的耳朵最灵敏。

喜欢的原因:这句话说得很巧妙,既让说话的学生停止说话,又能激起其他学生听讲的积极性;既没有批评学生,又有一个明确的要求。

弘一法师说:"爱就是慈悲。"对佛陀而言,慈悲心是缘众生而生起的,见到众生的苦痛时,便发起了慈悲心,想要消除他们的痛苦(这是悲),使他们得到快乐(这便是慈)。对教师而言,我们的慈悲心应该是缘学生而起,要竭尽所能消除学生的痛苦,使他们快乐成长。这就要求教师"尚德修身,爱岗敬业,智慧育人,无私奉献"。

第六节　坚守信仰　幸福从教

人活着总是希望能够过上幸福的生活，如何才能拥有幸福的人生呢？

通常人们会以为拥有丰富的物质财富，是实现人生幸福的最佳保证。于是许多人都在拼命地追求物质财富。在这竞争激烈的社会，人们想要获得财富并不容易；而获得财富的人也并不见得活得幸福快乐。在物质生活极大丰富的今天，我们常常可以听到人们的叹息，感到人生迷惘和悲怆。肖川博士在其《建基于信仰的教育》一文中说："每当夜深人静，流放于尘世之间的自我回到家中的时候，就会有一个问题悄悄地爬上心头：人为什么活着？我相信，那些摆脱了生存危机的人都会有同样的困惑，会遭遇同样的拷问。"这一句话让每位读者感受到的不仅是一位教育工作者对生命意义本身的思考，更是一种教育情怀。这份情怀在接下来的一段文字中得以充分的体现。"在一定的意义上说，我们都是莫名其妙地生与无可奈何地死。我们每一个人都不是自己主动要求出生的，但既然我们来到了这个世界上，我们就必须严肃地面对这样一个问题：我们究竟为什么活着？这是一个灵魂的问题，它不可能依靠理性和逻辑来求得确解，而只能诉之于信仰。教育的最高境界当是灵魂的感召。从某种意义上说，教育与信仰有着内在的关联，甚至可以说，信仰是真正教育的天然要素。因为，真正的教育不仅有着现实的关怀，还会有着终极的关怀。而终极关怀只能用信仰来承载。因为人之为人就在于人是一种精神的存在，生命的存在唯有灵魂，作为精神存在的最核心的要素就在于对生命的价值与意义的领悟，领悟来源于启示，来源于信仰。"

早在1924年，朱自清先生就在《教育的信仰》一文中说过，无论是办学校的、做校长的、当教师的，都应当把教育看成是目的，而不应当把它当成手段。如果把教育当成手段，其目的不外乎名和利。他认为，学校一旦成了"学店"，教育就成了"跛的教育"，而"跛的教育是不能远行的"。

一、选择信仰，思想专一

佛经里讲：制心一处，无事不办。假如一个人的思想专心了、集中了，干任何事情都会成功。学佛的需要信解行三者的结合。既要有信，又要求得解。历代许许多多的文人，像王维、苏东坡、谢灵运、白居易、龚自珍、王安石等等，他们之所以信仰佛教，就是因为对高深、精辟的佛教教理推崇备至而生起信仰的。为什么有的科学家能在自己的研究领域取得伟大的成就呢？为什么有人念佛能念到明心见性呢？都是因为思想的专一才走上了成功的道路。

一个信仰佛法的人，他不会将快乐建立在物质享受上。佛法告诉我们，人世间的快乐，除了欲乐以外还有法乐。一个念佛的人，当他把所有的思想都安住在佛号上时，就可以避免许多不必要的烦恼；一个修习禅定的人，通过禅定而产生的轻安，可以使心境时时刻刻都保持在一种宁静、祥和的微妙法乐中。很多禅宗的祖师，物质生活虽然简陋，但是在他们的心中，"日日是好日，时时是好时"。

一个人倘能用佛法的智慧武装自己的头脑，也就是说具有佛教的世界观、人生观，对世间的各种事物就不会有强烈的执著，到达"不以物喜，不以己悲"的境界。

教师这个职业虽然待遇不断提高，但老师的职业信仰却没能成比例地增长，现在真正把教师这个职业作为一个事业来追求的人很少,大多数教师还只是把教师职业作为一个"饭碗",结果问题就出来了。20世纪80年代很多老师闹着转行或下海,现在也有不少老师忙着家教或炒股,更多老师则在抱怨。正如庄墨显在他的文章中说到的:"职业就像一个饭碗,可以盛放米饭,也可以装满爱意。当我们仅仅用来装米饭的时候,饭碗同时也失去了更多的寓意,就像人只剩下肉体。作为人,在这个时候会出现焦虑,身体内会伸出无数只手,向外和向内抓取。"由于没有职业信仰,没有职业追求,这些端着教师这只碗的人,或还只用来装米饭,或仍在寻找装米饭之外的东西!或不知所措,不知魂在何处。"教师是人类灵魂的工程师";但现在几乎没教师提及或羞于提起。

教育职业信仰是教师最重要的内在精神,在引导教师追求人生幸福中发挥着重要作用。教育职业信仰引导教师坚定地认同教师职业及与这种职业相关联的生活方式,更关键的是,教育信仰为教师提供强大的信仰力量,支持教师在万花筒般的世界中拒绝各种诱惑,引导教师把自己生命所有的力量集中在人生理想和教育理想的追求之中,不断走向职业的高处和深处,从而使自我人生从新生走向新生,享受职业的乐趣,感悟人生的幸福。

带着信仰从教——四川省彭州中学优秀教师陈元萍

陈元萍老师在班主任岗位上有13年时间,其间遇到了各种各样的学生。其中,有一位学生的成长改变了她对学生的认识。这是一位行为习惯很差的后进生,从内心里,陈老师有些瞧不起他,班上一有什么事,就以为是他干的。一天早上,该生又迟到了,被叫到办公室,陈老师狠狠问他:"昨天下午你才保证不再迟到,今天你又迟到了,怎么办?""陈老师,我不是故意的。陈老师,我真的不想迟到,是我的自行车坏了……""你什么也不认,你还狡辩。"陈生气地和他吼起来!……学生说了很久,陈就是不相信。结果,这位学生逃课了。后来事情经过得到了解,该生说的车坏了,是事实;他为了不迟到,特地买了一个铃声很响的闹钟,而且,提前半个小时就起了床!事发之后,陈老师进行了深刻的反思。为什么会愤怒、会歇斯底里呢?在请教了经验丰富的班主任,查阅了很多心理学书籍后,陈老师恍然大悟,自己缺一颗心——爱心。是责任心有余而爱心不足,没有用发展的观点来看待学生,没有把每一位学生都当成好学生看的认识!她感叹:没有教不好的学生,关键是我们老师教书育人的方法!从此,没有教不好的学生,就成为她处理学生的最高标准。它虽然具有乌托邦性,但是,教育就需要乌托邦性!

没有教不好的学生,成为了陈老师从事教师这个太阳底下最光荣职业的信仰!带着这个信仰,她送走了一批又一批的高中学子。尽管皱纹爬上了额头,尽管青春的华光不再……

二、耕耘修行,前程似景

佛教所认为的命运,是建立在因果的基础上。佛教虽然承认命运的存在,但不同于宿命论者的盲目认命。我们每个人的命运都完全掌握在自己的手中。命运是由自己的行为决定的,而行为又取决于我们的心念。当我们心念、行为发生改变之后,我们的命运也将随之改变。在佛教中有这样一则经典案例:

了凡修行,事在人为

从前有一位袁了凡先生,是从医的,年轻时遇到一位神机妙算的算命先生,对他的未来作了一番预测，其后几年，了凡先生的命运果然一一应验了他的说法。对此了凡先生深有感触：一生都是命注定，还想什么，求什么呢？所以，他开始对一切都抱着随遇而安、听天由命的态度，甚至连一丝妄想也没有了。

一次，了凡先生去参拜云古禅师，正逢禅师坐禅，了凡先生不敢相扰，也在一边打坐，竟然三天没起一个妄想。云古禅师已得他心通，观察后很赞叹：这个人真了不起！一个凡夫竟能断绝妄念。于是出定相问，了凡先生将前因后果一一道来，禅师闻言道："我原还以为你是个圣贤，看来还是凡夫俗子呀！"禅师见了凡先生对他的话惊疑不解，就进一步给他讲解因果与命运的道理——也就是说，人的命运都是由自己的行为、自己的心念决定的，只要从根本上改善我们的心念、行为，命运也会随之发生改变。了凡先生听后心开意解，从此，他特地制了一本功过簿，并为自己规定：一年之内该做多少好事，一月之内该做多少善事。自从他改变了自己的心念及行为后，他的命运果然大有改观。

佛教强调命运的好坏，或是飞黄腾达，或是贫困潦倒，都是由我们自己的善恶业力造成，不是风水决定的，也不是日子的吉凶决定的。对于一个有正信的佛教徒来说，应该多行善事，莫问前程。

同样对于老师来说，只有默默耕耘，才会有丰硕的成果。全国一些名特优老师在他们的教育生涯中给了我们无数启示。

全国模范班主任"混进"新生家长群

2008 年，全国模范班主任桂贤娣接手一年级新生。为了了解家长需求，开学第一天，她"乔装打扮"混进参与孩子集会的家长群中。家长们的"怯怯私语"霎时都映入了她的耳帘。家长甲说："我最希望的就是孩子的老师会笑。"乙接着说："是呀！孩子的老师要是个'苦瓜脸'就糟了。"丙接声道："孩子上学，不知道该准备什么……"

第二天，这位班主任用微笑在学校门口迎接每位前来送孩子的家长们，并用微笑牵引一个个孩子进校园，同时还不忘将前一夜挑灯夜作的《一年级家长须知》分发到每一位家长手中。《须知》上，从每天为孩子削 5 支 HB 的铅笔，到孩子水杯应该用怎样的材质，从教小女孩怎样上厕所到孩子们应穿怎样的鞋子方便……，

全国先进工作者、全国模范教师、全国中小学优秀班主任，这一系列的荣誉背后是桂老师辛勤、智慧工作的点点滴滴。从站在家长的角度为孩子们做的一件件平凡的小事，到"因生给爱十法"再到"学生进步，老师家访；学生再进步，老师再家访"，可以说，她把班主任工作做成了"专业"。由此，我们是不是可以得出这样的结论，有情、有心、有智慧是优秀教师发展的必由之路。

三、静心教书，潜心育人，公德无量

笔者曾经做过这样一次尝试，在百度网上搜索"教育问题"，窗口弹出序列显示找到相关网页约 144 万篇。热点问题如："应理性看待高等教育大众化产生的问题""关于大学毕业生的就业难问题""城乡教育差别""教育公平"等，现实生活中还有热议的"教师工资待遇问题""教师家教问题"，可谓层出不穷，这些问题一定程度上给教师带来困扰。列举一个很小的实例，即教育各类检查。有些非常有必要，有些则不被教师认同，究其原因，是违背教育规律的行为，但作为教师，要改变的唯一途径就是呼吁。试想，如果每位教师心中想到的、行为表现

的是怎样改变现实不规范、不科学、不民主的教育行为，那怎样还能做到"静心教书、潜心育人"呢？反之，熟视无睹、逃避，也是不少教师的选择，而这两种选择，在佛家看来都不是智慧之举。那么，怎样做才是智慧的呢？佛经中的一句话、一则经典的比喻可以给大家启示。

一句话

佛经有："佛法在世间，不离世间觉，离世求菩提，恰如觅兔角。"

这句话深刻地说明修行要在人间，觉悟也要在人间。每一个有心向道的人，他不可能厌弃这个世界，逃避这世界上的人类，而"独善其身"地修成正果。因为一个人要想成佛，他除了具备聪明智慧之外，还要有广大的誓愿悲心去普渡众生。要以这两种"悲"和"智"交互运用，相辅相成，做到彻底、圆满的境地才能成佛。

换言之，作为一名教师，不可能离开学生、家长以及社会的需要而孤芳自赏，作为教育者，他的价值核心对象是学生。只有将教育爱与教育责任置之于首任时，教师的价值才能得到最充分的发挥，用佛语说"修得圆满"。

一则经典比喻

有一个人被毒箭所伤，他的亲友带他去看外科医生。假如当时那人说："我不愿把这箭拔出来，我要知道射我的是谁，他是刹帝利种？婆罗门种？吠舍种？还是首陀罗种？他的姓名与氏族是什么？他是高是矮还是中等身材？他的肤色是黑是棕还是金黄色？他来自那一城市乡镇？我不愿取出此箭，除非我知道我是被什么弓所射中，弓弦是什么样的？那种类型的箭？箭羽是哪种毛制的，箭簇又是什么材料制成的？……"若如此追究，在未得到这些答案前，这个人必当死亡了。其实现实中的问题是，先把箭拔出来治疗伤口，而不至于因等待答案而死亡。

通过这则比喻我们不难悟到，面对教育问题，教师智慧的做法，是倾其智慧教育出智慧的学生，这是对自身无法解决教育问题达到最终解决的最智慧的做法，相比穷究不舍、不了了之、身心俱疲的"呐喊"和无意义的"斗争"要有意义得多。

修炼一颗"菩萨心"，万般学子皆可爱

每位教师对"学困生"这个词都不陌生。"学困生"有行为偏长一类，有学习困难一类，笔者以为，此分类衡量的指标首先是学生学习分数的高低，其次是对教师执教造成不良影响的程度。再仔细分析，这两项指标最终利益指向是教师，因为"学困生"是教师人为给予学生的界定，而不是学生自我的界定。这样分析不是对教师工作的否定，更不是有意指明教师中的确有歧视"学困生"的言行，教师不是神，教师是人，个人的喜好是人的正常表现，这里，我们想交流的是，在偏爱与厌弃中，教师心灵的砝码该如何平衡，让每位学生享受到教师的关爱。

在教育界有这样一句口号：转化一名差生的成绩不亚于培养一名优生。还有这样一句耳熟能详的话：只要不谈成绩，看着都可爱。试想，如果我们的教师不那么功利，而"明心见性"，送一轮明月照亮孩子暂时未知的黑暗，确是一件让很多因为孩子学习不成器，行为品质不端而苦恼的家长们的福音了。佛教讲求"戒定慧"，即：因戒生定，因定发慧，这样智慧的潜能才能发挥到最大程度。戒是戒除心中烦恼的杂念，只有没有杂念心才能够得以清静，才能真正悟透和把握事物的规律，智慧的言和行，进而度己度人。

教育是心灵的艺术,心灵的艺术是需要静下心来慢慢感悟的。只有静下心来,才能去浮抑躁,去伪存真,不被利惑,不为名扰。十年树木,百年树人。教书育人是"慢功夫"。只有潜下心来,才能脚踏实地,有所作为。静心教书,潜心育人,这是对教师的基本要求。教育有着自身的规律,只要按照教育规律办事,相信付出劳动就会有收获。

本章节最后,留下一则禅宗故事作为本节结尾,希望教师读者在佛教义理的启示下享受到为师的幸福人生。

禅者的祝福

唐朝的龙潭禅师,他少年未出家时很贫穷,靠卖饼为生,无处栖身,所以道悟禅师把寺旁的小屋子借给他住。

为了表示谢意,他每天送十个饼给道悟禅师,而道悟总是回赠一个给龙潭,并祝福他说:"这是给你的,祝你子孙繁昌!"

他实在不解,有一天他问何故,道悟却说:"你送来的,我送给你有什么不对?"

龙潭听后从此开悟出家,后来成为一代宗师。

取之于人要回报于人,得之于社会要回馈社会;要我好你也好,我赢你也赢。这伟大的祝福,也是生活的至理。佛教教育的目的,不仅在启发吾人的理智,而且要培养吾人的德行。理智与德行具备,始得称为佛者;因为佛法究竟的来处,不在经典上,乃在于吾人身心。

第三章　心底无私天地宽

——淡泊名利，乐于奉献

世人好术，行者好功，智者好法，德者好道。品道家经典，悟高尚师德。

道家经典是中华文化中最优秀、最精华、最有价值的典范性著作之一。它拥有中华民族优秀的传统文化的核心价值，是数千年来大部分中国人思维方式、行为方式、生活方式的高度总结。它的内容丰富多彩，充满智慧，能让品读它的人感知、思考、领悟、觉醒。

"德"字的右边，上面是一个"十"字，中间是一个"四"字，下面是"一"和"心"字。这个"十"告诉人们要奉行十种善；"四"包含了四项做人的原则；"一心"，就是全部身心地去做到。"德"字的左侧是个双人旁，代表着众生，代表着万物，代表着所有的生命。以德立国，国家兴盛；以德治家，家庭幸福；以德修身，品行高尚；以德育人，延续文明。

教师作为拥有文化者和智慧者，更是拥有道德人格者，是道德完善者。为人师表，教书育人，为红烛照亮学生发展路程，为春蚕吐丝织就山河丽景。教师修师"德"，就是为学生服务，为学生无私无欲地奉献心身。

与书交友，与圣贤对话，这应成为教师的生活方式、生活态度。近朱者赤，近墨者黑，近贤者贤，近愚者愚。道家经典可润泽教师心灵，让教师成为有思想文化品位的人，成为教育麦田的守望者。

教师品读道家经典，应初步了解道家经典的常识、论著的内涵，细细品味道家经典的主要思想。通过学习，把道家智慧化为教师的气质；通过领悟，提升教师的人文素养和育人能力；通过运用，让崇高的师德春风化雨，更好地服务教育事业。

第一节　关于道家的常识

道家是中国古代哲学的主要流派之一。以"道"为世界的最后本原，得名"道家"。道家创立于春秋后期，到战国中期，形成老庄学和黄老学两大不同派别。前者的思想以《老子》《庄子》《列子》为代表，后者的思想以《管子》中的《心术上》《心术下》《白心》《内业》四篇、1973年湖南长沙马王堆出土的《经法》《原》《称》《十六经》四篇以及《淮南子》为代表。道家思想包含"道法自然""清静无为""返璞归真"等思想，是中国传统文化中非常宝贵而独特的思想智慧。

道家学派的创始人是老子。老子（公元前600～前470年之后）（一说西周末年武丁朝庚辰二月十五日卯时诞生），姓李名耳，字伯阳，谥曰聃，楚国苦县厉乡曲仁里（今河南鹿邑，一说涡阳）人。是我国古代伟大的哲学家和思想家，世界文化名人。

关于老子出生的传说很多。据传被道教奉为太上老君的老子是彭祖的后裔，在商朝阳甲年，公神化气，老子寄胎于玄妙王之女理氏腹中。一天，理氏在村头的河边洗衣服，忽见上游飘下一个黄澄澄的李子。理氏忙用树枝将这个拳头大小的黄李子捞了上来。到了中午，理氏又热又渴，便将这个李子吃了下去。从此，理氏怀了身孕。理氏怀了81年的胎，生下一个男孩。这男孩一生下就白眉白发，白白的大络腮胡子。因此，理氏给他取名叫"老子"。老子生下来就会说话，他指着院子中的一棵李子树，说："李就是我的姓。"老子的耳朵很大，就叫李耳。老子生活在春秋时期，曾在周国都洛邑（今河南洛阳）任守藏室吏（相当于国家图书馆馆长）。

道家经典最著名的是《道德经》，又名《老子》《道德真经》《五千言》，为老子所作。《道德经》是中国历史上首部完整的哲学著作，言简意赅而善用譬喻，分为上下两篇，老子在开篇便提出"道可道，非常道；名可名，非常名"，所以称为《道经》，讲述了宇宙的根本；下篇起首为"上德不德，是以有德；下德不失德，是以无德"，所以称为《德经》，讲的是处世的方略。现在可以看到的最初的版本，是1993年湖北荆门郭店楚墓出土的竹简《老子》。1973年长沙马王堆3号汉墓出土的甲乙两种帛书《老子》，是西汉初年的版本，把《德经》放在《道经》之前，此版本颇受学者的重视。

传说大约在老子七十多岁的时候，天下大乱，老子辞官不做，骑着一头青牛，离开了洛阳向西而去。一个清晨，函谷关善观天象的关令尹喜突然看到东方紫气氤氲，便出关相迎，只见一位白发老翁，红颜大耳，双眉垂鬓，胡须拂膝，身着素袍，道骨仙貌，非同凡人，他就是老子。尹喜把老子留下来，请他做篇文章再走，老子就写了一篇专门讲"道"和"德"的文章，约五千字左右，书名就叫《道德经》。老子写完文章后，骑青牛，过函谷，西出流沙不知所终。

道家还有一部著名的经典叫《庄子》（诏称《南华真经》）。《庄子》共三十三篇，分"内篇""外篇""杂篇"三个部分，一般认为"内篇"的七篇文字是庄子所写的，"外篇"十五篇是庄子的弟子们所写，或者说是庄子与他的弟子一起合作写成的，它反映的是庄子真实的思想；"杂篇"十一篇是庄子学派或者后来的学者所写。庄子的文章，想象力很强，文风汪洋恣肆，文笔变化多端，具有浓厚的浪漫主义色彩，多采用寓言故事的形式，富有幽默讽刺的意味。

庄子（公元约前369～前286年），名周，字子休（一说子沐），战国时代宋国蒙（今河南省商丘市民权县）人（一说为山东省东明县人）。著名思想家、哲学家、文学家，是道家学派的代表人物，老子哲学思想的继承者和发展者，先秦庄子学派的创始人。后人称之为"逍遥之祖"，将他与老子并称为"老庄"，他们的哲学为"老庄哲学"。

庄子一生洁身自爱，始终过着清贫的隐居生活。他曾经"庄周梦蝶"，分不清梦境和现实的差距；他与时人惠子有"安知鱼乐"的精彩辩论；甚至，庄子妻子过世时，他鼓盆而歌。

传说，庄子在涡水边垂钓时，楚王委派二位大夫前来聘请他，庄子持竿不顾，淡然说道："我听说楚国有只神龟，被杀死时已三千岁了。楚王珍藏之以竹箱，覆之以锦缎，供奉在庙堂之上。请问二大夫，此龟是宁愿死后留骨而贵，还是宁愿生时在泥水中潜行曳尾呢？"二大夫道："自然是愿活着在泥水中曳尾而行啦。"庄子说："二位大夫请回吧！我也愿在泥水中曳尾而行呢。"

第二节　道家学说的当代社会价值

人们常说"心底无私天地宽"，其实，这句话是人们从老子的《道德经》中提炼出来的。

《道德经》第七章中记载："天长地久。天地所以能长且久者，以其不自生，故能长生。是以圣人后其身而身先；外其身而身存。非以其无私邪？故能成其私。"

意思是：天长地久。天地所以能够长久，乃是因为它们的一切运作都不为自己，所以能够长久。所以有道的人把自己放在后面，反而能赢得爱戴；把自己置于度外，反而能保全生命。不正是由于他不自私吗？反而能成就自己。

任何人只要心底无私，最终定能成就自身，他的世界无形中天宽地阔。

在《道德经》这部"万经之王"中，这种大道比比皆是，其论宇宙，论人生，论政治，有天地万物生成变化的玄机，有处世、治国的方略，也有人事进退的智慧。著名国学学者何逸舟说："上班学儒法、下班学道家；修身学儒家、修心学道家、修灵学佛家；商战鬼谷子、还要学兵家。"道家学说的当代社会价值略见一斑。

老子在中国哲学史上最大的贡献，就是指出了作为宇宙万物本原及其存在的根据的形上之"道"，创立了以"道"为核心，包括本体论、辩证法、认识论和人生哲学等内容的系统的哲学思想体系。仅五千言的《道德经》，七十多处讲到"道"。道在宇宙中，也在茶杯里。一草一木有道，一器一皿有道。老子的智慧从这个无处不在的"道"中体现出来，朴素深远，启迪着我们，警醒着我们。

老子强调人的主体性和自然规律的客观性，主张"道法自然"：大道无所不在，万事万物皆应遵循生存和发展的内在规律，顺其自然。汉文帝求道，实践老子的政治哲学，开创了"文景之治"。世间的君主要想巩固自己的统治，就必须遵从"道"的原则行事。教书育人又何尝不要遵循教育规律，顺应自然呢？

在个人与他人、与群体的关系上，老子提出"无争"的处世原则，主张和光同尘，反对争功名利禄，达到人与人、人与社会的和谐相处。

在个体生命的自我完善上，老子提出了"深根固柢"的"长生久视之道"，教人们营造自我心灵家园，帮人们寻找解决个人身心健康、人际关系健康，人与自然和谐共处问题的有效方案，以疗救和完善自我。

走出函谷关的老子，给人们留下的，除了那五千言外，再无任何讯息，但《道德经》却像部谜书一样，给后人留下了说不尽的话语空间。老子所阐述的"道"的精髓越发显现出超越时代的价值，"道法自然""处低无争""深根固柢"等思想能给人们，特别是教师以睿智的启迪与警醒。

庄子主张天人合一、清静无为。在政治上主张无为而治，在人类生存方式上主张返璞归真。并且认为，人生的最高境界是逍遥自得，是绝对的精神自由，而不是物质享受与虚伪的名誉。

著名诗人流沙河认为，庄子的为人主要有四点，"一曰立场，站在环中。二曰方法，信奉无为。三曰理想，追慕泽稚。四曰修养，紧守心斋。"所谓环中，就是不持有任何立场。《内篇·齐物论》中有"得其环中，以应无穷"，《杂篇·则阳》中有"得其环中以随成"。"无为"在

《庄子》中经常出现,庄子认为无论治国还是做人,都要无为。"泽雉十步一啄,百步一饮,不蕲畜乎樊中",是追求自由。"若一志,无听之以耳而听之以心,无听之以心而听之以气!听止于耳,心止于符。气也者,虚而待物者也。唯道集虚。虚者,心斋也",所谓心斋就是要排除心中的种种杂念。

庄子的这些思想和主张,是人类思想史上一笔宝贵的精神财富,在当代社会更有现实意义。"因为他那开阔的心胸和审美的心境是我们的这个世界所欠缺的,他所具有的宇宙视野最能和全球化视域相对应,而他所倡导的自由精神和齐物思想则最具现代性的意义"。(陈鼓应语)

老子是哲人,庄子是诗人,我们要学老子悟道,要学庄子洒脱。学习、领悟、参透道家凝聚着生命智慧的经典,会让我们的教育人生自然、从容。教师品读道家经典,悟德、修心,刻不容缓。

第三节　上善若水,修身养性

"上善若水。水善利万物而不争;居众人之所恶,故几于道。居善地,心善渊,与善仁,言善信,政善治,事善能,动善时。夫唯不争,故无尤。"(《道德经》第八章)

老子在这里给水赋予了人性,高度赞扬了水的品质:滋养、帮助万物,又水性至柔不与人纷争不休,滋润万物而不居功,甘于处在人所厌恶的卑下地位。老子又以水性比喻人生,认为崇高的善人(圣人)就像水一样,具有水的所有善能——能够善利万物,并且只予不取,隐退不争。不争强好胜,不争名夺利,敛起锋芒,虚怀若谷,有容纳百川的度量。

"上善若水"这个"上善"是指的上德者,最好的、最具有慧性的道德修养者,具有水的无私无欲、献身于众生和万物的德性,上善者都是自觉地实践和奉行"德"字当中的十种善行和四大行为准则的人。教师就应该向这个方向努力,做师德的"上善者"。

上善若水,是对生命的一种诠释,是对生命的一种态度,是教师的一种工作艺术,是一种与世无争的美好师德。

上善为什么若水?若水的什么?怎么个若水法?怎么样学习它的那个若水法?老子都没讲,仅四个字,给了我们想象与解读的空间。这是老子的一贯的风格——少言胜多言,无声胜有声,大音希声,大象无形。历代学者对"上善若水"也做过这样那样的注释,可再多的注释大概都很难完整地、准确地表达其深刻内涵,正如老子自己所说的"道可道,非常道;名可名,非常名"。

说到"水",大家自然会想起贾宝玉的名言:"女儿是水做的骨肉"。

其实,在很久以前,就有智慧老人认为:男儿的骨肉、动物和植物的骨肉也全都是水做的。

古希腊第一位提出"世界本原"问题的是哲学家泰勒斯(公元前624～前547年),他主张"水"是万物的根源。他认为万物起源于水,归宿于水,任何东西都有产生和消灭,唯独水是常存的。他还设想大地是一个浮在水上的圆盘,天上也是水,所以要下雨。

后来的赫拉克利特(约公元前530～前470年)的不朽名句是:"你不能两度踏入同一条河流,因为流向你的是不同的流水","我们跨进,又没有跨进同一条河流;我们存在,又不存在。"这种深奥的说法就有几分老子的意味了。意思是说我们存在的"统一性"恰恰处于永恒的变化之中。

李时珍在《本草纲目》巨著中,立"水部",提出了"以水为药"和"水疗"的革命性概念。但看他对于"水"的解释,就远远超过了医疗的范围而进入与老子"互通"的哲学范畴。他说水是"其体纯阴,其用纯阳。上则为雨露霜雪,下则为河海泉井。流止寒温,气之所钟既异;甘淡咸苦,味之所入不同"。因此称水为"万化之源"。

"万化之源"不正是"上善"——至高的善吗?

佛教中有观世音菩萨左手持瓶,右手以杨柳枝沾瓶中甘露水洒向众生,为信徒祈福的故事;在基督教与天主教中,也有信教领取"圣水"的故事。不管是哪一种宗教,都把水当作是洗净污浊、重拾健康,甚至重生的媒介。

而且,水的"低""软""虚""空"的概念在老子那里是以柔克刚、与世无争、有容乃大、淡泊清明的有力的标示。

品读"上善若水"的内涵,为师者能从中领悟师德的高妙。

一、以柔克刚

班上那几个调皮学生真让人头疼!小错不断,大错偶犯。一见到他们犯错,我就情绪激动,不是大声吼叫,就是罚站罚抄,或者请来家长一起训斥。结果是以硬碰硬,摩擦出逆反的火苗,溅出的是叛逆的火花。学生越来越难管理,真让人心烦气躁,心灰意冷。后来学校组织教师培训,听专家安德义老师的《道德经》讲座,"上善若水"这个词令我幡然醒悟。世界上最柔的东西莫过于水,然而它却能穿透最为坚硬的东西,没有什么能超过它,例如滴水穿石,这就是"柔德"所在,弱能胜强,柔可克刚。对待后进生、调皮生,我要改变方法,学学水的品性,以柔克刚。多讲道理,少点吼叫;多点温情,少点惩罚;多点关爱,少点冷漠;多点鼓励,少点讥讽;多点尊重,少点轻视。我抚慰后进生总在受伤的心灵,让他们得到久违的尊重,感受到老师的关心,看到一些希望。我的变化,促进了学生的改变。"上善若水"还真管用!(硚口水厂路小学《水育文化解读》)

如何教育引导"问题学生"一直是最令老师棘手的问题。如果班上有性格扭曲、品行恶劣看似无可救药的特殊的学生,一味的谩骂、惩罚,只能使他们一时硬着头皮服从,并不能从根本上触动其心灵、矫正其行为,相反,他们总是在受罚之后故态复萌甚至变本加厉。泰戈尔有句名言:"不是槌的打击,乃是水的载歌载舞,使鹅卵石臻于完美。"水,无香无色,至柔至弱,却有着坚不可摧的力量。老师面对孩子们种种顽劣的表现,必须始终心存希望,用如水般温润的爱心和德行,悄然无痕地融化孩子们心中的冰雪,创造出教育的奇迹。有一种付出叫"春风化雨,润物无声",有一种收获叫"桃李不言,下自成蹊"。有如水的爱,有水般的柔情,有水一样的智慧,这样的师德堪称高妙。

二、善利万物而不争

姜家湾是一个小山村,位于湖北省恩施州巴东县的崇山峻岭之间。姜家湾教学点就点缀在一个名叫青山湾的山腰之上,这是一所只有 1 名教师和 18 名学生的学校。

这所学校唯一的一位教师谭定才,双腿瘫痪,拄着双拐在海拔 1400 米的深山代课 25

载。由于身患重病,今年只有 48 岁的谭定才,生命的时钟会随时停止,于是他给自己准备了一口棺材和时间赛跑,"只要有一口气,我就愿多教一天书"。

2005 年,谭定才因过度劳累从自家平台上摔了下来,导致下肢瘫痪。在治疗过程中,由于经济拮据,错过了最佳治疗时机,引发了骨髓炎及一系列后遗症。如今,他下半身多处溃烂,经常疼痛难忍。然而一想到那些求知若渴的孩子们,谭定才还是拄着双拐坚持到学校上课。25 年间,谭定才拄着双拐带病授课,屡次在课堂摔倒,又被学生重新扶起坚持上课。多年来,从他手中走出的学生有硕士生和博士生,很多人成为社会有用之才。

20 多年来,谭定才从来没有向政府和有关部门反映过困难,也从未争取任何荣誉,"和孩子在一起,让每个山里娃都能受教育,是我毕生的心愿。"①

孙影,一个不平凡的辽源 80 后女孩,放弃高薪工作,放弃年轻女孩享受生活、享受爱情的大好时光,几年前只身前往贵州大山深处支教,在几乎与外界隔绝的山区,用柔弱的双肩为山里的孩子担起沉甸甸的梦想。有人叫她"最美女支教老师",也有人叫她"撵不走的支教钉子户"。

因为在孙影心中,始终坚持着一个信念,让更多的孩子可以走出大山,去完成他们的理想。她心若水,不争名利。

像谭定才、孙影这样只利学生与世不争的教育工作者很多,如感动中国的李桂林、陆建芬夫妇,二十多年清贫、坚守和操劳,在最寂寞的悬崖边拉起孩子们求学的小手,在最崎岖的山路上点燃知识的火把。还有徐本禹以及众多的支教者,他们如水的善行感动着人民,感动着中国,感动着世界。

老子说:"上善若水。水善利万物而不争,此乃谦下之德也。"上善的教师,就应该像水一样具有不与万物争高下、不计名利、无私忘我的美德。

水德多不可数:守拙、齐心、坚韧、博大、灵活、透明、公平……不论水有多少值得我们学习的东西,其最根本的就是一条:"善利万物而不争"。水养山则青,哺花则俏,育禾则壮,从不挑三拣四、争名夺利;它映衬荷塘月色,构造山水胜景,渡帆樯舟楫,饲青鲋鲢鲤,任劳任怨,绝不争高低上下。它与土地结合便是土地的一部分,与生命结合便是生命的一部分,但从不彰显自己。"上善若水"即是说教师要积极地去做一切有利于社会、有利于他人的事,不计较自己的名利、地位。这实际上是一种无我、忘我的无私境界。有了水的这种境界,教师就能做到真正的"上善",就能养出不平凡的师德。

三、有容乃大

"12 月 20 日下午下完第一节课后,我站在三楼的走廊上,看见楼下没人,就朝楼下吐了口痰,唾沫溅到了一个女老师身上,她十分生气,就跑上来对我又打又骂。揪着我的耳朵,拧着我的脸,扇了我左脸 30 多下,还骂我嘴里是不是吃屎了。"小雨诉说着挨打的经过。小雨说,放学回家后,爸妈不在家,他把事情告诉了姥姥,姥姥看见他左脸肿了,耳朵出血,就赶忙送往内黄县第二人民医院,后又转至安阳市人民医院住院。(《长江日报》2010 年 12 月 31日)

---

① 选自《谭定才"拐杖老师"爱洒大山 25 载》。来源网址 http://www.student.gov.cn/gzjr/373945.shtml。

一个十岁的孩子,就因为吐了口唾沫,落到了老师的身上,竟然招致老师三十多记耳光的毒打。那位"铁扇公主"老师如有"上善若水"的修行,能宽大为怀,大扇学生三十巴掌之事就不会发生。

金缨在《格言联璧》中说:"彼之理是,我之理非,我让之;彼之理非,我之理是,我容之。是非窝里,人用口,我用耳;冷落场中,人向前,我落后。"这是一种"以无意息天下之争心"的人生艺术,告诉我们与其能辩,不如能容。

宋朝有个名叫富弼的大臣,当有人告诉他"有人在骂你",他回答说:"恐怕是骂别人吧?"又告诉他说:"是指名道姓在骂你。"他答道:"天下难道就没有同姓同名的人吗?"

富弼并非不晓得别人在毁谤他,谩骂他,只是"能容"而已。这种如水般宽容的态度是一种化解人际抵触的有效办法,用在教育教学中,定能显出师德的不凡。

老师如海,宽容作舟,方知海之宽阔;老师如山,宽容为径,循径登山,方知山之高大;师生交心,心心相印,方知心之高尚。

四、淡泊清明

"也许我的肉体只能蜗居在大别山的一隅,但我的灵魂会跟随我的学生走向四方;我是荒原上的一支电线杆,也许只能永远地矗立在那儿,但我能把希望和光明送向远方;我可能永远是一座桥,能让学生踏着我的身躯走向希望的彼岸。"全国优秀教师、感动中国的"大别山师魂"汪金权在日记中这样写道。

走进汪金权位于蕲北山区的生活,几乎无法相信这就是一个上世纪80年代的大学生、一个享有从县市一直到全国各项荣誉的优秀教师:家里的房子是30年前建的土砖房,屋顶漏水,墙壁透风;家里的衣柜是新中国成立前打土豪时分来的,像样一点的家具只有母亲和妻子的陪嫁木箱;学校的宿舍只有空荡的几张木板床,还有用木板垒起来的两个书架;一个破旧的木箱里没有一件体面一点的衣物,甚至连木箱的锁坏了,也没有换一只……

斯是陋室,唯吾得馨。就是在这样的环境里,汪金权老师22年坚守,书写着大爱无疆、淡泊名利的师道尊严。20多年来,他没有撑起自己的家业,反而成了全村最贫困的"公家人",但是每遇到困难学生,汪金权老师都会伸出关爱之手,从几十元,到数百元。他究竟帮助过多少学生,就连他自己也说不清楚。20多年来,他给学生垫付的学费不下十万元,但是当自己的大儿子上学时,却付不起学费,后来是靠同学的资助才进了大学。

就是这样一个穷人,穷得让大学同学们看了都心酸。但是,他很开心很幸福。①

在我们这个时代,要轰轰烈烈做一件事不容易;而在一个平凡岗位上默默无闻坚守,是更不容易的事。安贫乐道,淡泊宁静,默默奉献,不事张扬,不图索取。汪老师就是这样一个"上善"者。

上海交通大学的讲师晏才宏,把他57岁的一生奉献给教育事业,给我们树立了一种榜样。他淡泊名利,不肯为评教授而拼凑论文,在浮躁之风盛行的校园里显得那么不合时宜。他上课的境界是这样的:一杯茶、一支粉笔随身,从来不带课本和教学参考书,知识早已烂熟

---

① 选自《清贫之中自有富足》。来源网址 http://www.jiuzhong.sd.cn/html/kexuefazhanguan/xuexiwangjinquanxianjinshijizhuanlan/20100907/729.html。

于胸，例题习题信手拈来，讲课条理清晰，自成体系。加上一手俊秀的板书，洪亮的声音，他的电路课被誉为"魔电"场场爆满。他病故后的三天内，上海交大校园论坛上，学生们竟发表了千余篇悼念文章，学生还自发筹资为他出版纪念文集。晏老师，以他渊博的知识和高超的授课技巧，在平凡的工作岗位上做出了绝不平凡的贡献，更以他淡泊名利、清明自守赢得了绝不平凡的敬重！

"一支粉笔，两袖清风，三尺讲台，奉献终生"正是对老师的真实写照。与社会上的腐败要员，生活中的贪官污吏相比，我们的老师总是那样甘于清贫，默默无闻，有着水一样品性，让世人敬仰。

淡泊清明三尺讲台，廉洁自律两袖清风。古人云："不受曰廉，不污曰洁。"廉洁是为人的根本，是中国传统道德的基本规范。教师作为人类文明的传播者，担负培育下一代的艰巨任务，更应当为真为善为美，以廉洁立世，铸就高尚师魂。

我国现代教育家陶行知先生，一生执教，持俭守节，他捧着一颗心来，不带半根草去。他的这种高尚的人格魅力，为学子们所敬重，为学子们所效仿，成为中国现代史上垂范世人的楷模。他的这种廉洁从教的作风，所产生的道德影响力，深刻地影响了一批又一批学生的道德情感和精神世界，使学生在敬仰中，默默地产生着思想和行为的自我激励、自我修养和自我改造。

为师不廉，师道必坏，师道坏则必误学子。为人师必须要加强自身修养，修身慎行，敦方正直，清廉洁白，淡泊如水。

"上善若水"之为人——教师本平常之人，应怀平常之心，做平常之事，淡泊以名志，宁静以致远，独善其身。努力做到：平和心态，心静如水；正直为人，清明如水；轻启名利，淡泊如水；面对坎坷，坚韧如水。

"上善若水"之从教——摆水往下流的低姿态，持柔情似水的亲和力，有海纳百川的大气概，怀推波助澜的奉献心，具中流击水的挑战力，呈静如水面的好心态。

上善若水，铸崇高师德；上善若水，创多彩教育！

第四节 心态平和，清静有为

"一个老头笑嘻嘻，退后一步占便宜。"这是宋代的大儒朱熹给老子画的像。"笑嘻嘻"说明内心清静，心态平和，自得其乐；"退后"是无为，"占便宜"是有为。清静无为却无不为，自然笑对人生。

一、孔德之容，唯道从之

何谓"孔德"？河上公注："孔，大也。有大德之人无所不容，能受垢浊，处谦卑也。"我们教师能否从中悟出心态平和、无所不容的为人之道呢？

我们不妨先考究一下"德"的本意和来源。

说到"德"，就不得不说一下"得"。在商朝晚期，统治阶级十分崇尚"得"，致使商代社会中出现了贪得无厌，甚至为了"得"不择手段的风气。在这个尚"得"成风的社会里，偏偏就有人以"不得"作为自己的行事标准，并且，他还以此做出了一番事业。他就是周古公直父。

当时,"犬戎"不断袭击中原居民,周古公为了避"犬戎"之祸,只好"不得"——放弃了原来的居住地,带领其家族迁居岐山周原,站稳脚跟后,他还因其"不得"的精神,感化了附近的小国前来归附。(《后汉书·西羌传》)

在取得了以上成绩后,周人总结经验,提出了"不得"的思想方针。这就是"德"的来源,也是生活中我们要苦苦修炼的"德"。作为教师,有"不得"的思想,定然不会斤斤计较,定然能够宠辱不惊。

二、宠辱不惊

唐太宗在位时期,卢承庆曾担任"考功员外郎"的官职,专门掌管官吏考绩评功。据说,卢承庆对待考功工作非常公正负责。有一次,一个负责运送粮食的督粮官,由于发生沉船事故而受到了处罚。卢承庆在给他考绩评功时,就把他评定为"中下"等级,并且通知了他本人。官员得知此事后,既没有表示出不满,也没有任何沮丧的表情。卢承庆转念一想:粮船沉没并非他个人的责任,也不是他凭借个人的力量就能挽救的,把他评为"中下"恐怕不太合适,于是决定改评为"中中"等级。可那位官员得知情况后仍然没有发表任何意见,既没有说虚伪客套的感谢话,也没有任何激动的神色。卢承庆看他如此镇定,非常赞赏,于是脱口而出:"宠辱不惊,实在难得!"最终把他的考评改为"中上"等级。[1]

对于世俗之人来说"荣"与"辱"都会使人的情绪产生巨大波动,而像这位督粮官这样,在荣辱面前以平常待之的人,实为少见,而老子心目当中的"圣人、君子"正是具备这种心理素质的人。教师修养身心,就是要心态平和,宠辱不惊,达到"风恬浪静中,见人生之真境;味淡声稀处,识心体之本然"的境界。

洪应明的《菜根谭》里面有这样一幅对联:宠辱不惊,看庭前花开花落;去留无意,望天上云卷云舒。这句话的意思是说,为人做事能视宠辱如花开花落般平常,才能不惊;视职位去留如云卷云舒般变幻,才能无意。

现在的人大多觉得活得很累,金钱的诱惑、权力的纷争、宦海的沉浮让人殚心竭虑。是非、成败、得失让人或喜、或悲、或惊、或诧、或忧、或惧,一旦所欲难以实现,一旦所想难以成功,一旦希望落空成了幻影,就会失落、失意乃至失志。

失落是一种心理失衡,自然要靠失落的精神现象来调节;失意是一种心理倾斜,是失落的情绪化与深刻化;失志则是一种心理失败,是彻底的颓废,是失落、失意的终极表现。而要克服这种失落、失意、失志就需要宠辱不惊、心态平和。

宠辱不惊,心态平和说起来容易,做起来却十分困难。教师也是凡夫俗子,红尘的多姿、世界的多彩令大家怦然心动,名利皆你我所欲,又怎能不忧不惧、不喜不悲呢?那么,试一试潜心地品读国学吧,修身养性之时也能悟出师德,做到不失落、不失意、不失志。首先,要明确自己的生存价值,由来功名输勋烈,心底无私天地宽。其次,认清自己所走的路,得之不喜,失之不忧。只要自己尽心尽责为学生付出,只要自己全心全意为教育事业奋斗,做自己喜欢做的事,按自己的路去走,宠辱得失又算得了什么呢?

著名的社会活动家、杰出的爱国宗教领袖赵朴初同志遗作中写道:"生亦欣然、死亦无

---

[1] 选自刘亦发:《道德经全集》,吉林文史出版社,2010年。

憾。花落还开，水流不断。我兮何有，谁欤安息。明月清风，不劳牵挂。"这正充分体现了一种宠辱不惊、去留无意的达观、崇高的精神境界。

三、清静为天下正

清静的思想最初得到强调是在老子的学说中。老子认为："躁胜寒，静胜热，清静为天下正。"（《道德经》第四十五章）意思是：清静克服扰动，寒冷克服暑热。心性纯正恬静才能统治天下。运动可以克服寒冷，静心可以克服暑热。清静无为的人能做天下的首领。

怎么样才能清静呢？老子认为主要在于做到清心寡欲。《太上老君说常清静妙经》里指出："人的元神本来好清静，但心却会干扰它；人心本来也是好静的，而欲念却牵引它。经常能够排遣欲念，那么心自然宁静，心澄清了，元神自然清朗。"牵缠人心的欲念，范围很广，一般泛称为六欲，指眼、耳、鼻、舌、身这五种感官引起的欲望，以及由意识引起的欲望。人们受到外界的诱导，往往形成一些不良的心理，道教将之概括为"三毒"。"三毒"指三尸之毒，三尸是居住在人身体中的三种恶神：上尸使人好华饰，中尸使人好贪、嗜滋味，下尸使人好淫欲和嫉妒。这三者，基本上概括了人的不良心理状态，不清除势必干扰心性的正常活动和发展。秦始皇在统一天下以后，没能清心寡欲，他征调大量民夫、兵士去筑长城，备守边关，想建"子孙万世之业"，他还调集几十万人为自己修造陵墓。这还不算，他又为自己寻找长生不老药，劳民伤财地巡视全国，当然主要是传说出长生之药的沿海地区。终于搞得民众不堪负担，他一死就爆发了农民的大起义。这一历史教训给汉朝很大的启示，所以汉代前期推行清静无为的治国方略，并取得了成功。

面对物欲横流，人们很难克制争名夺利的心浮气躁。当年乾隆皇帝下江南，在镇江金山寺，问当时的高僧法磬："长江中船只来来往往，这么繁华，一天到底要过多少条船啊？"法磬回答："只有两条船。"乾隆问："怎么只有两条船呢？"法磬说："一条为名，一条为利，整个长江中来来往往的无非就是这两条船"。作为清贫的教师，我们可能会为自己被现代的经济浪潮抛弃而心理失衡，可能会为自己被周遭的冷眼相视而情郁于衷。但，教育是职业，也是事业，需要我们凭着良心教书。教师的社会地位，需要我们自己去打造；教师的成长环境，需要我们自己去经营；教师的人格形象，需要我们自己去坚守。于是，心态平和极为重要，"夫唯不争，故天下莫能与之争"（《道德经》第二十二章）。当上班族在为"七小时工作制"而奔走呼吁时，我们默默地将工作延伸于生活中；当企业管理者在为按件计酬精准计算时，我们把与学生促膝谈心当成了一种惬意的休息；当无数的社会人汲汲于名利苟且钻营时，我们把生命的美丽姿态定格在阅读经典。作为教师，只有潜心修养"静"的功夫，才能摒弃名利之争，抛弃无端烦恼，全身心地投入教育事业，有一番作为。

庄子说："水静犹明，而况精神！圣人之心静乎！"于丹讲《庄子》时，说"觉悟"这个词是佛家语，这两个字的写法很有意思。"觉"字下面是一个"见"，"悟"字的左边是一个竖心，右边是一个"吾"，"悟"其实就是我的心。觉悟，用我们今天的话说，就是"看见我的心"。怎么样才能"看见我的心"？这就需要静下来，把握自己心灵的律动，倾听自己心灵的声音。

当教师的都知道考前复习有个阶段叫"静悟"，"静"下来才能"悟"，才能巩固所学知识，达到融会贯通、举一反三的效果。也只有"静"下来，才能以不急不躁、不慌不忙的心态去参加考试。对知识要静悟，对世事也要静悟，只有"宁静"才能"致远"。很多时候，我们越是焦急就越静不下来,只有摒弃杂念,慢慢调整,心才能沉静下来。

"采菊东篱下,悠然见南山",陶渊明算得上是个宁静淡泊者;"一箪食,一瓢饮,不改其乐",凭着心静颜回成了千古安贫乐道的典范;齐白石晚年谋求画风变革,闭门十载,破壁腾飞,终成国画巨擘,清静有为。

清静,是排除杂念,是淡泊名利,是忘却恩怨,是无私无畏,是尽心做有利于他人的事。人若清静,就会正确地去立身处世,做人就正派,做官就公正廉明,做教师就心地坦然、师德高尚,无为而无不为。

四、少则得,多则惑

曲则全,枉则直,洼则盈,敝则新,少则得,多则惑。(《道德经》第二十二章)意思是:弯曲的竹子更能经得起狂风的侵袭,水中的棍子看起来是弯的,实际上是直的,低洼的地方能盛住雨水,旧有的事物能领悟出新的道理来,适当为得,反之为过。

电影《海上钢琴师》片尾,主人公在船被炸沉前有段感言:有那么多条路、那么多个选择,上岸后到底该怎么选择呢?

不得不让人想起老子那句极为精辟的话:少则得,多则惑。

放纵自己的贪欲,什么都想做,什么都想拿,哪儿都想去,其结果往往是竹篮打水一场空。如果做人能够不贪婪,在纷繁复杂的世界中只满足于一个小小的幸福,那才是真正的幸福。

苏格拉底和几个学生到野外散步,经过一块麦田。苏格拉底就对学生们说:"你们到麦田里去找最大的那束麦穗,我在另一头等你们。"于是,学生们进入麦田开始寻找,他们看看这个,放下;又看看那个,也放下。他们想,这么大的麦田,一定有比这大的。

正当学生们苦苦寻觅时,突然听到苏格拉底的声音:"到了,你们已穿过麦田,走到尽头了!"学生们抬起头,红着脸听老师说:"最大的麦穗一定存在,但你未必会发现,即使发现了,也未必会摘下。因为你们的选择太多。"学生们这才明白,他们曾经放弃的也许就是最大的呀。

这个故事里的麦田多么像社会,而我们又多么像那一群学生。当我们回过头去总结的时候,是不是也发现失败的原因是我们的选择太多呢?

清末明初,有一山西商人,生意做得很大,财产很多,可是这人一天到晚,必须自己打算盘,亲自管理会计。虽然请有账房先生,但总账还是靠自己计算,每天打算盘打到深夜,睡又睡不着,当然很烦恼痛苦。挨着他的高墙外面,住着一户很穷的人家,两夫妻做豆腐维生,每天凌晨一早起来磨豆子、煮豆浆、做豆腐,他们有说有笑,快快活活。可是这位富商,还睡不着,还在算账,搅得头晕眼花。这位富商的太太说:"老爷!看来我们太没意思!还不如隔壁卖豆腐这两口子,他们尽管穷,却活得很快乐。"这位富商听了太太这样讲,便说:"那有什么难,我明天就叫他们笑不出来。"于是他就开了抽屉拿了一锭十两重的金元宝,从墙上丢了过去。那两夫妻正在做豆腐,又唱歌,又说笑,听到门前"扑通"一声,掌灯来看,发现地上平白地放着一个金元宝,认为是天赐横财,悄悄地捡了回来,既不敢欢笑,更不想歌唱了,心情为之大变。心里想,天上掉下黄金,这怎么办!这是上天赐给我们的,不能泄露出去给人家知道,可是又没有好地方储藏——那时候当然没有使用保险柜——放在枕头底下不好睡觉,放在米缸里也不放心，直到天亮豆腐也没有磨好，金元宝也没有藏好。第二天，两夫妻小组会议，这下发财了，不想再卖豆腐了，打算到哪里买一幢房子，可是一下子发的财，又容易被人家误以为是偷来的，如此商量了三天三夜，这也不好，那也不对，还是得不到最好的方法，夜里睡觉也不安稳，当然两口子再也没有欢笑声和歌唱声了！到了第三天，这位富商告诉他的太太说："你看！他们不说笑、不唱歌了吧！办法就是这么简单。"①

"少则得，多则惑"在这里得到了有力的证明。

中国佛教协会会长一诚大师说："现代人都不是饿死的，都是撑死的。"这句话真是振聋发聩。这不就是对"少则得，多则惑"的最好解释吗？我们现代人做事情谁不是贪多？家里的用具要多，银行的存款要多，企业的利润要多……现代社会可供选择的机会太多太多，对人的诱惑也太多太多，在这些机会和诱惑面前，人们往往会迷失自己，不知作何选择，或忘记自己最初的梦想与追求。如今的"富二代"几乎成了社会问题，这样一群人中许多就是被"撑死"的，极大的物质满足让他们的心灵承载太多物质追求，面对众多的"惑"，他们无暇理解立志、致远及责任的含义，杭州飙车案等事件的发生就是"多则惑"的证明。我大胆推测比尔·盖茨不将财产留给子女的决定是因为他深谙老子"少则得，多则惑"的大道。

老子的伟大之处在于他与众不同，在于他能看到常人所看不到的地方，能在日常琐事当中发现本质规律。他的"少则得，多则惑"这句话真是治疗当代人的一剂良药。老子早就说过五音令人耳聋，五色令人目盲，五味令人口爽。无名无利时静坐书斋反而有所得，一旦名噪一时，心灵不堪重负，名利一起压在心上，反而无所适从。钱锺书因《围城》而一举成名，却以鸡和蛋的趣谈诠释"少则得，多则惑"而终成一代名家。陶渊明在"误落尘网中，一去三十年"之后仍然保持一颗卸下沉重包袱的心灵，回归田园。反之，一篇《伤仲永》让我们看到了一颗不堪物质贪欲的新星如何黯然失色，如何因心灵不堪其重而坠落的悲剧。作为教师，也要懂得"少则得，多则惑"的大道，让自己的生命更加宽广。

五、呆若木鸡

《庄子·达生篇》中有这样一个寓言：古时候人们很喜欢斗鸡的游戏，一个叫纪渻子的人专门为国王训练斗鸡，准备参加搏斗。过了十天，国王问纪渻子：鸡已经训练好了吗？纪渻子回答说：还没有，这只鸡表面看起来气势汹汹的，其实没有什么底气。又过了十天，国王再次询问，纪渻子说还不行，因为它一看到别的鸡的影子，马上就紧张起来，说明还有好斗的心理。又过了十天，国王去问但还是不行，因为纪渻子认为这只鸡还有些目光炯炯，气势未消。这样再过了十天，纪渻子终于说差不多了，它虽然偶尔还叫几声，但已经有些呆头呆脑、不动声色，看上去就像木头鸡一样，说明它已经进入完美的精神境界了。国王于是把这只鸡放进斗鸡场，没想到别的鸡一看到这只"呆若木鸡"的斗鸡，还没有交手就都掉头逃走。

木鸡不是真呆，只是外表看着呆，其实它内心追求大有为，不现骄气，不呈盛气，表露的最终是一分呆气，一分清静。活蹦乱跳、骄态毕露的鸡，不是最厉害的，目光凝聚、纹丝不动、清静无为、貌似木头的鸡，才是高手。这个故事让我们很容易想到"大智若愚，大勇若怯"，极智极勇的人往往是用清静的态度、略显笨拙的方式展露。呆若木鸡其实是一种精气神敛于

---

① 选自南怀瑾：《老子他说》，上海：复旦大学出版社，2002年。

内、高度专注的状态,一种清静无为的境界,一种无人匹敌的大有为的境界。修身能达到木鸡这样,就应该是完美境界了。

六、"文化昆仑"钱锺书

钱锺书淡薄名利,清静快乐。对金钱这身外之物,他看得极淡。他的名言是:"钱有什么好?我都姓了一辈子钱了,并不觉得有什么好处。"《写在人生边上》出版了,他把稿费捐给了文学研究所。改编电视剧《围城》的稿费1万多元,他也分文不要,全捐给了国家。须知,那是20世纪八九十年代交接之时,社会上正铺天盖地地宣传致富典型"万元户"呢!钱锺书不图利,更不图名。1991年,北京、上海、天津等18家电视台联合拍摄"中国当代文化名人专辑",他被列入第一辑。这可是一份殊荣。为了这一名份与地位,好多人都是打破头也要往"中国当代文化名人"这头衔上靠的。但钱锺书却谢绝拍摄,不要这名分,不要这种头衔与宣传。深知钱锺书先生为人的传记作家孔庆茂的结论是:"钱锺书对人生这一关早已参透,他不惊恐,不奢求,乐乎天命,任其自然……"这正好从一个侧面反映了钱锺书体悟"大道"的大宗师式的人生品位。

钱锺书"凋疏亲故添情重"中的淡泊哲学也让人回味。他和妻子女儿闭门谢客,每人抱一堆中外典籍研读的宁静与快乐,那境界距离我们的人生理想不是近在咫尺吗?美国普林斯顿大学邀请钱锺书为其校研究生讲课,携夫人,包交通餐饮,半月讲40分钟,半年付16万美元。钱锺书直言拒绝曰:"贵校研究生的论文我已经看了,我去讲课,他们听得懂吗?"他那"'人物'吹捧多了就成了'厌物'"、何必"招邀不三不四之闲人,谈讲不疼不痒之废话,花费不明不白之冤钱"的名言,使"文化昆仑"的风范骤然而立。[①]

心态平和,清静有为。每个人都知道清静才能修身养性,无为才能大有作为,可身处尘世,遇到一些烦心事总是放不下。做教师的要摆正心态,视尘世的犬马声色、名望地位和头衔桂冠为过眼云烟,尽心尽力做好教育教学的每一件事。在竞争面前不强求,不强争,在磨难面前不烦忧,不畏惧,淡泊坦然,沉着冷静,不胡折腾,朴质无华而情真意切,悠闲自得而不骄不躁,心态平和、"少私寡欲"这才是教师要达到的清静有为的境界。

第五节　甘为人梯,自得其乐

"天地所以能长且久者,以其不自生,故能长生。"(《道德经》第七章)这是老子的处世哲学。他认为天与地之所以能长久地存在于世,恰好是因为它们从不强求自己永久地存在,天空降雨滋润了万物的生长,大地承载着万物,供养着万物,天与地对万物的繁衍如此的重要,但天地却从未要求世间万物给予回报。它们无私、博大,甚至是无欲无求,这就是天地能够长久存在的原因。

"圣人后其身而身先,外其身而身存。"(《道德经》第七章)意思是圣人将自己的利益放在一边,就有无数人称颂他美德,以他为榜样而跟随他,将自己的安危置之度外,反而会因此保全了性命。老子超越了常规,极具创造性地提出了"利他"的观点。身能存,自长久;利他人,

---

① 选自三耳《智慧老子(十七)》。来源网址 http://www.chinalongmai.net/bencandy-58-1838-1.htm。

心长乐。

"我深知，教师的职业就意味着奉献。走上讲台的那刻起，我就坚定了一个信念，永远甘为人梯，无怨无悔。"这就是许许多多普通教师高尚人格的内心独白。

"白鸽奉献给蓝天，星光奉献给晨夜"。作为一名教师，把全部真情和爱心都毫不保留地奉献给学生，奉献给那属于教师的三尺讲台，就是一种甘为人梯的精神，一种乐于奉献的美德。有着这种美德的教师，学生记着他，家长感谢他，社会认可他。

一、桑林祷雨

商汤建国后不久，开始于夏桀时期的大旱一直没有停止，整整延续了七年之久。在后五年中，旱情愈发严重，烈日炎炎，河干井枯，草木枯焦，颗粒无收，百姓生活异常困苦。

自从旱灾一开始，作为一国之主的商汤就在郊外设立祭坛，祈求天神解除旱灾，早日降雨。可是直到第七年，祈祷也不起作用。于是商汤令史官选了一个叫做桑林的地方，在那里设立祭坛，他亲自率领朝中大臣来到桑林举行祭祀仪式求雨，可是仍然没有下雨。

商汤就让史官占卜，史官占卜之后说道："应该以人为祭品，上天才会降雨。"商汤听罢说道："我是为了天下的百姓而求雨，如果一定要用人来祭祀的话，就请用我的身躯来祭天吧！"他向上天祷告说："所有罪孽都在我一人，不能惩罚天下百姓；百姓即使有罪，也都在我一个人。不要因为我一人的过失，而伤害百姓的性命。"并以六件事自责，向上天反省。

商汤的这种勇于为百姓牺牲的精神，感动了天神，于是，过了没多久，原本湛蓝的天空忽然阴云密布，紧接着雷声大作，下起雨来。

商汤祷雨的做法不仅感动了天神，而且感动了其治下的百姓。其时万民一片欢呼，作歌颂扬商汤的德行，乐曲取名为"桑林"，后人称其为"汤乐"。他的臣民看到这位君主如此爱民，都尽心竭力地支持他，从而使得商王朝的实力不断加强，人民的生活也愈加富足美满。[①]

商汤的成功之处就在于，他甘于为争取人民的利益而舍弃自身，因此才能受到拥戴。他的甘为人梯，为民奉献的精神正说明了"以其不自生，故能长生"（《道德经》第七章）的道理。

柳宗元在《蝜蝂传》中提到一种善负的小虫，它爬行的时候总要将路上遇见的东西背负到身上，行得越远，它背负的东西也就越重，直到走不动为止。有人帮它去掉重负，小虫上路后又开始不断地往身上背负东西。又因为它喜欢攀高，最终坠地而死。这小虫就好像贪得无厌之人，只顾着贪图一时利益，不知奉献，只知索取，最终导致了灭亡。当教师的本能就是凭良心教书育人，甘当人梯，乐于奉献，不会为了蝇头小利而葬送自己所热爱的事业，这就是师德，高尚的师德。

二、高原上怒放的并蒂雪莲

甘为人梯，乐于奉献，是中华民族的传统美德，也是教师精神的核心，是为人师表的体现。多少年来，一代又一代的"孺子牛"在教书育人的岗位上谱写了一曲又一曲壮丽的奉献者之歌。

刚刚过去的龙年春节，胡忠留在福利学校照顾孤儿们，谢晓君带着女儿回成都探亲。

---

① 选自刘亦发：《道德经全集》，吉林文史出版社，2010年。

"能够担的就多担一些,春节嘛,让老师们都回去,我来陪着。"作为校长,胡忠眼中的福利学校是另一个家,这里的孤儿都是他的孩子。进藏至今,一家三口很少有机会聚在一起过年。

"成都少了一个我这样的老师,没有任何损失;但对藏区的孤儿而言,我的到来或许能改变他们的命运。"在 2012 年感动中国颁奖典礼现场的胡忠,比视频中看起来更显苍老。11 年前,这位成都中学的化学老师辞掉工作,告别妻子与刚出生的女儿,来到甘孜州康定县塔公乡支教,每个月仅有 300 多元的生活补助。

福利学校海拔 3800 米,甘孜州 13 个县、4 个民族的 143 名孤儿被安排在这里寄宿制读书。除了上课,胡忠每天清晨 5 点多打开校园广播,叫大家起床、做操,平时要照顾他们的生活起居。一听说哪里有孤儿,他立马赶过去接人。久而久之,当地百姓把胡忠叫作"菩萨老师"。

丈夫离家的前两年,谢晓君都是利用假期过去探望,教音乐的她偶尔还客串几回代课老师。与孤儿们接触的次数多了,川妹子动了留下来的念头。2003 年,谢晓君报名支教,在旁人不解的目光中,她抱着女儿,与丈夫在福利学校"会师"。

从盆地到高原,适应的过程充满了委屈。刚来的几个月,3 岁的女儿整晚咳嗽,谢晓君也因缺氧头疼,无法入睡。尽管也会抱怨,但不服输的性格让她迎难而上,"既然来了,说什么也不能打退堂鼓。"

通过自学朋友寄来的教材,谢晓君尝试过音乐老师以外的四种角色——数学、生物、生活老师以及图书管理员,顶替离开的支教同行。"这里只有老师适应孩子,只要对孩子有用,我就去学。"2006 年,谢晓君调去了位置更偏、条件更苦的学校。她把工作关系转到康定县,许诺"一辈子待在这儿"。[①]

胡忠、谢晓君两位老师用生命提携了孤儿的成长,在这个物质繁盛的时代里,他们仍然让世界相信:精神无敌! 他们甘为人梯、乐于奉献的精神感动着全中国!

三、生命之梯

如果说让学生站在自己的肩膀上攀到科学的高峰,这种为人梯的表现值得赞扬,那么,用自己生命作代价,为学生搭起生命之梯的行为更是可歌可泣。

二十几年如一日潜心学问、刻苦钻研、严谨治学、热爱学生的孟二冬老师,默默地、一丝不苟地履行着一名教师的职责。孟老师在身患癌症,接受了三次大手术的情况下,仍以强烈的责任感、坚强的毅力和乐观的态度坦然面对病痛的折磨,坚持课题研究,并在住院的间隙坚持给学生上课,最终倒在了讲台上。孟老师用他的生命搭了一条通往知识宝库的长梯,孟老师用他的实际行动为我们诠释了身为一名人民教师所具有的师德!

汶川大地震中,有无数的老师用果断、勇敢、智慧甚至是生命为学生搭起了生命之梯。当汶川县映秀镇的群众徒手搬开垮塌的镇小学教学楼的一角时,被眼前的一幕惊呆了:一名男子跪扑在废墟上,双臂紧紧搂着两个孩子,两个孩子还活着,而他已经气绝身亡! 由于紧抱孩子的手臂已经僵硬,救援人员只得含泪将之锯掉才把孩子救出。这就是 29 岁的老师张米亚。他用血肉之躯为他的学生牢牢把守住了生命之门。张米亚老师的同事说:"张米亚的

---

① 选自《2012 感动中国十大人物详细事迹及颁奖词摘录》。来源网址 http://www.ruiwen.com/news/59619.htm。

教室在二楼,紧挨楼梯,如果他不管学生,自己是完全可以跑出来的。他却用身体救活了两个孩子。"在灾难来临的时候,张老师用他的惊天泣地的行为,为我们诠释了一名普通老师的崇高师德!

甘为知识之梯,可敬可爱;甘为生命之梯,可歌可泣!

四、幸福源泉

韩寒在《青春》里说:"离开这所学校我非常不舍,未知的世界虽然没有围墙,但什么也没有,这些老师们无论赞同不赞同,挽救或者不挽救,但至少没有一个人对我有任何的坏心,所有的人希望我有好的未来,但是在学校以外,你就得分辨好人和坏人。"看到韩寒的内心独白,做教师的能不为之动容吗?学生能够理解老师的一片苦心,老师就会心满意足。

每当来自全国各大高校的写满温馨话语的贺卡雪片式地飞向高万英老师的办公桌的时候,每当高老师屡次在不经意间看到学生放在办公桌上的金嗓子喉宝的时候,便是最感欣慰的时刻,这一刻她想起了与学生们共同奋斗、朝夕相处的点点滴滴:长明灯下,她与遭遇感情困惑的同学促膝谈心,春风化雨,润物无声,帮助他们走出青春的沼泽地;寒冷的冬夜,她带着儿子一次又一次地对家境贫寒或有思想困惑的学生进行家访;学生寝室里,她和学生度过了一个又一个难忘的端午节和中秋之夜;办公室里,她严厉地督促学生一遍又一遍地纠错,一次又一次地进行知识过关;在无数个周末的休息时间里,她不厌其烦地给中下层学生面批一篇又一篇作文。她欣喜,她的学生因品学兼优而留在北京大学任教;她自豪,她的学生在大二时都以绝对的高分通过了英语四级考试。她只是播撒了一片绿色,却收获了整个春天,这是一种化蛹为蝶的惊喜,让她看到了更高层次的幸福源泉。[①]

有风雨兼程的辛苦,也有阳光灿烂的喜悦;有寂静的独坐灯前的寒夜,也有欢乐的迎接丰收的季节;有回想岁月如歌时的感慨与惆怅,更有看到桃李盛开时的惊喜与感动。相信,每一个教师都有这样类似的惊喜、感动与幸福。老师们沉浸在自我价值最终能借学生实现的喜悦之中,自我感慨,自我得意,自我快乐!

中国教师的脉管里流的总是激情的热血,胸腔里跳动的总是一颗报国的良心。于漪、欧阳黛娜、魏书生等全国著名的优秀教师,之所以能从艰苦的教育教学改革中体验到快乐与自豪,就是因为他们对自己所从事的教育有着强烈的责任感和信念,并执著追求,不断进取,在追求与进取中找到幸福的真谛。魏书生这样说过:"我觉得如果我能为这个世界多教育出一个好人,或者能让矛盾的人多一点真善美的品质,那就是一种贡献,一种幸福,就算是不枉此生。这动机,这心理欲望,驱使着我为申请做教师而努力了六年,又驱使着我在教师的岗位上为人心的真善美而努力了十多年,我甘愿做这欲望的奴隶,在退休之前再努力二十年,退休之后,我想为了这欲望努力仍将是我最大的乐趣。"

泰戈尔说过:"花的事业是甜蜜,果的事业是尊贵的,让我们干叶的事业吧,因为叶总是谦逊地垂着绿荫。"人民的教育事业是太阳下最光辉的职业,社会的未来掌握在教师的手中。教师如果因为工作条件艰苦,社会地位、物质待遇较低,甚至处于相对清贫的地位,而以待遇对待工作,那么,在知识传授、教书育人中就可能难当社会重任。在实际工作中,教师都是忠

---

① 选自《师德模范高万英同志事迹》。来源网址 http://www.ycyz.com/HTMLStatic/2005-5/1855.html。

诚于人民的教育事业,甘愿为教育事业奉献自己的聪明才智的。教师在奉献、在燃烧,同样是在汲取,在更新,在升华,于平凡中见伟大;教师付出艰辛的劳动,苦中有乐,乐在其中,最大的乐趣就是照亮了别人,充实了自己。

耿耿园丁意,拳拳育人心;身于幽谷处,孕育兰花香。作为教师,平静的生活中没有高亢激越的华彩乐章,宛如一首平凡的歌,总会有难以抹去的悠长韵味和优美旋律,任凭世事变迁,容颜憔悴,教师都会在学校这座成才者的殿堂里,点燃一盏灯,自得其乐地守望每一位学生,守望他们的未来!

第六节　师德修为,宁静致远

师德,是基于教师职业特点而谈的道德修养;修为,是基于国家命脉而论的个人修为。师德修为在灵魂的天平上,也许只有用整个生命的砝码才能衡量。

被誉为红烛,我们怎样才能真正地站成红烛?被赞为春蚕,我们怎样才能真正地织出理想的锦绣?"师德修为"的内涵需要我们仔细地斟酌咀嚼。

师之德,是人类道德的集大成者,居于金字塔尖,必须璀璨无比;

师之德,是人类精神榜样中最具示范者,必须充满精神的价值;

师之德,是人性麦田的最忠诚的守望者,忍一份孤独,只让爱之根扎进每一个学生的心田。

当孔子在三千弟子心中筑起师者的丰碑,教师的精魂便在岁月的更迭中不断凝聚,深化,代代传习,时时更新。而当一个思想极度活跃,网络技术高度发达,市场经济之足踏遍生活的每一个角落的时代来临时,师德修养也面临着从未有过的严峻挑战。

作为一名普通教师,我们该怎样践行师德,使之折射出人性的光辉?我们该如何用良好的师德,撑起教育的一片蓝天?师德,不是长篇大论的大道理,它是教师淡泊宁静性情的写照,是教师一点一滴素养的凝聚,是教师高尚情操的彰显,必须用国家教育部颁布的《中小学教师职业道德规范》约束自己,努力做到:依法执教,爱岗敬业,热爱学生,严谨治学,团结协作,尊重家长,廉洁从教,为人师表。这样,修成上德,教书育人,就为中华民族筑起一道精神的屏障,为国家酝酿一个灿烂的黎明。

一、"最美女教师"张丽莉

有人这样形容教师的生活:吃的清淡,穿的素淡,出去办事遭人冷淡,就像蜡烛,一生半明半暗。这种平淡与膨胀私欲的碰撞使污浊之风吹进了教坛这方净土,"范跑跑"跑出了师德最耻辱的一幕,"杨不管"眼看学生课堂打架不管不问引起舆论哗然,金仁淑、杨帆教授"抄袭门"激起轩然大波……师德,一个不该成为话题的话题最终成为了话题。在全民愤愤讨论师德沦丧之时,有许多师德高尚的人成为被赞美的对象:汶川地震中,英雄教师谭千秋舍命护学生,最牛校长叶志平保全全校师生;感动中国支教模范徐本禹;还有最美女教师张丽莉等等,他们用崇高的师德修为有力地驳斥了"师德沦丧"论。

"我的名字第一个'丽'是美丽的'丽',第二个'莉'是茉莉花的'莉',想记我的名字,记住'美丽的茉莉花'就行了。"这是张丽莉向新生们介绍自己时常用的一段话。她常把自己比作茉莉花，在生活中，她确实也像茉莉花一样，用淡淡的清香温暖他人、热爱他人。张丽莉，女，1983年生，大学本科，黑龙江省佳木斯市第十九中学的语文教师。

2012年5月8日20时38分，在佳木斯市胜利路北侧第四中学门前，一辆客车在等待师生上车时，因驾驶员误碰操纵杆致使车辆失控撞向学生，危急之下，教师张丽莉将学生推向一旁，自己却被碾到车下，造成双腿截肢，骨盆粉碎性骨折。

生死危急的时刻张丽莉老师无悔地选择牺牲自我，用年轻的躯体挽救了学生的生命，这种高尚的师德情操让世人感动并赞叹。张丽莉临危不惧、勇于担当的崇高精神境界，大爱无疆、舍己救人的高尚道德情操，恪尽职守、敬业奉献的优秀工作作风，使她荣获"全国优秀教师""全国三八红旗手"荣誉称号，获得"全国五一劳动奖章"，被人们赞为"最美女教师"。面对接踵而至的荣誉，张丽莉看得很淡，她说："不要把我当作英雄，我只是尽了自己应尽的责任。希望自己赶快好起来，回到讲台，继续为孩子们上课。"

交通事故是偶然的，但张丽莉老师舍身救人的事迹却不是偶然的。那情急之下的壮举，是本能，更是责任、爱心、无私和崇高！这位柔弱的女性，用阳刚的实际行动诠释了为人师表的深层含义。在这份勇敢背后，彰显的是师德高尚！

二、致虚极，守静笃

手表放失了该如何寻找？翻箱倒柜、盲目找寻，只能一无所获；保持安静、倾听滴答，便可轻易寻得。其实这件小事蕴含了人生的智慧：一味盲目追逐不停下来思考，不去营造心灵宁静的后花园，便难以寻得人生的真谛。

老子说："致虚极，守静笃。"（《道德经》第十六章）意思是：尽量使心灵达到虚寂的极致，牢牢地坚守这种宁静。这虚静便是一种空明宁静的状态，是一种没有心机、成见，消除了利欲的引诱纷扰而得到的状态，守住了，就能"宁静致远"。

宁静，是一种诗意的氛围，一种令人神往的境界。细细品味"曲径通幽处，禅房花木深""静坐云生衲，空山月照真""采菊东篱下，悠然见南山""独坐幽篁里，弹琴复长啸""山禽啼忽住，飞起又相随""缺月挂疏桐，漏断人初静"……一幅一幅，全是心气平静、远近空明的画面。梭罗在瓦尔登湖畔，耕种渔猎，潜心思考写作，拥有着心灵的宁静，他在文坛不朽；竹林七贤隐身修篁，借酒狂歌，粪土王侯，保持着狷介的宁静，他们青史留名；诸葛亮鞠躬尽瘁，死而后已，书写着淡定的宁静，他震古铄今。

宁静，是一种典雅的气质，一种高雅的情怀。回眸中华五千年历史，一颗颗宁静的心散发出淡雅而独特的芬芳。庄子，以他淡泊的心，摒除着来自外界的是非曲直，功名利欲，笑看天上云卷云舒。我们看到的是一颗不因名利荣誉而改变跳动速率的心，一颗厚重宁静的心。当陶渊明采菊于东篱，李白把酒临风，邀月与共，欧阳修寄情山水，与民同乐，他们那宁静而致远的内心世界，便获得了心灵的永恒。

老子认为，人的心境原本是空明宁静的，因为私欲渐渐加多加深，使得心灵上面尘蒙越来越厚，心灵蔽塞不安。私欲方面的"用心"，必然妨碍明晰的认识，必然走向迷迷糊糊的歧途。要想使自己的行为符合于自然的"道"，让自己胸襟宽广，就必须达到心智的消解，消解到还原"赤子之心"，即没有一点机心和成见。我们追求"虚"达到了极点，坚守"静"达到了至诚，就会对那些功名利禄视而不见、听而不闻，"心远地自偏"了，从而在日益复杂的社会中护住一颗没有灰尘的澄明的为师之心。

当今社会,功利化现象严重。教育功利化,应试教育盛行,学术腐败严重;文化功利化,一切向钱看,充斥着铜臭味;人际交往功利化,唯利是图,真情缺失;经济建设功利化,环境污染,资源枯竭……凡此种种,说明人们急功近利,宁静缺失,人心浮躁。在物欲横流的社会,教师要坚守住教育这片净土,为师者此时铸就师德,修养身心,坚守内心,保持宁静尤为重要。

诸葛亮在《诫子书》中说:"非淡泊无以明志,非宁静无以致远。"这句话既是诸葛亮一生经历的总结,更是对后人的要求。有人说过"每个人的心中都有一片净土",如果每个人都尽力维护这片净土,让这片净土的宁静来约束自己,面对挫折不溃不成军,面对诱惑不见利忘义,面对成功不骄傲自满,长久地秉承这宁静的态度,必能到达心中理想的巅峰!作为教师,平静、安详、全神贯注地学习,才能实现远大的理想;宁静安详地创设精神的后花园,必能活出别样的风采。

三、上德不德,是以有德

"上德不德,是以有德;下德不失德,是以无德。"(《道德经》第三十八章)

意思是:具有上德者不刻意表现德,所以符合"德";具有下德者刻意表现德,所以不符合德。

在老子眼中,"德"就像智慧一样,也有高低上下之分。上德者,无疑是具有大智慧的人,这样的人的智慧与德性全部都在心里,并不需要招摇过市。

"道生之,德蓄之,物形之,势成之……生而不有,为而不恃,长而不宰,是谓玄德。"(《道德经》第五十一章)

"道"生发万物,"德"养育万物。万物没有不尊崇"道"并且以"德"为贵的。道德之所以受到尊崇和珍重,是因为生育它而不据为己有,成就它而不自恃有功,引导而不主宰,这就叫做深奥而玄远的"德"。

"道"和"德"的尊贵地位并不是自封的,而是以它们对万物产生的作用和影响为基础而自然生成的。上德之人,其德行是出于自然、淳朴、简单,是内在的拥有,是主动的付出。西汉时期抗击匈奴的名将李广治军有方,是一个有"上德"的人。有一次,他发现一士卒腿部负伤,冻得浑身发抖,行走十分艰难,他当即跳下马,把马让给这个士卒,小心翼翼地扶士卒上马,还亲自为士卒牵缰绳,士卒感激涕零。李广对待手下将士真诚和善,从不自夸自大。士卒们正是因为受到了他的关怀,所以在战场上都英勇奋战,使得李广的军队所向无敌。司马迁在《史记》中对李广有着高度的评价:"余睹李将军,悛悛如鄙人,口不能道辞。及死之日,天下知与不知,皆为尽哀。彼其忠实心诚信于士大夫也?谚曰:桃李不言,下自成蹊。此言虽小,可以谕大也。"

可见,真正的"大德"不必彰显它的威力,只在潜移默化之中就可以实现它的作用。教师师德修为的修炼,不正是要达到这种"上德"境界吗?

王维的《积雨辋川庄作》抒写了自己淡泊自然的心境,诗中有这样的句子:"野老与人争席罢,海鸥何事更相宜?"诗句化用两个典故,"野老争席"来自《庄子·杂篇·寓言》:杨朱去见老子时,旅舍的人欢迎他,拿凳子给他坐,其他客人给他让座。他从老子处学了道理返回时，那里的人不再对他敬而远之，不再争先恐后地让座，甚至同他不拘礼节、毫无隔阂地争起座位来了。说明杨朱已得自然之道，与人们没有隔膜，拥有"上德"。"海鸥相疑"来自《列子·黄帝篇》，有人住在海边，与欧鸟相亲相习。他父亲知道了，要他捉几只回家。他再到海边，海鸥好像猜到他的心事，便不飞近他了。此人心术不正，破坏了他和海鸥的亲密关系。这两个充满老庄色彩的典故，一正用，一反用，两相结合，抒写诗人"清斋"、"习静"、宁静、淡泊、与世无争的心境。这种心境，又何尝不是"上德"的体现呢？

真正的"上德"之人决不会强令他人顶礼膜拜自己，就像庄子，他没有神像供人们跪拜，但向往自由的人们的心里却都有他的庙堂。这也是"上德不德，是以有德"的一种体现，是因内心宁静而致远吧。

宁静致远铭师德，春风化雨育英才。作为教师，要做"上德"之人，要"淡泊明志，宁静致远"。"淡泊"不是弃世，"宁静"也不是慵懒。"淡泊明志"，志在修身，进而育人，终为济世；"宁静致远"，因达于天下而远，因泽于后世而远，它需要真正高尚而淳朴、丰富而博爱的心灵。

如果说，教育是太阳底下最光辉的事业，那么师德修为是教育的光辉；如果说教师是塑造人类灵魂的工程师，而师德修为就是教师的灵魂。师德是教师的人格魅力，是教育的全部生命！拥有师德，教师的生命之花璀璨绽放；提升修为，教师的人生之路宁静致远。

为人师表，师德唯馨。师德是师业之魂——教师一定要修好社会公德，恪守职业道德，加强自身的人格修养，树立师表形象。师德是师才之本——师德养人，师才育人；德才兼备方为社会栋梁。教师"传道受业解惑"，不仅要传授知识，更要教会学生怎样处事，怎样做人。师德是师风之根——教师的一举手、一投足、一笑一颦、一喜一怒都无声无息地影响着学生。良好的师德会形成一种良好的风气，一种良好的习惯，是保证我们教育百年树人最重要的根本。品读道家经典，从中悟出些许为人处世之道和为师之德，谨从之，慎用之，是教育的福气，是天底下最光辉事业的幸事！

第四章 成由勤俭败由奢

——克勤克俭，廉洁奉公

勤俭——勤劳与节俭，是中华民族的传统美德，也是古代思想家所提倡的道德规范。在古人看来，勤有三益，即可以免饥饿、远淫辟、致寿考（达到长寿）；俭有四利，即可养德、养寿、养神、养气。从大的方面说，"忧劳可以兴国，逸豫（指安乐忘俭）可以亡身。"（《新五代史·伶官传序》）

"历览前贤国与家，成由勤俭败由奢"（《咏史》，这可谓是李商隐对历史现象的真实写照》）、"俭节则昌，淫佚则亡"（《墨子·辞过》）、"始作骄奢本，终为乱祸根"（唐·齐己《寓言》），这些警语，褒贬分明，言近旨远，无不彰显出节俭的必要性。

"勤"与"俭"经常合用，构成联合词组，但概念不同。勤的本质在于克勤职守，毫不懈怠，而俭的含义一般指简朴节约，不奢侈浪费。二者虽有区别，却联系十分密切。只勤不俭，抑或只俭不勤，犹如车辆少了一只轮子，必有车翻人毁之虞。克勤克俭，如虎添翼，则德业广进；不勤不俭，像病入膏肓，则终将一亡。

墨子的"节用"思想说的就是勤俭。在当时那个纷乱的年代，人们生活在"饥者不得食、寒者不得衣、劳者不得息"的苦难境地之中，基本的生存权都很难得到保障，而当时的统治者，过着骄奢淫逸的腐化生活，不惜耗费大量的人力物力财力以满足自己穷奢极欲的物质生活。因此，墨子从实用为出发点，提出"去无用之费"的主张，即要免除一切不实用的开支，对国家和民众有利的事情就要毅然地去实行，对国家和民众不利的事情就不要去实行，一切都是以"兴天下之利"为根本出发点和落脚点，反对铺张浪费，批判享乐主义。"冬服绀之衣，轻且暖；夏服绤之衣，轻且清，则止。""足以充虚继气，强股肱，耳目聪明，则止。不极五味之调、芬香之和，不致远国珍怪异物。"墨子强调衣服、饮食等都应以"实用"作为标准，有实际用途的就是好的事物，不实用的事物就不必去追求。可以说，墨子是一位理智的实用主义者！

当今社会，由于生产力的不断发展，人们生活水平不断提高，可以享受的资源也越来越多，但铺张浪费的行为也有大行其道之意，因此，我们应大力弘扬墨家经典，克勤克俭，廉洁奉公，时刻铭记成由勤俭败由奢。

第一节 关于墨家哲学的基本观点、代表人物及其思想

墨家的创始人墨子，是春秋战国时期的宋国人，姓墨氏名翟，是著名思想家、政治家、军事家、社会活动家，同时他还是一名自然科学家。据考证，墨氏出于宋微子，为宋微子后裔。墨子大约生活在公元前468年至前376年。出身贫贱，精通手工技艺。现存《墨子》53篇，是

墨家学派的著作总集，其中有墨子本人所著，也有后期墨家的作品。①

一、基本观点

儒墨两家哲学堪称中国古代哲学思想"显学"。与儒学不同的是，墨学思想同样是站在西周文化的传统中，却主张应从一般百姓的立场上谈"兴天下之利""除天下之巨害"的重要性及其方法。而这种兴利除害的理论预设，即为其著名的"兼爱"思想提出了"爱无差等"的理想命题。此外，墨学的开创者墨子是有神论者，认为天与鬼的智慧和权威远远超过古代圣王，是因为天是掌握正义、赏善罚恶、爱利百姓的最高主宰。可以说墨家思想是以宗教代替一切道德与权威而展现其理想的平民主义思想。

由于墨家思想的平民性格，其涉及理论的内容，也就特别着重于大众化的福利取得与平民式的自我超升。不论是主张和平的兼爱非攻或是"必顺乎天"的尊天事鬼，其要点在于使人的能力得到发展，能如实地遵循天的意志，而且在社会中的举事任职也都有一定的标准。这不仅是形式上的要求，更是一种自我的反省与自觉。也正是这种对于标准的反省逻辑性的思辨及理论验证的检查，就格外重视因此发展出相当严格的逻辑体系。

墨家哲学中的社会哲学主张积极进取，不但从理论上抒发国与国、家与家、人与人之间兼爱非攻的思想，主张贤人政治，还透过实际行动亲身参与各种反战行动与建设事业，在知与行上完全奉行从百姓到天子"尚同于天"的原则，希望达到世界大同的理想。由于其站在平民角度上立论，讲究节俭，杜绝浪费，其文化哲学理论呈现朴素保守之风。

二、代表人物及其思想

墨家哲学代表人物即为墨子。墨子的思想在战国时代十分盛行，门人弟子遍布天下，影响层面很大。其务实的济世理想、高越的人格情操、丰富的思想内容，形成了一个极其严密而充满宗教精神的团体，深深吸引了无数百姓和知识分子。其重要思想包含在兼爱、非攻、尚同、尚贤、非命、非乐、节用、节葬、尊天、事鬼之中，充分反映出其朴素的自然宗教观，并把一切政治的、社会的、道德伦理的思想以宗教的形式加以合理化。值得注意的是墨子的科学精神。他对科学哲学中的概念定义有所主张，对于科学方法的建立与科学思想的传授，使得中国科学研究和应用很早就展现了高度智慧。

墨子死后，后期墨家以研读《墨经》来发展其思想，基本上成两派：一是从自然科学、逻辑思辨的法则与认识论问题着手，主张人的认识能力是获得知识的工具，但必须透过感官与思维作用始得，而逻辑的真伪的标准，只有透过客观的自然世界或人类社会现况的检证才能取得。二是发展墨子的宗教理念，他们试图在现实政治权力无法取得或予以保护的情况下，仍能奉行墨子平等兼爱的社会理想，因而发展成劫富济贫的游侠之路。

但在墨子死后，墨家团体无法出现德望、学识真正有领袖之风的"巨子"，而且墨氏思想与主政者的权力与利益有所抵触，受到政治势力的排挤，而其在哲学理论的建构上也不乏矛盾之处，更遭遇其他学派的严格挑战。后期墨家各学派也彼此不服，是以在汉武独尊儒术以

---

① 选自卢志丹《毛泽东的"勤俭建国"与墨子的"节用"》，来源网址：http://blog.qq.com/qzone/622000735/1314418176.htm。

后,墨学便失去了学术上的传承。在这样一种颓势中,墨学重名实辨的思考与科学研究的热情,在一片强调伦理道德、法治武功的学术市场上便失去了一席之地。值得安慰的是墨子精神在民间的发展,游侠的侠义作风与方士的炼丹多少都受到墨子学说的启发。

第二节　墨家当代社会价值

墨家的许多思想、言论都是针对当时社会的一些具体的社会现象而提出的,对当时社会产生了重要的影响,有其实用价值。而对于当代社会而言,墨家思想的价值又体现在何处呢？我想有以下几点:

一、有利于创建和谐社会

"当察乱何自起？起不想爱","天下之人皆不想爱,强必执弱,富必侮贫,贵必傲贱,诈必欺愚。凡天下祸篡怨恨,其所以起者,以不相爱生也","凡天下祸篡怨恨,可使毋以起者,以相爱生也"。兼爱是墨家的理论基础。兼爱要求人与人之间实行普遍的、无差别的爱,不分贫富贵贱。这样人人都能"视人之身若视其身",家家都能"视人之家若视其家",这样社会不就都和谐了吗？因此,弘扬墨家的"兼爱"道德标准,对当代社会人们立身处世,维系调节社会各种关系,促进社会和谐稳定,进而创建和谐社会有着重要的意义。

二、有利于发扬勤俭节约的传统美德

勤俭节约是中华民族的传统美德,墨家大力提倡"节用"思想,反对铺张浪费。当代社会,由于生产力水平不断提高,可以利用的资源也越来越广泛,也就使一部分人产生乐观情绪,不注重节约,大肆浪费资源。因此,品墨家"节用"思想,对反对铺张浪费、发扬勤俭节约的传统美德有着重要的警示和教育意义。同时对两型社会的创建也有着重要的现实意义。

三、有利于树立终身学习观

在古代的思想中,一直都非常重视修身。修身指使心灵纯洁、本性不受损害,通过自我反省体察,使身心达到完美的境界。墨家也大力提倡"修身"思想,墨家先哲认为,修身最重要的就是找到"本",即使人或事物能够最终发挥作用的东西,根本不牢,枝节必危。"事无终始,无务多业","举物而闇,无务博闻"。作为教师的"本"是什么？"师者,传道授业解惑"。当代是个知识爆炸的时代,如果教师固守自封,不思学习,不与时俱进,很容易就丢掉了教师的"本",很难成为一名合格的教师。因此,墨家的"修身"思想,对教师而言有着重要的意义。终身学习是师德修养的时代要求。

第三节　爱心育人,和谐发展

社会是人们交互作用的产物,是人类以物质生产活动为基础而相互联系的人类生活的共同体。和谐社会是人类社会的发展目标。要达到人类社会的和谐发展,社会的法制环境、

社会公平程度、社会成员平等权利都是十分重要的因素。一个社会要和谐发展，仅仅依靠法律和制度规范是远远不够的，还必须借助道德的力量。[①]

从社会伦理学意义上说，社会的道德基础是构建和谐社会的基本要件，因为和谐社会乃是社会的多元利益主体，通过道德的认同和行为选择的协调，而形成的一种有利于满足人的需要、促进人的发展的社会良好的道德关系和精神氛围。而道德基础则是社会走向和谐、社会成员互助友爱，社会系统中的各个子系统、各种要素处于一种相互依存、相互协调、相互促进的状态的一种文化粘合剂。在制约社会和谐的各种力量中，由道德价值观凝聚起来的精神上的和谐，具有不可或缺的作用。每个社会成员只有有了共同的价值观念和道德追求，面对社会的诸多矛盾和利益冲突，才能达成谅解，形成共识，理顺情绪，凝结意志和力量，协调行动，步调一致地去化解矛盾、消除冲突。

"兼相爱，交相利"是墨子整个思想体系的核心，认为爱人要远施周边，尊卑长幼之间要互相爱护。

兼爱学说是墨子社会思想体系的核心与出发点，也是其思想的精华。其根本出发点正是为了阻止"强劫弱，众暴寡，诈谋愚，贵傲贱"（《天志中》）的暴虐行径，使普通老百姓过上平安幸福的生活。

一、"兼爱"语源

天兼天下而食焉，我以此知其兼爱天下之人也。

何以知（天）兼爱天下之人也？以兼而食之也。

曰顺天之意何若？曰兼爱天下之人。

三代之圣王尧舜禹汤文武之兼爱之天下也。

——墨子《墨子·天志下》

昔之圣王禹汤文武，兼爱天下之百姓。

——墨子《墨子·法仪》

文王之兼爱天下之博大也，譬之日月兼照天下之无有私也。

——墨子《墨子·兼爱下》

巫马子谓子墨子曰：子兼爱天下，未云利也……

——墨子《墨子·耕柱》

"兼爱"一说，最初见于《墨子》。何谓"兼爱"？究其词源，在小篆中，"兼"是个会意字，一手执两禾，一手持两棵庄稼，引申为同时具有或涉及几种事务或若干方面，有全面兼顾的意思。而繁体字"愛"，从"心"，从"友"，包含内心友好的意思。"兼爱"一词从字面上来理解，也即是全面兼顾、内心友好。《墨子·经上》有注："体，分于兼也"，"仁，体爱也"，"仁，爱己者非为用己，不若爱马者"。

墨子被后人视为侠者之祖，他提出"兼相爱，交相利"的学说，也就是对待别人要如同对

---

① 选自《南方日报——把握和谐社会的时代特征》，来源网址：http://www.zz6789.com/zz2008/Article/J/J7/200504/Article_20050408233151.html。

待自己,爱护别人如同爱护自己,彼此之间相亲相爱,不受等级地位、家族地域的限制。

二、"兼爱"人物故事

(一)墨子止楚攻宋[①]

公元前440年,楚国磨刀霍霍,准备利用鲁班制造的云梯等攻城器械攻打宋国。墨子听到消息后,一面派弟子禽滑厘等300余人带着守城器械赶赴宋国,帮助宋国做好防御准备;一面置生死于不顾,从鲁国出发长途跋涉到楚国去说服楚王停止侵略战争。

墨子一路上昼夜兼程,风餐露宿。脚磨破了,撕块衣裳裹起来再走,奔波了十天十夜,终于来到楚国都城。他见了楚王后,先用打比方的方式喻示楚宋两国富贫差别之大,不可以强执弱、以富侮贫。墨子说,现在有一个人,他自己有装饰漂亮的车子,还去偷邻居家破烂不堪的车子;他自己有锦缎绣衣,还去偷邻居家破旧衣衫;他自己有精美肉食,还去偷邻居家粗劣糠菜。这算是什么人呢?楚王说:"这个人一定是犯了偷窃的毛病。"墨子趁机对楚王说:"楚国方圆五千里,土地富饶,物产丰富,而宋国疆域狭窄,资源贫困,两相对比,正如彩车与破车、锦绣与破衣。大王攻打宋国,这不正同偷窃癖者一样?这样大王一定会丧失道义,并且一定会失败。"楚王理屈词穷,但借鲁班已造好攻城器械为由,拒绝放弃攻宋的主张。

墨子见此便对楚王说:"鲁班准备的攻城器械也不是取胜的法宝。大王如果不信,就让我与他当众演习一下攻与守的战阵,看我如何破解它!"于是墨子解下身上的革带当作城池,用一些小板当守城的器械,当着楚王的面与鲁班模拟了一场攻守械斗。鲁班用云梯、撞车、飞石等九次展示攻城之机变,墨子九次进行了成功地抵抗。鲁班攻城器械用尽,而墨子防守器械有余。最后,鲁班"战败"。鲁班说:"我知道怎样对付你了,可是我不说出来。"墨子说:"我知道你怎样对付我,我也不说出来。"楚王莫明其妙地问道:"你们这是什么意思?"墨子说:"鲁班不过要大王杀掉臣,认为宋国就没法守城了。其实,我的弟子300多人已经到宋国做好守城的准备了。您即使杀了我,楚国也打不了胜仗。"楚王听后,终于放弃了对宋国的战争。

墨子救宋的事故,是墨子及其弟子以勇敢与智慧成功地制止大国进犯小国的最著名的一次,是墨家学派"兼爱,非攻"、酷爱和平思想主张的具体实践,充分体现了墨子"不战而屈人之兵"的光辉军事思想。

(二)把生的希望留给学生[②]——记崇州怀远中学教师吴忠红

5月12日下午地震发生时,崇州怀远中学教学楼也发生了垮塌。在突如其来的灾害面前,该校700多名师生绝大多数顺利脱险,但该校英语老师吴忠红却永远离开了他爱的学生——地震袭来,学生从楼梯口蜂拥而下,这位老师引着孩子疏散时,听到有学生掉队,他义无返顾从三楼返回四楼,这时楼体突然垮塌,这位老师和几名孩子被吞噬……

---

① 张新河、张九顺:《墨子"止楚攻宋"今考——墨子鲁阳人考》,《平顶山学院学报》2007年第6期。
② 选自武汉教育信息网《把生的希望留给学生——记崇州怀远中学教师吴忠红》,来源网址:http://www.whjy.net/2008kz/2008kzwz/82388.shtml。

镜头一:感动

遗体找到了,两名学生被他紧紧护在身下

12日下午3点,吴忠红17岁的儿子,正在另一所中学念高二的吴楠,从班主任贾老师那里听到这样一个消息:父亲所在的学校教学楼被震塌,父亲和班里的两位学生失踪了。刚刚从经历地震的惊慌中缓过神来的吴楠,心一下子又提到了嗓子眼儿,他向老师请了假,发疯似地往父亲的学校跑去,平时要十分钟才能到的路途,他只用了四分钟。但还是晚了,当他喘着粗气跑进校园时,只看到四层楼高的教学楼,一大半已经成了废墟,砖块、水泥堆成了一座小山,学校的老师们正站在废墟边拼命地喊着他父亲的名字,被安全疏散到操场上的800多名学生面朝着教学楼的方向,眼神中透着悲伤,又似乎带着一点期待,而比自己早一些赶到的母亲宋代群已经无力地瘫软在了一旁。

下午3点,抢险战士赶到了学校。大家争分夺秒地在一片废墟中搜寻三条生命的踪迹。然而时间一分一秒过去,还是没有得到吴忠红和两名学生的一点回应。就这样,直到昨天清晨7点,一夜未眠的战士们才终于从一片瓦砾中找到了吴忠红的遗体。接着,在他的身体下,大家又拉出了两名学生的遗体,虽然三个身体早已僵硬,但吴忠红仍然将两个孩子紧紧地护在身下……

"当时的景象让在场的每个人都很感动,大家知道在最危险的时候,他心里只想着自己的学生。"怀远镇中学副校长李红成红着眼眶回忆说。

镜头二:骄傲

他说学生有问题,连早饭都没吃就去了教室

5月12日中午1点,记者赶到怀远镇中学时,全校800多名学生已经被全部输送回家,有6名受伤学生正在医院接受治疗。在学校的操场上老师们临时搭起了一个棚子,在那里,记者见到了吴忠红的妻子宋代群,这个瘦小的女人至今还有点不敢相信,深爱的丈夫已经永远离开了自己。"昨天早上7点他就出门了,他说头天夜里有学生打电话来,说作业里有些问题不懂,想早上早点到教室请教老师,为了不耽误学生,老吴早饭都没来得及吃就到教室去了。"宋代群说,这样的情形,在她和吴忠红共同生活的近二十年时光里经常发生。

吴忠红的家就在学校后面的教师宿舍里,他经常一大早出门,下午放学匆匆回家帮身体不好的妻子做好晚饭,然后又回到办公室里阅卷子、改作业,直到深夜才摸黑回家休息。

虽然丈夫如此忙碌,但宋代群却从来没有埋怨过一句,她心里牢牢印着一个画面:"2003年,老吴上课的时候突然晕倒,送到医院一检查是胰腺炎,在住院的半个月里,几乎每天都有孩子到医院来看老吴,同病房的病人都羡慕得不得了。那一刻,我为自己的丈夫是一名老师而骄傲。"

镜头三:舍己救生,听说教室里还有学生,吴老师显得很紧张,马上折转身

回忆地震当时,吴忠红老师正在四楼给初一五班上英语课。该班的男学生小斌(化名)描述了当时的情景:教室突然晃动起来,他和同学都吓得尖叫。"同学们,不要慌,什么都不要带,跟着我往下跑!"吴老师挥着手,示意全班同学跟着他往外跑。当时楼梯口挤成一团,初一五班的绝大部分学生跟在吴老师后面。突然,后面的同学喊了一声:"教室里还有两名同学……""吴老师显得很紧张,马上折转身,我们已经到三楼楼梯口了,结果他又往四楼上

跑,我们跑到楼下,上面的房子就轰的垮了,吴老师不见了……"小斌哽咽着说。

残砖中,他牺牲了。

李校长说,因为师生有组织的撤离,绝大多数师生安全返回地面,只有5名师生被埋在废墟里。

镜头四:品质

见他最后一面,学校最硬的汉子哭了

5月13日下午2点,吴忠红和两名学生的遗体被转送到殡仪馆。学校的老师们自发到殡仪馆与吴忠红告别。看着面前永远不可能再睁开双眼,憨厚地"呵呵"笑着和自己打招呼的"老大哥",体育老师高巍突然觉得鼻子一酸,这个身材高大的硬汉竟然也忍不住落下了眼泪。"吴老师已经在学校工作13年了,他这个人平时话不多,但特别忠厚实在,别人找他帮忙,只要自己能办的,从来没有二话,学校里的人都把他当成老大哥看待。"对高巍来说,吴忠红还是自己的教师生涯里一位重要的"老师"。"我大学毕业到学校工作的第一个年头就和吴老师搭档,当时他是班主任,我是体育老师。"

高巍说,当时班上有一个特别调皮的男生,一次上体育课,他安排学生自由活动十分钟。集合的时候一点名,高巍发现这个男生不见了。他赶忙跑到办公室找到班主任吴忠红,两人把学校内外找了个遍,最后终于从学生那里打听到这个男生趁高巍不注意时翻墙出校,到河里游泳去了。"我们找到河边时,孩子已经离开回家了,确认孩子没事,我松了一大口气,以为这样就了结了,最多第二天狠狠批评一下这个学生。没想到,吴老师却说孩子太缺乏安全意识了,约我放学后到孩子家里家访去。"高巍说,这个孩子住在离学校很远的一个叫钟溪沟的大山上,步行单程就需要两个多小时。"那天6点放学我们就出发了,到孩子家里的时候已经快9点,下山的时候没有手电筒,吴老师差点摔伤,等我们摸着黑回到家已经是深夜12点过了,但是吴忠红却一句抱怨也没有。现在我已经当了6年老师,6年里,我经常想起这个晚上,吴老师教会了我做一个老师应该有的最闪光品质。"

三、现代师德名家论述

李镇西教育手记——爱心和童心 [①]

常常有人问我:"当一个好老师最基本的条件是什么?"

我总是不假思索地这样回答:"拥有一颗爱学生的心!"

已有不少有识之士指出,素质教育的关键在于高素质的教师队伍。不过,按我的理解,这"高素质"的第一条应该是乐于像苏霍姆林斯基那样"把整个心灵献给孩子"。

这当然早已不是什么"新潮观点":从孔子的"爱之,能勿劳乎?忠之,能勿诲乎?"到夏丏尊的"没有爱就没有教育",从罗素"凡是教师缺乏爱的地方,无论品格还是智慧都不能充分地或者自由地得到发展"到苏霍姆林斯基的"我把整个心灵献给孩子"……古今中外的教育家们教育思想有所不同,教育风格各有千秋,但有一点是共同的,那就是"爱的教育"。

一个真诚的教育者同时必定又是一位真诚的人道主义者。

[①]　选自《李镇西教育手记——爱心和童心》,来源网址:http://www.zx98.com/jaoshi/jyms/200910/8933.html。

素质教育，首先是充满感情的教育。

一个受孩子衷心爱戴的老师，一定是一位最富有人情味的人。

只有童心能够唤醒爱心，只有爱心能够滋润童心。

离开了情感，一切教育都无从谈起。

但这种情感，不是装模作样的"平易近人"，也不是教师对学生居高临下的"感情恩赐"，甚至不是为了达到某种教育目的而采取的"感情投资"（我对这种充满商业气息的说法向来十分反感），而是朋友般平等而真诚的感情。

感情当然不能取代教育，但教育必须充满感情；然而，有时候师生之间相互的感情并不一定有着明显的直接的"教育功利"目的。因为如果师生间建立起了感情的良性循环——教师经常想："这么好的学生，我怎么能不想方设法地把他们教好呢？"学生经常想："这么好的老师，我怎么能不好好听从他的教育呢？"——那么，我们的教育已经现出成功的曙光！

爱学生，就必须善于走进学生的情感世界。而要走进学生的情感世界，首先就必须把自己当作学生的朋友，去感受他们的喜怒哀乐。每个孩子都引起我的兴趣，总想知道，他的主要精力倾注在什么上面，他最关心和最感兴趣的是什么，他有哪些快乐和痛苦等等。

四、爱心育人的师德故事

全国师德标兵张桂梅[①]

她，没有生育自己的儿女，却有着世界上最伟大的母爱。那些失去父母的贫苦孩子在她的身上感受到了母爱，分享着人间最美好的亲情。她，一位普普通通的人民教师，用真爱点亮了那些无依无靠的孩子们的希望之光，谱写了一曲感人至深的爱的奉献之歌。她就是华坪县民族中学教师兼"儿童之家"福利院院长张桂梅。

传递真爱的使者

2007年1月，一场以向张桂梅学习为主题的"感恩行动"在丽江市迅速掀起，成为推动和谐社会建设的强大动力。

张桂梅为何与"感恩"产生联系，她的感恩情怀源自何处？记者从她的人生轨迹中找到了答案。

出生于1957年的张桂梅，年轻时不仅长得非常漂亮，而且性格开朗，能歌善舞，对生活充满憧憬。她原本有一个幸福美好的家庭，夫妻双双在大理市的一所中学教书。但正当夫妻俩沉浸在甜蜜、美好的生活中时，不幸却突然降临到他们的头上，她的丈夫得了不治之症。为了给丈夫治病，她东奔西走到处借钱，能够借到钱的地方都借了，该花的钱都花了，但丈夫的病还是不见好转。1995年，身患癌症的丈夫离她而去，张桂梅陷入极度的悲痛之中。后来，在同事的帮助下，她决心重新振作起来，为了摆脱令她触景生情、伤感悲痛的环境，1996年8月，张桂梅从大理调到华坪，在这片完全陌生的土地上开始了新的工作和生活。

新的环境赋予了张桂梅新的生机。来到华坪民族中学后，她承担起4个毕业班的政治

---

① 选自中国教育在线教师频道《真爱点亮希望之光——华坪县民族中学教师张桂梅》，来源网址：http://teacher.eol.cn/jiao_yu_ren_cai_zi_xun_52/20071119/t20071119_265904.shtml。

课教学工作。她所教的班级有的在前院,有的在后院,相隔100多米,早上、晚上、前院、后院,她来回奔走,天天如此,好像忘记了疲倦,享受着工作的快乐。可就在这时,不幸再次降临到她的头上。1997年4月,张桂梅感觉身体消瘦得特别快,脸也变得特别黑,但肚子却越来越大,硬硬的摸上去像块石头,疼痛难忍。到医院检查,结果吓了她一跳,原来肚子里长了一个肿瘤。医生要她马上住院治疗,否则后果就不堪设想。但是,想到承担的4个毕业班的学生再过几个月就要参加中考,在这个节骨眼上怎么能扔下他们不管呢!一边是学生的前途,9年的期盼;一边是自己的生命,怎么办?

张桂梅经历了太多的磨难,但这些磨难更加激励起她对生活的爱和希望。想想那些学生期盼的目光,她咬紧牙关,回到学校把检查结果锁进抽屉。这一切,她没有告诉任何人,一直坚持到把学生送进考场才住进了医院。1997年7月,张桂梅做了肿瘤切除手术。手术后,医生要求她必须注意休息,最少要调养半年。可是为了学生,她在手术后的第24天,又走上了讲台。

张桂梅的事迹迅速传遍华坪大地。县政协委员来学校视察,校长在汇报时,介绍了她的情况。听了介绍以后,所有委员马上起立向她三鞠躬,并当场为她捐款6230元。县里召开第八次妇代会,全体代表和县领导都为她捐款。希望她好好治病。对此,张桂梅眼泪夺眶而出:"病无情,人有情,这是一些多好的人啊!"

发生在丈夫和她自己身上的两次磨难,使她想到,人与人之间是多么需要理解、帮助和支持呀!如果没有华坪人民,她的生命将无法延续。她说,她的生命属于华坪,把全部精力奉献给华坪人民。正是由于这种感恩的心态和情怀,张桂梅把人间最伟大的母爱献给了他的学生和那些失去父母而需要帮助的孩子们。

校园妈妈的情怀

1997年12月的一天深夜,一个男生突然发高烧,张桂梅看到这位学生寒冬腊月还穿着单衣,当即把丈夫去世后留下的唯一一件毛背心送给了这位学生,并连夜把他送到医院,替他付了200元的住院费。第二天,当学生家长赶到医院,看到已经守候了整整10个小时的张桂梅脸色苍白,神情憔悴,这位傈僳族老人感动得热泪盈眶。还有一个男生,因为没有生活费而几次提出退学。可只有4个月就毕业了,眼看孩子中途辍学,张桂梅心痛不已,每周拿出30元,帮助他顺利完成了学业。

有一段时间,班里的许多男生夜不归宿,沉迷网络游戏。张桂梅得知后心急如焚,直接将行李搬到了男生宿舍,与他们同吃、同住、同学习。通过言传身教,终于使他们戒除了网瘾,养成了良好的学习、生活习惯和健康向上的业余爱好。此那以后,不少学生有趣地称她为"校园妈妈"。

2001年,张桂梅远在东北年近古稀的姐姐病危,很想见一见她这位已经20多年没见过面的妹妹,并给她寄来了路费。可这时,正赶上一个学生住院交不起住院费,她又把姐姐寄来的路费给学生交了住院费,并打电话请求姐姐谅解。

有一次,张桂梅在乡下看到一个衣衫破旧的农村妇女心事重重。一问之下,才知道因为山体滑坡,原来的房子被冲走,各级政府凑钱给她盖了新房,但自己也借了些钱。眼看孩子就要上学,自己又身带残疾,正为孩子上学的费用发愁。张桂梅听后没有多想,对那位妇女说："孩子我背走，你自己找点活干，什么时候有能力抚养孩子，就什么时候去接回来。"就这样，她将这个素不相识的女人的孩子背出大山，供他吃住和上学读书。

2001年3月，华坪儿童之家福利院成立，张桂梅义务担任院长。从那时起，她又把母爱给了失去父母的孩子们。

2007年8月，党中央、国务院邀请60位全国部分教师和教育专家到北戴河休假，并允许每人带一位亲人陪同。张桂梅作为云南省唯一被邀请的教师，她的第一个念头是要带多年没有见面的姐姐同去，但这个念头一闪过后，她又想到了自己收养的孩子们。于是，张桂梅带上了"儿童之家"年纪最小的"小萝卜头"。

现在，"儿童之家"收养的孩子已经有20多人走向社会，成为自食其力的人。17人分布在全省各地读书。另有50人还在"儿童之家"，在张桂梅妈妈的呵护下幸福成长。

张桂梅过着十分清苦的生活，但她却把自己的工资和来自其他方面的收入都用在了别人身上。2000年，国务院给她颁发了5000元奖金，她作为党费全部交给了党组织。2003年，"三八"妇女节，昆明市总工会捐给她2万元用于治病。2005年，华坪县委、县政府奖给她1万元奖金。这些钱经过她的手以后，她又转手用到了学生和贫困群众身上。2006年，张桂梅获得云南省首届"兴滇人才"奖。刚刚从昆明领奖归来，她就把30万元奖金全部捐献给了民族小学，用于新建教学楼。同时，把"儿童之家"的一辆微型车和别人捐献的一车衣服也捐给了这个学校。

几年间，张桂梅累计用于资助学生、困难群众和教育事业的捐款已接近50万元，而自己却没有留下一分存款。

贫困女童的圆梦人

张桂梅在她收养的孩子们身上，看到了太多的不幸。不少孩子由于父母缺乏文化，从小接受不到应有的教育，家庭也无法摆脱贫困。这使张桂梅悟出了一个至关重要的问题："解决偏远山区的贫困问题，要从提高妇女素质入手。"因此，她一直十分关注偏远贫困山区女童教育问题。她认为，偏远贫困地区的落后，主要是教育的落后，而教育的落后又集中体现在女童受教育程度低。女童教育成为提高偏远贫困山区人口素质，改变贫困面貌的关键。基于这样想法，几年来，她致力于兴办一所贫困女子高中，并为此做出了不懈的努力。

在出席党的十七大期间，张桂梅不止一次表达了自己的心愿。在中央人民广播网演播室，她接受了9岁小记者吴梓曼采访。小记者向她提了一个问题："如果有一个魔法瓶，能帮你实现一个愿望，你最想做的是什么？"张桂梅饱含深情地说："我有一个梦想，梦想让山里的孩子都有书读，梦想山里的孩子都能走出大山。"看到十七大报告提到"促进义务教育均衡发展，加快普及高中阶段教育"这句话，张桂梅激动不已。她说："国家提出这样的教育发展目标，就是要让每一个人都能平等地接受教育。山里的孩子渴望知识，渴望改变他们的命运，我们不能让他们失望。现在面临的困难还很大，需要全社会伸出援手，我会尽自己最大的努力，让山里的孩子们都能享受到高中阶段的教育。"

作为党代表出席党的十七大归来以后，张桂梅一边忙着深入机关、学校、企业宣讲十七大精神，一边为兴办贫困女子高中、新建"儿童之家"奔波。11月7日上午，在给全县的企业老总宣讲十七大精神时，张桂梅用自己亲历十七大的感受和一桩桩具体的事例，深深打动了在场的老总们。一位煤矿老板激动地说:"面对奉献两个字,我自愧不如。什么是奉献?在张老师身上就可以找到最好的答案。"不少老板表示,一定全力支持张桂梅,帮助她把爱的奉献延伸下去。

采访中记者了解到,张桂梅一直为之呼吁的解决教育公平问题,在十七大上已经引起党中央的高度关注。她苦苦追求的兴办贫困女子高中,也引起了省、市、县各级党委、政府的重视。10月31日,丽江市已经安排100万元专项资金,正式决定启动贫困女子高中建设项目。现在,张桂梅的计划是面向丽江市的华坪、永胜、宁蒗、玉龙4个县的偏远山区招收4个班200名贫困女生,并于2008年3月,先招初三预备班,9月正式就读高中。

与此同时,长期借用华坪县福利院房子生活的"儿童之家"的孩子们,也即将拥有他们自己的新家。华坪县已落实3亩土地,并由县政府安排100万元,中海房地产开发公司出资100万元新建"儿童之家"。目前,这个项目已经正式开工建设。据悉,新的"儿童之家"建成投入使用以后,张桂梅收养儿童的规模可以扩大到100人。到那时,可以有更多的儿童分享到她的母爱。

张桂梅为之苦苦追求的梦想一天天成为现实,她让伟大的母爱在奉献中不断延伸。

师爱是师德的灵魂。现代人本主义心理学告诉我们:"爱"与"被爱"就如饮水起居一样是人类的天性,对于成长中的少年儿童,更是必不可少的"营养素"。师爱是阳光,可以把坚冰融化;师爱是雨露,可以使枯萎的小草发芽;师爱是神奇,可以点石成金。所以,教师要用心去爱每一位学生,并践行在日常的教学之中。

第四节　俭以养德,无欲则刚

俭是中华民族的传统美德。"俭以养德",古训昭然。

俭,是安邦的方略,"足国之道,节用裕用,而善藏有余"(《荀子》),大凡明君无不以此作为治国方略;俭,是持家的法宝,俗话说家无三代富,为什么?都因祖上富裕后,儿孙放弃节俭;俭,更是修德的良训,君子多以俭德避难,非淡泊无以明志,非节俭不能保持操守。

俭,还是一种积极的世界观,它使人尊重劳动、珍惜劳动成果、尊重大自然的造化,把个人花费限制在不奢侈的范围内,把对自然资源的消耗控制在可持续发展的限度内,使社会得以永续演进。

穷当克俭,是美德;富而思俭,是更高层次的美德。消费水平的提高不应成为我们放弃节俭的理由。崇尚节俭,不是强求大家节衣缩食,而是反对无度挥霍,漫天铺张。暴殄天物,终会得到大自然的惩罚。①

墨子也提倡节俭,他自苦为极,反对浪费,持有近乎苦行主义的节俭思想。在《墨子》一书中,他就以这样的标准来衡量衣食住行是否适当:"凡足以奉给民用,则止;诸加费不加于民利者,圣王弗为"。大意是说:圣贤君王规定的节俭原则是,天下百工能够各司其职、各尽其能,但只要能够足以供给民用,就可以了,即"量腹而食,度身而衣"。对那些不能使百姓获

① 选自《学生素养标语——俭》,来源网址:http://hi.baidu.com/ljs123131/blog/item/120f21d58e6dc6c2d0006024.html。

得利益反而增加负担的事,圣贤君王是不会做的。由此可见,墨子所认同的节俭的原则,就是民用和民利,即符合老百姓的切身利益,满足老百姓的切实需求。

过去我们节约每一个铜板,曾是为了革命和战争的胜利;今天我们崇尚节俭,更是为了国家民族永远立于不败之地。

一、"节用"语源

圣王为政,其发令行事,便民用财也,无不加用而为者。是故用财不费,民德不劳。

俭节则昌,淫佚则亡。

诸加费不加于民利者,圣王弗为。

冬服绀之衣,轻且暖;夏服绤之衣,轻且清,则止。

足以充虚继气,强股肱,耳目聪明,则止。不极五味之调、芬香之和,不致远国珍怪异物。

凡天下群百工,轮车鞼匏,陶冶梓匠,使各从事其所能,曰:凡足以奉给民用,则止。

——墨子《墨子·节用》

墨子主张节用,并不是为了个人小家庭的家居生活,而是为了百姓、社稷、国家之利。从这个角度去认识节俭思想,就会站在一个很高的人生起点上去看待个人与国家、与社会、与人民的相互关系。①

二、"节用"人物故事

(一)劝卫养士

墨子对公良桓子说:"卫国是一个小国家,处在齐国、晋国之间,就像穷家处在富家一样。穷家如果学富家的穿衣、吃饭,多花费,那么穷家就会很快破败。现在想想您的家族,文彩装饰的车子数百辆,食菽、粟的马匹有数百,穿文绣的妇人有数百人,如果把装饰车辆、养马的费用和做绣花服的钱财用来养士,一定养千人有余。如果遇到危难,就命令几百人在前,几百人在后,与几百个妇人站在前后,哪一个安全呢?我认为不如养士安全。"

(二)圣王不为乐

程繁问墨子说:"先生曾说过:'圣王不作音乐。'以前的诸侯治理国家劳累了,就以听钟鼓之乐的方式进行休息;士大夫处理政事劳累了,就以听竽瑟之乐的方式进行休息;农夫春天播种,夏天除草,秋天收获,冬天贮藏,也要以听瓦盆之乐的方式休息。现在先生说:'圣王不作音乐。'这好比,马套上车就不能再放松,这恐怕不是有血气的人所能做到的吧!"墨子说:"以前尧舜只有茅草盖的屋子,况且礼乐不过如此。……圣王的教令:凡是太盛的东西就减损它。饮食于人有利,若同知道饥饿而吃的就算是智慧,也就无所谓智慧了。现在圣王虽然有乐,但却很少,这也等于没有音乐。"

(三)行不在服

公孟子戴着礼帽,腰间插着笏,穿着儒者的衣服,来会见墨子,说:"君子是先穿戴一定的

---

① 选自《墨子事迹故事——勤奋节俭篇》,来源网址:http://5598781.blog.sohu.com/133710666.html。

服饰,然后有一定的作为呢？还是有一定的作为,再穿戴一定的服饰?"墨子说:"有作为并不在于服饰。"公孟子问:"凭什么知道是这样呢?"墨子回答说:"从前齐桓公戴着高帽子,系着大带子,配着金剑木盾,治理国家,国家的政治得到了治理;从前晋文公穿着粗布衣服,披着母羊皮的大衣,皮带上配着剑,治理国家,国家的政治得到治理;从前楚庄王戴着鲜艳的头冠,系着丝带,致力他的国家,国家得到了治理;从前越王勾践剪断头发,用针在身上纹了花纹,来治理他的国家,国家得到了治理。这四位国君,他们的服饰不同,但作为是一样的,我由此知道有作为不在服饰。"公孟子说:"说得好！我听人讲过,'让好事停止不行的人是不吉利的'。让我舍弃笏,换了礼帽再来见你可以么?"墨子说:"希望就这样见你,如果一定要舍弃笏,换了礼帽然后再见面,那么是有作为真在服饰了。"

毛泽东的"勤俭建国"与墨子的"节用"①

毛泽东从小到个人生活,大到对中国社会发展的设计和展望,无不鲜明地体现出墨家"节用""非乐"色彩。

毛泽东一生都过着墨子式的简朴生活。作为农家子弟,他从小就秉承了世代所恪守的节俭、勤苦的传统。青年毛泽东在《讲堂录》中记下了这样的话:"刚字立身之本,有嗜欲者不能刚","唯安贫者能成事,故日咬得菜根,百事可做。"他在求学期间,忍劳苦,制奢欲,简朴过人,曾经不带盘缠与同学外出乞讨游学。在组织新民学会时,毛泽东还特意以"不虚伪""不懒惰""不赌博""不浪费""不狎妓"等,作为会员必须遵守的章程。

在中国异常艰苦的革命岁月里,毛泽东等老一辈革命家正是凭着"咬得菜根"异常节俭的精神度过了一个又一个的难关。社会主义建设时期毛泽东也一再弘扬"艰苦朴素,艰苦奋斗"的传统。

节俭对于毛泽东来说,不仅仅是一种美德,而且更重要的是一种自己以身作则的、严格躬行的实践。他几十年如一日地过着近乎苛刻的节俭生活,无论是在条件艰苦的战争岁月,还是在建国后的和平安定的日子里,都丝毫没有改变这一作风。无论是他穿过的衣服、鞋子,还是他日常的饮食菜谱、生活用品,无不显示他的艰苦朴素的作风。毛泽东遗物中有许多震撼人心的物品,例如73个补丁的睡衣、54个补丁的毛巾被、连鞋匠也不愿意再补的皮拖鞋,所谓的"高级"补品维生素和葡萄糖等,都向世人展示了伟人毛泽东过着甚至比普通人还要节俭的生活。

毛泽东如此节俭,并不是为家庭成员聚敛财富,而是为社会主义大家庭的人民节省资源。毛泽东遗物中有两瓶用剩的牙粉,他一生都用这种便宜的牙粉。他曾说:"牙粉还是会生产的,因为还有人用它嘛。今后如果每个人都用上牙膏了,我就不再用牙粉啦!"可见,他节俭的目的是为了尽量减少自己的消耗,为国家建设节省每一分钱,让全国人民早点过上富裕的日子。

墨子把节俭看做治国安邦的一项基本国策,毛泽东汲取了墨家文化的这一精华,他不仅仅把节俭作为个人修身养性的法宝,而且把这种思想提升到治国的高度。在延安时期,毛泽东就大力提倡自力更生、艰苦奋斗的精神。在中国革命即将取得全国胜利时召开的中共七

---

① 卢志丹:《毛泽东的"勤俭建国"与墨子的"节用"》,来源网址:http://blog.qq.com/qzone/622000735/1314418176.htm。

届二中全会上，毛泽东告诫全党："夺取全国胜利，这只是万里长征走完了第一步，革命以后的路程更长，工作更伟大、更艰苦。"在这次会议上毛泽东提出了"两个务必"的伟大思想："务必使同志们继续地保持谦虚、谨慎、不骄、不躁的作风，务必使同志们继续地保持艰苦奋斗的作风。"

建国后，中国共产党依靠艰苦奋斗，在短短的三年内恢复了国民经济。在探索社会主义建设的道路上，毛泽东从我国经济、文化落后的实际出发，提出勤俭建国的方针。

1956 年 11 月，毛泽东在中国共产党第八届中央委员会第二次全体会议的讲话中提到："要勤俭建国，反对铺张浪费，提倡艰苦朴素、同甘共苦。""根本的是我们要提倡艰苦奋斗，艰苦奋斗是我们的政治本色。"1957 年 2 月，在《关于正确处理人民内部矛盾的问题》的讲话中，他又强调艰苦奋斗、厉行节约、反对浪费是一个要坚持几十年的长期方针："要使全体干部和全体人民经常想到我国是一个社会主义的大国，但又是一个经济落后的穷国，这是一个很大的矛盾。要使我国富强起来，需要几十年艰苦奋斗的时间，其中包括执行厉行节约、反对浪费这样一个勤俭建国的方针。"

正是依靠毛泽东制定的"勤俭建国"这一方针，人民共和国医治了几十年战争的创伤，很快甩掉了"一穷二白"的帽子，屹立于世界民族之林。

三、现代师德名家论述

八旬老人节俭一生济人一世　捐助寒门学子不留名令人感动

据《江南都市报》记者夏旲报道，在大江网上流传着这样一位老人，他睡的简易床有四五十年，家里的热水瓶已经用了 20 多年，平常家里舍不得买煤球，以烧柴为主。他就是上饶县 84 岁的离休老人丁世岳，生活在一个这样节俭的家里却济人不断，给贫困学生捐款，他一出手就是 3000 元。西南干旱，他捐款 2000 元；青海地震，他捐款 1000 元；甘肃舟曲有难，他又捐款 1000 元。

网评：

有网友评论：在社会发展的今天，许多年轻后辈被社会扭曲了心灵，拼命地赚钱而失去的东西往往比金钱贵重，老人的举动给我们上了一课，让我们觉醒感受人间真爱的可贵，我们除了为老人祝福的同时，也应该投入到现实的生活中去，把自己的爱无私地拿出来帮助那些需要帮助的人，以心换心，以爱的巨大力量感召更多人的加入，让社会更和谐更温馨，这才是人该做的该生活的环境！

网名"一民"的大江网友发表评论：老人的好心善举是值得大力宣传的，更是值得上饶市的领导干部特别是市级领导干部学习的，领导干部的良好行为更有导向作用，俗话说有样学样，希望省市新闻部门多宣传领导干部的先进事迹，这些年太少了，这种宣传效果既可以促进领导干部的成长进步，又为全社会形成良好社会风气有着极为重要的意义。

在铁血社区论坛上有名叫"桂虎"的网友发表评论：衷心希望政府要大力宣传树立心地善良，勤俭节约，大公无私的标兵和榜样。我发现现在贪图享受，铺张浪费，自私自利的人确实太多了，什么东西是我的就是我的，不是我的还想占为自己的，整天攀比谁最舒服，什么东西最豪华，谁家最有钱，这样下去我真为我们的下一代担忧。我国现在还不富裕，就是富裕了也要发扬和光大心地善良,大公无私,艰苦奋斗勤俭节约的作风呀!

四、勤俭育人的师德故事

陋室遭雨袭 课堂仍坚守

农村教师感动公众

2010 年 05 月 18 日 09:27 人民网

(张志峰 余立鹏 陈钰报道)5 月 14 日下午 2 时,一场瓢泼大雨不期而遇。在湖北蕲春县北部山区狮子镇豹子铺村,风雨夹杂着泥浆直扑背靠山坡的一栋土坯房。顷刻间,四间房屋进水。危急时刻,住在屋内的一家人连忙逃至屋外。而房屋的主人——蕲春"全国优秀教师"汪金权却在三十公里之外的课堂上,悉心辅导高三的学生备战高考。

最贫穷的"公家人"

47 岁的汪金权出生在蕲春北部山区的一个贫困农民家庭。在靠天吃饭、勤爬苦做的艰难岁月里,作为家中兄妹排行老大,家人希望他能跳出"农门",走出大山。

1987 年,他作为当时华中师大唯一的一名黄冈籍"优秀毕业生",却毅然选择故土,被分配到了蜚声中外的黄冈中学任教。一年之后,在师生们的挽留和同学们的惊讶声中,他回到了蕲春北部山区的一所高中任教,一干就是 20 多年。

时过境迁,作为家中"顶梁柱",岁月的沧桑写满他的额头。年仅 47 岁的汪金权,满头白发,形神消瘦,早已不见当年意气风发的身影。

同村里外出的打工族早已陆续建起了楼房,即使是常年在家务农的乡亲都先后盖起了新居,而汪家住的依然是 20 多年前的土坯房。

20 多年来,他的工资从最初的几十元涨到如今的 2000 多元,但他却未能撑起自己的家业,反而成了全村最贫困的"公家人"。在他那墙壁斑驳、摇摇欲坠的家里,没有一件家用电器,没有一把像样的家具,唯一的一套西服,还是 10 多年前学生们毕业时凑钱帮他购买的,只有重要场合,他才舍得穿在身上。

家有 70 岁的老母和刚跨入大学校门的儿子,五口之家既是汪金权老师的精神依靠,对家人照顾不周,更是他心底不愿触及和示人的伤痛。

与他同时期从华师毕业的同班同学,如今有留居美国、新加坡的,也有在大专院校担任领导职务,更多的是在省城和中心城市重点学校任骨干教师,唯独只有他把足迹留在了贫困山区。

家中窘迫的现状,从不被人所知。与他共事十二年的同事王仕雄获悉这些后,深有感触地说:"这些年真是难为了他,汪老师是他们村最'穷'的人!"

最富有的"好教师"

地处鄂皖交界处的蕲春四中,是一所有师生员工 2000 余人的高级中学,来校就读的学生,多是安徽太湖县和蕲春北部贫困山区的学生。

校长石珍碧介绍说,汪金权老师来校报到的 1988 年,当时学校只有 8 个教学班、300 人的规模,粉笔不用到小拇指头大小一般都不会丢弃,教学条件十分简陋。

身为一名农家走出的人民教师，汪金权对贫困学生有一分特殊的情结。从回到蕲春工作的那一天起，他就开始历尽所能、默默无闻地帮助那些寒门学子。

从蕲春四中毕业的程万里、程月梅是一对兄妹，家中父母久病，家境十分困难。1998年，汪金权了解这一情况后，主动找到兄妹俩谈心，亲切地告诉他们："你们只管好好学习，读书的费用我来负担！"

2000年，兄妹俩顺利地考上了武汉大学和咸宁学院。接到大学录取通知书的时候，程家又陷入了苦恼：兄妹俩一万多元的学费怎么办？

就在家人一筹莫展之时，汪金权再一次主动上门借给他们两千元钱。兄妹俩知道汪老师平时省吃俭用，说啥都不要老师的资助金。汪金权一气之下，摔下钱，扭头就走。

如今，得到过汪金权老师无私扶助的程万里、程月梅兄妹俩，一个成为一名大学教师，一个也顺利地步入白领阶层。每逢节假日，兄妹俩都要向老师问好。

"老师的恩情这辈子都还不了！"今年春节，在辽宁师范大学读研究生的学生汪红奎通过贺卡向老师表达感激之情。自读高中、上大学、念研究生，都是依靠汪金权老师垫付学费。

从几十元，到数百元，每逢遇到困难学生，汪金权老师都会伸出关爱之手。20多年来，他究竟帮助过多少学生，就连他自己也说不清楚。

"奉献是一种美德，能给山区学生一双希望的翅膀，能让更多的孩子成人成才，我这点付出，不算什么！"汪金权老师淡淡地说。

蕲春四中校长石珍碧算了一笔帐，20余年来，汪金权先后为学生垫付学费10多万元，几乎就是他工资的一半！

今年5月，华中师范大学1983级部分校友来到蕲春四中，筹建设立"金权基金会"，共同资助贫困学子。

"我作为金权的同班校友，深深地被他的事迹所感动，'金权基金'可以帮助他完成更多的心愿！"同窗好友何泽云激动地说。

最朴实的"领路人"

汪金权担任多年的语文教师，他善于引导学生在阅读中悟，在悟中赏析，并且在朗读中，师生、生生之间进行互比互评，以此激活学生的思维和想象力，让自己的语文课堂充满魅力。武汉多所重点高中曾多次向他伸出橄榄枝，均被他婉言谢绝。

20多年来，他在教学上养成了一个习惯。在每堂课前，他都会抽出5分钟的时间安排学生自由演讲，让学生开展口语训练，提高表达能力。

"每个学生都有上台演讲的机会，我们喜欢这种出智慧火花的课堂！"从蕲春四中毕业的学生黄罗回忆说。

在他的言传身教下，陈卓彬等20多名学生作文竞赛在国家和省级比赛中获奖，100余名学生的千余篇诗文习作在《语文报》《中国校园文学》等报刊发表。

汪金权先后有过两次评选高级教师的机会，但都谦让给了身边的其他教师。有人对此十分不解。他憨厚一笑地说："年长的老师干了一辈子，得有个盼头；年轻的老师刚起步，要帮一把，我还有机会！"

直到 2002 年,执拗不过校长的再三要求,他才晋升为中学高级教师。2004 年,他被教育部授予为"全国优秀教师"。

被汪金权优秀事迹感动的不仅是莘莘学子。今年年初,蕲春县委、县政府邀请他为全县干部群众作师德师风报告。县长徐和木专程到学校看望他,并为他送去政府慰问金。当地一些企业为方便他的教学,先后赠送他三部手机。然而,转眼之间,他就将慰问金和手机全部转赠给了困难学生。

节俭是中华民族的美德,是艰苦奋斗的动力,墨子的节俭精神及其理念,塑造和增强了中华民族吃苦耐劳、自力更生、终日乾乾、生生不息的精神和品德。

第五节　磨炼意志,砥砺品性

先秦诸子的学说,主要是围绕修身齐家治国平天下展开的,墨家也是如此。墨子注重品性的完善,认为有四种品行是君子必须具备的:贫则见廉,富则见义,生则见爱,死则见哀。他认为,君子必须意志坚定,言而有信,言行如一,表里一致,敢于捍卫真理,善于明辨是非,并要经常审视自己。①

不但注重言传,还注重身教,身体力行。墨家的人全部葛衣短衫,亲自劳作。墨子不像老子孔子那样四体不勤五谷不分,他甚至鼓励弟子们以苦为乐。

一、"修身"语源

志不强者智不达,言不行者信不果。

事无终始,无务多业;举物而暗,无务博闻。

见不修行见毁而反之身者也,此以怨省而行修矣。

本不固者末必几,雄而不修者,其后必惰,原浊者流不清,行不信者名必耗。

藏于心者,无以竭爱;动于身者,无以竭恭,出于口者,无以竭驯。

——墨子《墨子·修身》

二、"修身"人物故事

骏马与绵羊②

《墨子·耕柱》记载,耕柱在墨子的学生里面算是出类拔萃的,墨子曾推荐他到楚国做官,不久就给墨子送回了十镒黄金(古时候二十两为一镒),作为交给组织的费用。故他深得墨子的欣赏。

有一则故事说:一次,耕柱表现不是很突出,惹墨子生了气,耕柱不解,问道:"我不是还胜过别人了吗?"意思是说,我比其他人还强一些,你怎么还觉得我不够好呢?

---

① 选自秦榆:《墨子学院》,中国长安出版社 2006 年 10 月 1 日第 1 版。
② 选自《识、察、磨:墨子的人才管理理念》,来源网址:http://www.ccedisp.com/cm/cmpar.asp? id=8447&ArticlePage=1。

墨子见耕柱不明白他的用心，给他设喻说："我将上太行山去，可以用骏马驾车，也可用绵羊驾车，你打算赶哪种车呀？"

耕柱想都不用想，赶忙说："当然是骏马了。"

墨子便问他："为什么要赶骏马呢？"

"因为骏马足以担当重任呀。"耕柱知道上太行山路陡坡急，羊拉车是绝对上不去的，只有骏马良驹才可行。

于是墨子告诉他说："我也认为你能担当重任。"

耕柱于是明白了墨子的良苦用心，越是能担当重任的人，素质要求就应越高。一般人做到什么样的一个尺度，这种人不能以此为标准，而要提高标准，更加严格地要求。这样，才能磨砺人的意志，以充当大任。

腹黄享杀子①

《吕氏春秋·去私》记载：墨子身后，墨家巨子腹黄享，住在秦国，他的儿子杀了人，秦惠王念其护秦有功，对他说，"先生年老，只有一子，我已赦免他的死罪。"这充分反映了墨者巨子腹黄享在秦惠王心目中的地位，腹黄享分若按秦王所说的办，能轻松保全儿子性命，且不用承担任何责任。

没想到腹黄享说，"墨家有定法，杀人者处死，伤人者处刑，为的是禁止杀伤他人。禁止杀伤他人，是天下的大义。大王您的好意我心领了，但我不能不行我们墨家的定法。"他不再听秦王的劝说，把儿子杀死。

墨子过宋②

墨子从楚国（说服楚王不攻打宋国后）返回，路过宋国，天下着雨，他到里巷的大门下去避雨，守门的人却不接纳他。因此，墨子感叹说："运用神奇机谋的人，众人不知道他的功劳，而在明处争辩不止的人，众人却知道他。"

墨子仕人于卫③

墨子让人到卫国去做官，去做官的人到卫国不久却回来了。墨子问他："是什么原因使你回来呢？"做官的人回答说："（卫国）与我说话不合。卫国说：'待你是千盆的俸禄。'实际却给了五百盆，所以我离开了卫国。"墨子又问："如果给你的俸禄超过千盆，那么你还离开卫国么？"那人答道："不离开。"墨子说："既然这样，那么你不是因为卫国对你说的话不重视，而是因为你嫌卫国给你的俸禄少。"

胜绰犯明④

墨子派胜绰去项子牛那里做官。项子牛三次入侵鲁国的领土，胜绰三次都跟从了。墨

---

① 同上。
② 选自知行教育网《墨子的思想主张概述》，来源网址：http://www.jiaoyujishuxue.com/qitajiaoxuelunwen/5005_4.html。
③ 同上。
④ 同上。

子听说这件事,派高孙子请项子牛辞去胜绰。高孙子转告墨子的话说:"我派胜绰,将以他阻止骄气,纠正邪僻。现在胜绰得了厚禄,却欺骗了您,您三次入侵鲁国领土,胜绰跟随三次,这是在马的当胸击鞭。我听说:口称仁义却不实行,这是明知故犯。胜绰不是不知道,是他把俸禄看的超过仁义了。"

友墨子而返者①

有一个青年男子背叛了墨子,但是他返回来说:"我难道有罪么? 我背叛墨子是在他人之后。"墨子听后说:"这就像军队打了败仗往回跑,落后的人还要求奖赏一样。"

子夏之徒②

子夏的弟子向墨子发问:"君子之间有争斗么?"墨子回答说:"君子之间没有争斗。"子夏的弟子说:"狗猪之间尚且有争斗,哪有君子之间没有争斗呢?"墨子听后说道:"痛心啊! 你们言谈必称商汤、文王,行动却如同狗猪一样,真是令人痛心啊!"

姜伯驹院士严谨治学

首届"全国教书育人楷模"获得者、北京大学教授姜伯驹院士的课堂就让他的学生们终生难忘,57年来他以"学生是我们的衣食父母"的信念,一直坚持在本科讲坛上。一个"同调论",他讲了20年,讲义也修改了20年,学生从中感受到的一丝不苟、严谨治学的科学家精神和道德力量,深深地影响着他们的学术道路和人生修养。

孟二冬③教授潜心治学

"全国模范教师"、北京大学中文系教授孟二冬生前甘于寂寞,潜心治学,历时七年,经过大量艰苦的研究,完成了100多万字的《〈登科记考〉补正》,得到了我国文学界和史学界的高度评价。

三、现代师德名家论述

"名师都是在艰苦环境中或自设的艰苦环境中成长起来的"

书评人:于士超

名师都是在艰苦环境中或自设的艰苦环境中成长起来的。

世界上没有那么多很顺利的事情,要是有也是极个别的,绝大多数人都要承受生活的磨难。同样,教师要想成为名师,也必须经受苦难与磨炼。也许有的人成长过程会比较顺利,但是如果要想成为名师,就必须在自设的艰苦环境中磨炼。所谓艰苦环境,即要求自己做困难的事情,为自己设置障碍、规定目标等,这样,教师才会很快地成长起来。美国教育家亚斯贝尔斯说过:"教育意味着一棵树摇动另一棵树,一朵云推动另一朵云,一个灵魂唤醒另一个灵魂。"让我们做一个有思想的教师,让我们一起用爱去唤醒学生的心灵吧。

---

① 同上。
② 同上。
③ 北京大学中文系教师。

四、自修的师德故事

德且智　德才双馨[①]

—— 记全国劳动模范、全国十大师德标兵付贤智教授

今年2月,中科院院长路甬祥视察我校化肥催化剂国家工程中心时,听取了校长魏可镁院士关于付贤智同志的情况汇报后,意味深长地说:贤智贤智,既贤且智。

作为博士生导师,付贤智还承担指导博士研究生和硕士研究生的任务。教书育人,他深知责任重大。他经常对学生说:"在科学的道路上,只有勤恳刻苦,才能达到成功。"他的研究生小林说,付教授即使对像使用量筒这样的"小节"也严格要求,要他们眼睛与刻度保持水平,偏高不行,偏低不行。在研究所里,付教授对学生的严格要求是出了名的。但这并不妨碍他在生活上对他们的关心,付教授严格而不失慈爱的关心让他们倍感温暖。

在北大学习工作的12年中,导师精深的学术造诣,良好的人品及无私奉献的精神给了付贤智极大的影响。他说他要把这些好的东西传给学生。目前,付贤智带了三个硕士生、三个博士生,他们对光催化这个新领域还不是非常熟悉,因此付贤智虽然十分繁忙,还是坚持所有的专业课都自己上。他不断地为学生提供各种学习机会,他的学生每一个人都参加过全国性的学术会议。不少人还在学术会议上做过报告。他说:"我希望我的学生能很好地独立开展科研工作,成为优秀的科研工作者,至少一定要超越我。"

回国三年,付贤智培养出的博士、硕士均以优秀的成绩毕业,在各自的工作岗位上,他们以老师为榜样,教学、科研一丝不苟,精益求精。

对故国深沉眷念,对祖国无比热爱,在科学探索中,在教书育人上,无私地倾注心血,这就是既贤且智的付贤智。

学生是祖国的花朵,是民族的未来。作为教师承担着教书育人的责任,肩上的担子千斤重,我们必须给予学生正确的世界观、价值观、人生观的引导,教育学生为民族的复兴而不懈努力并努力成为国家的栋梁。而要达到此目标,教师自己首先要有正确的世界观、价值观、人生观,因此,教师必须修身养性,经得起各种不良现象的诱惑,使自己真正成为学高为师、身正为范的人民教师。

第六节　洁身自好,廉洁从教

墨子有云:"人生如素丝,染之苍则苍,染之黄则黄"。一个人的成长环境对其人生有着重要的影响,特别是青少年时期接受的思想将决定其人生的走向,一旦健康的理念扎根其心灵深处,必将成为其行动的指南。

当今社会,物欲横流,廉洁、诚信等备受考验。作为教师,作为孩子的启蒙者、引领者,更应洁身自好,廉洁从教,以身作则,行为示范。只有从小在其心灵扎下诚实守信、公平公正等方面的根,才能在其人生不同阶段都结下幸福的果,以致对整个社会的健康快速发展都将产生重大而深远的影响。因此,作为教师,洁身自好,廉洁从教意义深远。有人说:有了廉洁的

---

① 选自福州大学工会网,来源网址:http://fdgh.fzu.edu.cn/ReadNews.asp? NewsID＝1628。

青少年,才有未来的廉洁管理者和廉洁的社会。①

一、"廉洁"语源

出政施教,赏善罚暴。——墨子《墨子·非命下》

政者,口言之,身必行之。——墨子《墨子·公孟》

谄谀在侧,善议阻塞,则国危矣。——《墨子》

君子之道也:贫则见廉,富则见义,生则见爱,死则见哀。——墨子《墨子·修身》

王公大人为政于国家者,以尚贤事能为政。

国有贤良之士众,则国家之治厚;贤良之士寡,则国家之治薄。故大人之务,将在于众贤而已。

虽在农与工肆之人,有能则举之,高予之爵,重予之禄,任之以事,断予之令。

官无常贵,而民无终贱,有能则举之,无能则下之。——墨子《墨子·尚贤上》

墨子是我国古代廉政思想的主要创立者,其廉政思想的精髓是要求统治者实行与人民同甘共苦的政策,不搞特殊化。

二、"廉洁"人物故事②

以廉为宝

春秋时,宋国司城子罕清正廉洁,受人爱戴。有人得到一块宝玉,请人鉴定后拿去献给子罕,子罕拒不接受,说:"您以宝石为宝,而我以不贪为宝。如果我接受了您的玉,那我们俩就都失去了自己的宝物。倒不如我们各有其宝呢。"

杨震拒金

东汉时,杨震在赴任途中经过昌邑时,昌邑县令王密山来拜访他,并怀金十斤相赠。杨震说:"故人知君,君不知故人,何也?"王密没听明白杨震的责备之意,说:"天黑,无人知晓。"杨震说:"天知,神知,你知,我知,何谓无知?"王密这才明白过来,大感惭愧,怏怏而去。

一钱太守

东汉时,一位叫刘宠的人任会稽太守,他改革弊政,废除苛捐杂税,为官司十分清廉。后来他被朝廷调任为大匠之职。临走,当地百姓主动凑钱来送给即将离开的刘宠,刘宠不受。后来实在盛情难却,就从中拿了一枚铜钱象征性地收下。他因此而被称为"一钱太守"

吴隐之不惧饮贪泉

晋代人吴隐之任广州太守,在广州城外,见一池泉水名"贪泉"。当地传说饮了贪泉之水,便会贪婪成性。他不信这些,照饮不误,饮后还写了一首诗:"古人云此水,一歃怀千金。试使夷齐饮,终当不易心。"他在任期间,果然廉洁自律,坚持了自己的操守。

一贫如此

南宋大臣张浚因与奸相秦桧政见不和,被贬往湖南零陵做地方官。他出发时,带了几箱

---

① 选自中国共产党新闻网《廉洁教育进校园的必要性》,来源网址:http://theory.people.com.cn/GB/12953227.html。

② 选自无锡市第一中学网《古今廉洁故事》,来源网址:http://www.wxyzedu.net/ReadNews.asp? NewsID=2593。

书随行，有人诬告他与乱党有关系，结果被高宗检查书信和破旧衣物，高宗叹息道："想不到张浚贫守到如此地步！"很可怜他，于是派人骑快马追上张浚，赏赐他黄金三百两。

两袖清风的于谦

明朝名臣于谦居官清廉。一次，朝廷派他巡察河南。返京时，人们买些当地的绢帕、蘑菇、线香等土特产回京分送朝贵，他没有接受。同时还写了一首诗表明心迹："绢帕蘑菇与线香，本资民用反为殃。清风两袖朝天去，免得闾阎(指百姓)话短长。"

不私一钱

明朝时，嘉兴知府杨继宗清廉自守，深得民心。一次，一名太监经过这里，向他索要贿赂，他打开府库，说："钱都在这儿，随你来拿，不过你要给我领取库金的官府印券。"太监怏怏走了，回京后，在明英宗面前中伤他。英宗问道："你说的莫非是不私一钱的太守杨继宗吗？"太监听后，再也不敢说杨继宗的坏话了。

手好不要钱

清乾隆进士王杰为人刚直敢言，不附权贵。当时和坤在朝中专权，大臣都不敢得罪他。唯王杰每每与其据理力争。有一次，议政完毕，和坤有意戏弄王杰，拉着他的手说："好白嫩的手啊！"王杰正颜厉色地回答道："王杰手虽好，但不能要钱耳！"和坤羞愧而去。

廉洁清正的师者风范——岑运洪

[作者:佚名来源:恩平教育信息网]

在从教的二十多年里，岑运洪有一半时间是担任毕业班语文课教学工作。他所教的学生每年参加市毕业调研测试语文科"三率"均获第一名，为我市恩平一中、实验中学输送多名优秀学子，社会口碑好，师生威望高。不少家长千方百计想将自己的孩子送到他任教的班，有的甚至想通过"送红包"的办法来完成心愿，但每一次都遭到他的婉拒。岑运洪有一位宗亲兄弟，要把孩子从外校转入恩城一小就读，想利用岑运洪的关系转入该校。在乡情和亲情的双重考验下，岑运洪依然按章办事并耐心解释转学工作的程序和政策，使这位同村兄弟由开始的生气指责转变为最后的理解接受。

三、现代师德名家论述

评论:教师更需加强廉洁自律

作者:江北　文章来源:北方网

看到这个题目，大家可能会有这样的疑问:廉洁自律与学校普通教师真有那么重要的关系吗？有的教师甚至会开玩笑说:"我想腐败也没有腐败的资格呀。"其实，这是错误的认识，教师有着关系到每一个家庭的至高无上的权力:那就是管理学生、教育学生的权力。

目前，在教师群体身上确实存在着这样一些现象:有些教师利用职务之便，把发财之手伸向了学生家长，公开在节日里暗示学生家长要"有所表示"，并根据家长送礼的多少来决定对学生的亲疏；有些教师对于学生家长的吃请馈赠，皆来者不拒、欣然笑纳；有些教师"沉迷于"有偿家教，在课堂上"随便应付"，要求或暗示学生课外参加其"名师辅导班"。

特别是，现在天津各区县初中招生都有这么一项政策，优秀小学毕业生(市三好、区三好、校三好)可以免试升入该区优质学校,所以每年学校三好生的评选成为学生家长非常关注的事情,有些班主任就"以权谋私",搞"暗箱操作",有些家长为了希望老师对自己的孩子"照顾",于是,仿效社会做法纷纷给老师"行贿",俗话说"吃人嘴短,拿人手软",吃请收受之后自然要利用手里的"权力"关照某个学生。

《中小学教师职业道德规范》第七条明确规定:教师必须"廉洁从教。坚守高尚情操,发扬奉献精神,自觉抵制社会不良风气影响。不利用职责之便谋取私利"。前文提到的那些行为给教师群体造成了不良的社会"效应",严重影响了广大教师的良好社会形象,也影响了教师在学生心目中的形象。"亲其师信其道",一个教师世俗势利,一切说教都会显得虚伪空洞苍白无力,只能引起学生的反感和鄙视。教师收受礼物不仅让教师清廉的形象大打折扣,也容易让学生沾染请客送礼的不良社会风气,这是作为一名光荣的人民教师绝不允许的!否则,学生和家长都不会真正尊重你,你也不配得到任何人的尊重。

如何遏制个别教师这种不廉洁行为的发生,笔者认为要从三方面下功夫:

一、要加大学校廉洁文化的宣传教育力度

要大力推进廉洁文化进校园活动,学校也要加强对教师的职业道德教育,大力宣传廉洁从教的典型,要用古今中外优秀教师的典型事例影响教育我们的教师,要通过教育使我们的教师做到"捧着一颗心来,不带半根草去",谨记胡锦涛总书记提出的"八荣八耻",从自身做起,廉洁自律,为人师表,爱生如子,无私奉献,自觉抵制社会上一切不正之风,把毕生精力都献给党和国家的教育事业。

二、要加强对教师廉洁从教的监督

要坚持自律与他律的结合,在教师自我约束的基础上,学校要积极推进校务公开,广开言路,拓宽监督举报渠道,要有针对性地和个别教师进行谈话,了解情况,提醒教育,要进一步加强学校制度建设,从源头上有效防止教师不廉洁行为出现。

三、要加大对教师不廉洁行为的处理力度

有力的处理措施是对教师不廉洁行为的有力打击,是对教师中的"腐败分子"的强烈震撼,同时也是对其他教职工的深刻教育。处理教师要分清层次,轻重适当。既不能对教师中的不廉洁行为视而不见、听之任之,也不能"眉毛胡子一把抓"。对于带有苗头性、倾向性的问题要以批评教育为主,及时遏制不廉洁现象的蔓延;对于性质恶劣、反映强烈的问题要一查到底,决不手软,起到"处理一个、教育全体"的效果。

我们相信,依靠深入的宣传教育、有效的监督和有力的处理措施,我们的每一位教师都会以"点燃自己,照亮别人"的红烛精神,教书育人,忠于职守,辛勤耕耘在教育第一线。

四、廉洁育人的师德故事

朴实无华,廉洁从教[①]

宁安市第一中学 解贞润

"其身正,不令而行,其身不正,虽令不从"。教师的职业比较特殊,教师师德的魅力,主要是通过人格体现出来的,在学生心目中,教师是社会的规范、是道德的化身、是人类的楷

---

① 选自宁安教育信息网,来源网址:http://www.najyj.net/xydx/jssj/2008_jssj_006.htm。

模。因此，我们要做学生的表率，身教重于言教。的确，我们面前有一道金钱设下的险关。它需要我们坚持为人师表，甘于清贫，洁身自好。我想，面对这些浮华，我们就是要拿出点"实"的精神，就应该用平平常常的心态、高高兴兴的心情来干实实在在的事情。

那是2005年5月的一天，高考迫在眉睫。中午，班上小磊的妈妈来到我家，询问我，在这最后的冲刺中，家长该做些什么。小磊，这个孩子，可是我们班的活跃分子，中考成绩仅370多分，当时，可是我们班绝对的学困生。三年来，说实话，我可真是没少在他的身上花心思。当然，耕耘总有收获，我也和他的家长一起见证了孩子一天天的长大。每次他的家长来，都是说不尽的感谢，我呢，也为能帮助一个孩子而感到欣慰。可没想到，这次他家长临走时，趁我不注意，塞下200元钱就快步下楼了，我连鞋都顾不得穿，赶紧去追，哪能追得上呀。当天晚上、第二天晚上，我连续去他家还钱，小磊妈妈根本就躲着不见。唉！高考在即，无论如何，我不可以影响孩子的情绪，所以这事我决不能和小磊说！说实话，这笔钱真是弄得挺别扭，就连小磊的考前谈话，我都是另外找了两名同学，以他为侧重来进行心理辅导的！6月24日，高考成绩下来了，我才把事情原原本本的告诉了他。后来，他的录取通知来了，他以自己极为满意的581分被宁夏大学录取。送他的那天，我拉着他的手，塞给他300元钱，嘱咐他好好学习。现在小磊在学校表现优异，获一等奖学金，真是打心眼里替他高兴！

类似的故事很多，更有甚者，有的家长怕我不收他的礼品礼金，就拿钱给我存电话费，于是，我就还得用邮寄的方式把钱给人家退回去。多少次，面对利益和我的事业，我的天平从来不会错误的倒向前者。我深知，我平凡，但我的脊梁却支撑着祖国的未来；我清贫，但我的双手却托举着明天的太阳。

廉洁是教师立身之本，是教师职业道德的本质要求。社会期望教师具有比其他行更高的道德情操，不廉洁，贪欲多，就很难为人师表。教师清正廉明是从教的一个重要的条件，是教师"育人"的品德基础。

第五章 言之必有预,法行则知恩

——遵守规则,履行职责

法家学说的理念在当代有重要的现实价值,在传统应试教育受到严重冲击,功利主义泛滥的背景下,教师如何应对面临的种种诱惑,从而外树形象,内约素质,不断的提高自己的教育艺术和管理水平,做到赏罚分明、因材施教,守住那一方净土,这成为摆在广大教师面前的比较普遍也亟待解决的一个课题。法家教育思想或许可以给予我们一些启迪。

第一节 法家教育思想综述

春秋战国时期,是我国历史上最跌宕起伏、社会矛盾最为复杂、阶级斗争最为激烈的时期,各种思潮风起云涌,诸子百家著书立说,对当时的政治、经济和教育等社会问题作了深刻而又全面的阐述,其意义影响深远。在教育问题上,各派的理念迥异。法家,是先秦诸子中的另类。在先秦诸子诸家当中,唯独法家的思想,是必须献出性命来实践,流出鲜血来祭奠,是血染的思想。这里面流血的、付出生命的,不但有当时许多有罪或者无辜的贵族和贫民,还有法家学派的代表人物,比如商鞅和韩非。

一、商鞅:"法令者民之命也,为治之本也"

商鞅(约公元前 390～前 338),卫国人,战国中期著名的法家代表人物,法家思想的开创者。受前人李悝、吴起变法活动的深刻影响,他"少好刑名之学"(法家学说),后到秦国,在秦孝公支持下,进行变法,终于使秦国"乡邑大治","国以(此)富强",一跃成为战国时期强盛的大国。

商鞅得到信任后,开始变革。他制定政策时的法治观念是显而易见的。下面是他推行自己政纲前的辩论,从中可一斑窥豹。

卫鞅言于秦孝公曰:"夫民不可与虑始,而可与乐成。论至德者不和于俗,成大功者不谋于众。是以圣人苟可以强国,不法其故。"

甘龙曰:"不然。缘法而治者,吏习而民安之。"

卫鞅曰:"常人安于故俗,学者溺于所闻,以此两者,居官守法可也,非所与论于法之外也。智者作法,愚者制焉;贤者更礼,不肖者拘焉。"

"令民为什伍而相收司、连坐,告奸者与斩敌首同赏,不告奸者,腰斩。匿奸者,与降敌同罚。有军功者,各以率受上爵。为私斗者,各以轻重被刑大小。僇力本业,耕织致粟帛多者,复其身。事末利及怠而贫者,举以为收孥。宗室非有军功论,不得为属籍。"

商鞅变法是当时各国变法运动中比较彻底的一次,文化教育的改革是商鞅变法的重要内容之一,在教育思想、教育对象、教育内容、教育途径方面等方面都有开拓性的改革。

在文化教育思想方面,商鞅与当时的儒家针锋相对。他指责"儒学"为"虱子",他说:"礼乐""诗书""仁义""修善""孝悌"等等都是祸国殃民的东西,如果用这些复古主义的教条来治理国家,就会"敌至必削,不至必贫"(《农战》)。假如敌人一来,国土就必被侵削;即使敌人不来,国家也必定贫穷。他同时痛斥那些"不作而食,不战而荣,无爵而尊"(《画策》)的奴隶主贵族和儒生都是"喆民",必除之而后快。而当这些贵族和儒生利用《诗》《书》作为"以古非今"的舆论工具,企图进行敌视活动的时候,商鞅就坚决主张采取"燔诗书而明法令"(《韩非子·和氏》)的手段,对他们进行打击和镇压。

在教育对象方面,商鞅站在新兴地主阶级的立场上,突破特权贵族等级观念,任人唯贤,唯才是举,不拘一格降人才,特别重视为新兴地主阶级培养革新变法的人才。他提出"禁游宦之民而显耕战之士"(《韩非子·和氏》)。所谓"游宦之民",主要是指那些满脑子腐朽、保守思想意识的儒生及一些游食者。他们摇唇鼓舌,游手好闲,不事生产,是必须加以禁止和打击的。商鞅要培养和提拔的"耕战之士",就是那些在进行封建兼并战争和发展封建经济中对新兴地主阶级作出了实际贡献的人。商鞅认为对待这样的革新分子则必须按"任其力不任其德""官爵必以其力"的原则大胆地培养、提拔和任用,为秦的强盛提供了宝贵的人力智力支持。

在教育内容方面,商鞅反对儒家以"礼、乐、诗、书"教育学生,反对向学生灌输"仁""义""礼""智"等道德准则,而主张经世之学,学以致用。他认为"儒学"只不过是一些"高言伪议",不切实际的"浮学"。为了培养"耕战之士"和厉行"法治"的人才,商鞅主张学习法令和对耕战有用的实际知识。商鞅为了使秦国富强,他把农战作为治国之要。他奖励农战,主张加强农战教育。他说:"吾教令:民之欲利者,非耕不得;避害者,非战不免"(《慎法》)。

他提出"壹教"的教育纲领。"壹教"的实质就是执行新兴地主阶级的统一教育,它的主要内容是用新兴地主阶级的法令、政策统一人们的思想。商鞅认为:"壹教则下听上"(《赏刑》)。他强调:"法令者民之命也,为治之本也"(《字分》)。明确指出"法"是地主阶级的生命,治理国家的根本,因此对民众必须加强"法治"教育。"言不中法者,不听也;行不中法者,不高也;事不中法者,不为也"(《君臣》)。即凡不符合法令的言论,不听;不符合法令的行为,不赞扬;不符合法令的事情,不做。一切的言论、行动必须根据新兴地主阶级的"法"为标准。为了使"法治"教育能够贯彻执行,商鞅实行"置主法之吏,以为天下师"(《定分》),把教育的权力掌握在新兴地主阶级官吏的手中。如果遇到"主法令之吏"有迁徙、死亡的情况,得立即选派接替者"学读法令"。由此可见商鞅对树立法家对教育的领导是十分重视的。

在教育途径方面,商鞅重视在通过农战的实际斗争中,锻炼和增长人们的才干。并认为人们的智谋是在长期的作战中成长起来的。这种强调实践出真知,实践决定认识的理念均闪耀着朴素唯物主义思想的光辉。

二、韩非:"罢黜百家,独尊法术"

韩非(约公元前280～前233),战国末期韩国人,是先秦法家思想的集大成者。在吸取前人商鞅等人的基础,他不断发展和完善法治思想,为秦王朝建立统一的中央集权封建主义国家奠定了理论基础。

（一）"禁办私学，以吏为师"

韩非总结了战国前期和中期阶级斗争的历史经验和教训，"儒以文乱法，侠以武犯禁，而人主兼礼之"（《五蠹》），是造成祸乱的重要原因，并认为当时的"私学"和统治者是"二心"的。这种"私学"是新兴地主阶级实行"法治"的绊脚石。因此他断然主张采取"禁其行""破其群""散其党"的措施，即禁止办私学的人的行动自由，禁止言论和结社的自由。

韩非继承和发展了商鞅"燔诗书而明法令"的思想政策，把新兴地主阶级的法令、政策作为教育的主要内容。韩非的所谓"以吏为师"，就是要选拔和任用一批忠于新兴地主阶级"法治"路线，能够"明法""知法""行法"的政治官吏担任教师。把解释和宣传法令、政策的权力掌握在经过严格和慎重选拔的官吏手中。韩非制定的法家教育路线和政策，是为封建地主阶级中央集权的政治服务的，为后来的秦王朝所接受并付诸实施。

（二）"罢黜百家，独尊法术"

韩非猛烈地批判和攻击法家以外的其他学派，特别是反对当时影响最大的儒家学派。他指斥儒家的那一套"礼、乐、诗、书"的教条和"仁、义、孝、悌"的道德准则都是"愚诬之学""贫国之教""亡国之言"，是致使国贫兵弱，乃至亡国的根源。在韩非看来，其他学派的理论都是互相矛盾的，只能造成人们的思想混乱，是非不分，统治者如果兼听他们的意见，就必然引起乱子。因此，韩非主张禁止这一切互相矛盾、只能惑乱人心的学说，而定法家于一尊。特别是要防止老百姓受到法家以外的其他学派思想的影响，要对他们的思想实行严格的统制。

为了使"法治"的思想能够在意识形态领域中占统治地位，韩非继承和发展了商鞅的"壹教"精神和措施，认为必须使国内做到"言谈者必轨于法"，意思是说要使每个人的思想和言论都符合法家的精神和遵守国家的法律。在这种思想指导下，韩非提出了著名的法家教育纲领。他说："故明主之国，无书简之文，以法为教；无先王之语，以吏为师"（《五蠹》）。所谓"无书简之文""无先王之语"，实质就是要废除、清算古代奴隶制的文化典籍和道德说教，特别是儒家所尊崇的"礼、乐、诗、书"和"仁、义、孝、悌"这一套东西，并从而实现他的"以法为教"的主张。

（三）从"耕战"中培养"法能之士"

韩非十分重视在实际的斗争和锻炼中，培养和选拔人才。他强调："宰相必起于州部，猛将必发于卒伍"（《显学》），即宰相一定要从全国有治理政治经验的地方官吏中提升起来，猛将一定要从有实践经验的普通士兵中选拔出来。韩非继承和发扬了商鞅重视"耕战"教育的政策。他说："富国以农，距敌恃卒"。"境内之民，其言谈者必轨于法，动作者归之于功，为勇者尽之于军。是故无事则国富，有事则兵强"（《五蠹》）。通过"耕"和"战"的实际斗争锻炼和培养人才，这是先秦法家普遍提倡的一条重要的教育途径。

韩非主张培养"智术之士"或"能法之士"（《孤愤》）。这些"智术能法之士"就是懂得和坚决实行法治路线的革新人物，并且是积极拥护"耕战"政策而为它进行斗争的战士。韩非对"智术能法之士"必须具备的品质和能力做了详细的阐明：①这种革新家必须是一个忠于封建国君"北面委质，无有二心"的人，并能做到"能去私曲，就公法"，"有口不以私言，有目不以私视"（《有度》），一心一意为封建主义国家效力的所谓"贤臣""良将"。②这种革新家应该具有"远见而明察""强毅而劲直"(《孤愤》)的品质。就是说他应该在思想上具备进步的历史观和变革思想；在政治上具有敏锐的观察力；有坚定地执行法治路线的坚强毅力和刚直的品质。

韩非在朴素唯物主义思想指导下，还反对盲目崇拜古代典籍和脱离实际空谈的恶劣学风。他提出了"循名实而定是非，因参验而审言辞"(《喆劫弑臣》)。这就是说，要遵循思想和实际是否一致，来判断"是"还是"非"；要通过"参验"来审查言辞是否正确。韩非所说的"参"是比较的意思，"验"是证实的意思；就是说要在接触实际中，用比较对照的方法求得知识。他举例说：判断一把刀的利钝，不能光看颜色光泽，而是应当通过砍杀的检验。判断一个人的才干，也不能只看言谈辞令，而应该依据他的实际能力。韩非主张"参验"的思想是具有朴素的唯物主义色彩的。

三、法家教育思想评述

在春秋战国那个动荡的年代，在新兴地主阶级推翻奴隶制度将在全国范围内进行统一的前夕，为了加强和巩固地主阶级专政，商鞅和韩非子为建立和巩固统一的中央集权的封建主义国家提出一条进步的政治路线和一些带有朴素唯物主义色彩的教育观点，强调"法治"教育是可以理解的，在中国古代教育史上也有一定影响的。在当时的历史条件下，他们的法家思想是代表新兴地主阶级中的激进派利益的，它是一种进步的思潮，对建立地主阶级的统一政权方面起了重大作用。

由于时代和阶级的局限，商鞅漠视了学校在教育中的特殊作用，取消了专业的教师和文化知识的传授，这是违背文化教育发展的客观规律的。他对旧文化又采取一概削除的简单粗暴的政策，这也是一个极大的错误。他所实施的"法"教和奖励"农战"的政策，却包含着对劳动人民的压迫和剥削的一面。韩非子的"法治"理论是为维护和加强地主阶级统治服务的，有剥削和压迫劳动人民的一面。他把历史的发展看成是少数"圣人"的创造，并认为"民智，不可用"，这是无视劳动人民创造历史的伟大作用。他认为，人的自私自利是社会矛盾的根源，从而掩盖了被剥削阶级与剥削阶级之间的对立，这也是错误的。再者他对劳动人民实行思想统治的愚民政策，这种文化专制主义的思想，对文化教育的发展，对学术流派的繁荣也是极为不利的。最后，同先秦法家教育思想中普遍存在的缺陷一样，他过分强调耕战，取消文化知识的传授，抹杀了学校和教师在教育事业中的特殊地位和作用，这是违反文化教育事业发展的客观规律的。

第二节　法家学说的当代社会价值

法家是先秦诸子中对法律最为重视的一派。他们主张"以法治国"，提出了一整套的理论和方法。这为后来建立中央集权的秦朝提供了行之有效的理论依据，汉朝继承了秦朝的集权体制以及法律体制，秦汉制度对后世影响深远。当代中国，在经济全球化和国际政治民主化的背景下，民主观念逐渐深入人心，依法治国已成为不可逆转的大潮流，法家学说的社会价值日益凸显，功不可没。

一、制定法律，"定分止争"

韩非子曰："夫圣人之治国，不恃人之为吾善也，而用其不得为非也。恃人之为吾善也，境内不什数；用人不得为非，一国可使齐。为治者用众而舍寡，故不务德而务法。"

圣人治国，不是要人人为善，而使人人不作恶，国家便能太平。君王治国，为了维护统治，应着眼于大多数。所以不务德而务法，君王统治国家，只需掌握法律和威势，不需要特殊德才能和品德。

"定分止争"，也就是明确物的所有权。其中法家之一慎到就做了很浅显的比喻："一兔走，百人追之。积兔于市，过而不顾。非不欲兔，分定不可争也。"

意思是说，一个兔子跑，很多的人去追，但对于集市上的那么多的兔子，却看也不看。这不是不想要兔子，而是所有权已经确定，不能再争夺了，否则就是违背法律，要受到制裁。《管子·立政》："令则行，禁则止。"有了法律，什么可以干，什么不可以干，就有了明确的规定，不会产生许多无谓的争议和矛盾。

制订法律，有法可依是现代社会法制建设的关键。法制对构建社会主义和谐社会的保障作用体现在立法方面。有法可依是实行社会主义法治的前提，有了完备的法律体系作为保障，才能更好地引导、规范和约束公民和政府的行为，使之依法办事，循章而为，为构建和谐社会创造良好的基础。今天中国的社会不再是为了维护君主的意志，而是维护广大人民的利益的，而是在消除阶级的基础上建立的平等的、民主的、自由的和文明的社会主义社会。为了更好地进行社会主义建设，促进市场经济的发展，实现现代化的伟大目标，必须有健全的法制建设，目前党和国家非常重视立法工作，已初步建立了具有中国特色的法律体系。

二、惩罚和教育

商鞅曰：人生有好恶，故民可治也。

人性有两面，天下熙熙，皆为利来，天下攘攘，皆为利往，"好利恶害"或者"就利避害"是人的天性。私欲的扩张会带来无穷的社会隐患，造成巨大的社会矛盾，影响社会的安定和统治。在君主制社会，君王需要一整套制度来约束官员和子民，以达到家天下的目的。

韩非子曰："为人臣者陈而言，君以其言授之事，专以其事责其功。功当其事，事当其言，则赏；功不当其事，事不当其言，则罚。"

法家思想和我们现在所提倡的民主形式的法治有根本的区别，他们极力宣扬君主集权，其实质是一种运用法律实现的人治。君王需要有一套驾驭臣子的权术。而担任一定职务的官吏有责任去完成其职务所要求的各项工作。君王的职责是把某项名义的职务授给某人，这项职务所要求的工作已经在相关法律中明确规定，君王只关心某个官吏是否恪尽职守，至于怎样完成工作要求，是臣子本身的事，不需要君王指导。君王要做的只是：完成任务有赏，完不成任务受罚。这样，能者居上位，无能者淘汰。

韩非子曰："法者，编著之图籍，设之于官府，而布之于百姓者也。"法是由官府制定的，用来约束百姓的行为。通过这些法，告诉老百姓，什么是应该做的，什么是不应该做的，法一经公布，君主就必须明察百姓的行为。因为他有势，可以惩罚违法的人，奖赏守法的人。这样办，就能够成功地统治百姓，不论有多少百姓都行。在现代社会，通过对犯罪分子进行制裁是为了维护广大劳动人民的利益，为了实现有一个安定祥和的社会，不仅要达到惩罚犯罪的目的，还要达到教育犯罪分子的目的。

三、依法治国

法家作为当时社会地主阶级实力人物的思想代表，虽然他们没有摆脱外在世界的功利，但是他们更注意探索和寻找规律，他们也生活在残酷的竞争社会中，但更注意实力的积聚和权力的运用。他们的政治理想是耕战强国，一统天下。

法家的创始人之一李悝，收集当时诸国刑律，编成《法经》6篇：《盗法》《贼法》《囚法》《捕法》《杂法》《具法》。《法经》为中国古代第一部较为完整的法典。

商鞅用发展的观点看待历史，提出"反古者不可非，而循礼者不足多"，"治世不一道，便国不法古"。他在秦实行两次变法，其主要内容是：开阡陌封疆，废除井田制度；承认土地私有，奖励农战，凡勤于耕织而多缴粟帛者可改变原来身份；有军功者可授以爵位；实行郡县制，主张用严刑重罚以杜绝犯罪。

慎到是法家中强调"势"治的一派，主张君主可以"握法处势"，"无为而治天下"。"大君任法而弗躬，则事断于法矣"。他以法为最高准则，提倡"官不私亲，法不遗爱，上下无事，唯法所在"，强调"法"必须和"势"相结合。

韩非集秦晋法家思想之大成，将"法""术""势"三者糅合为一，又吸收道家思想，将法治理论系统化。他主张加强君主集权，剪除私门势力，"以法为教"，厉行赏罚，奖励耕战。

各个时期的法家思想都有一个共同的特点，即依法治国，一断于法。法家在法理学方面做出了贡献，对于法律的起源、本质、作用以及法律同社会经济、时代要求、国家政权、伦理道德、风俗习惯、自然环境以及人口、人性的关系等基本的问题都做了探讨，而且卓有成效。如秦国军队战斗力强大的原因之一，灭六国统一中国，法家的作用应该肯定。

从目前的眼光看，当时的依法治国从实质上来说虽然还是人治，也有其不足的地方，如极力夸大法律的作用，强调用重刑来治理国家，"以刑去刑"，而且是对轻罪实行重罚，迷信法律的作用，但对现代社会还是有着许多积极影响的。在我们现代的社会主义国家，依法治国，就是广大人民群众在党的领导下，依照宪法和法律规定，通过各种途径和形式管理国家事务、管理经济文化事业、管理社会事务，保证国家各项工作都依法进行，逐步实现民主的制度化、法律化，使这种制度和法律不因领导人的改变而改变，也不因领导人看法和注意力的改变而改变。

第三节　赏罚分明，有序管理

当前新课程改革的推进如火如荼，教育理念也日新月异。"一切为了学生，为了学生的一切，为了一切学生"以及"尊重学生，善待学生，赏识学生"已达成共识。于是，赏识教育、无批评式教育等的提法越来越时尚，社会舆论也大声疾呼：教育要"以人为本、敬畏生命、善待学生"，并反对教育中的一切惩戒性教育，似乎一批评就伤害了学生，一惩罚就违背了教育规律，"惩罚"二字更成了教育中不可触及的"高压线"，以至于教师在工作中左右为难，如履薄冰。一味的使用赏识教育而不倡导执行惩罚教育的传统教育模式在这些"问题孩子"面前显得苍白无力,这些孩子让家长和学校老师都头痛不已,他们没有积极的人生目标,厌学,道德败坏,责任意识淡薄,而且非常懒惰。因此,我们有必要重新来审视我们所否定的惩罚教育,让惩罚教育发挥出它应有的作用。

一、惩罚教育

(一)惩罚教育的含义

关于惩罚教育的涵义,不同的典籍给予不同的解释,大同小异。《教育百科辞典》指出:惩罚是"教育者对受教育者的品行进行否定的一种方式。一般有警告、严重警告、记过、留校察看、勒令退学及开除学籍等形式。"[①]李诚忠主编的《教育词典》将惩罚界定为"对学生思想行为给予否定性的评价,使学生受到警惕。其教育作用是使学生认识某些思想行为的错误,并促使其找到错误的原因和改正的方法。""正确地运用惩罚有利于培养学生良好的个性心理品质,但是惩罚不是'报复',决不应使学生在精神上受到侮辱,在肉体上受到痛苦,在物质上受到损失(不适当的赔款等)。惩罚方式分轻重两类,较轻的有批评、谴责、警告、记过、留校察看、开除学籍等。"[②]为了进一步理解教育惩罚的内涵,我们可以将教育惩罚分为狭义和广义两种。狭义的教育惩罚是指在学校中,针对个人或集体的不良行为给予否定或批评处分(不包括体罚),以制止某种行为的发生。狭义的惩罚与奖励相对,是学校教育中经常采用的一种教育方法,目的是使学生分清是非善恶,改正缺点和错误。这类惩罚的具体方式由轻到重依次为:口头批评、警告、记过、留校察看、开除学籍等。上面两种解释都是从狭义的角度作出的,但在学校教育中,有的教师会使用体罚、讽刺、挖苦等惩罚形式来达到教育目的。这种包括体罚(含变相体罚)在内的惩罚就是我们所指的广义的教育惩罚。

(二)惩罚教育的作用

1. 惩戒教育在新加坡

新加坡是一个法治国家,鞭刑闻名于世,执法相当严厉,谁要是触犯了这里的法律,必将受到鞭刑的处罚:一鞭下去,哀号震宇;二鞭下去,皮开肉绽;三鞭下去,血肉横飞……

曾有一个美国学生在新加坡因破坏交通指示牌和在20多辆轿车上喷漆涂鸦,被判处4个月监禁,罚款3500美元,并鞭打6下。该案在美国掀起轩然大波,克林顿总统亲自出面求情,但新方总统表示爱莫能助,鞭刑照常进行……这听来似乎让人触目惊心,可今日走进新加坡小学,从任何一名学校老师或学生口中都可获知,新加坡各大、中、小学校长都有一根长鞭,校长可以对"特殊"学生进行鞭打,校长的鞭子还是家长送的呢!据说,主要用来鞭对老师没有礼貌的孩子!

对于鞭刑,我们暂且不加评论。但我们从媒体中了解到,新加坡的学生无论做什么事情都表现出较深的涵养,见到陌生的老师会非常礼貌地小鞠一躬,脸上的笑容总是那么友善,那么真诚。升旗台上,他们面对国旗会多一份凝重,宣誓的时候会多一份庄严;课堂里的他们会多一点细细的聆听,多一点冷静的思考;课间活动时,他们会多一些虚心,多一些礼让……

---

① 《教育百科辞典》编辑委员会:《教育百科辞典》,中国农业科技出版社,1988年。

② 李诚忠主编:《教育词典》。

在新加坡,你不必时刻盯紧你的包,这里的人似乎没有窥探别人物品的嗜好,你也不必为回家时间晚而担心安全问题,国家治理非常严谨规范,公民素质良好,这也许是与管理的奖惩分明有直接关联的吧!

2. 教育专家看惩戒

惩戒对于教育,许多教育家都曾肯定它的意义和作用。17世纪捷克著名教育家、教育科学的奠基人夸美纽斯主张:教育要适应自然的法则,顺应儿童的天性,但是也不排除使用惩罚。在其名著《大教育论》中,他专门用一章来论述惩罚。夸美纽斯认为:严格的纪律是必须的,学校没有纪律犹如磨盘没有水(依夸美纽斯书中所述"严格的纪律"即是惩罚)。他以"树木如果不去常加修剪,它们便会回复到它们的野生状态"做例子,强调惩罚的重要性。他又拿渔夫捕鱼做比喻:"渔夫用网到深水里去捞鱼,他不独用铅块悬在网上,使它沉下去,而且把橡木系在网的另一端,使它能够浮到水面。同样,凡是想想青年捞入德行之网的人,他就必须一方面用严酷的方法使之畏惧和恭顺,另一方面用温和与情爱的方法去抬高他们。能够结合这两个极端的老师就是好教师。"接着,夸美纽斯得出结论:在学校教育中犯了错的学生应当受到惩罚。这种惩罚不是要消除他们所犯的错(因为既成的事实无法改变),而是要使他们日后不再犯错。教师必须使学生知道惩罚对他们有好处,这样,他们才会把惩罚当做医生开的苦药一样看待。

18世纪法国资产阶级启蒙运动的重要思想家卢梭将"教育要适应自然"的思想推到了极致。在其名著《爱弥儿》中,他提出,对儿童的过失,应靠"自然后果法"去惩罚。比如"他打破了他房间的窗户,你就让他昼夜受风吹,别怕他受风寒,因为,宁可让他受冻着凉,也不可让他因人为惩罚而发疯。""对儿童的惩罚永远应是他们的过失的自然结果。"卢梭虽然极力反对人为惩罚,但他并没有完全不要惩罚,而且,自然后果惩罚是在教师的密切控制之下的。例如:如果一个学生撒谎,那么这个学生就应当为说谎而承担相应的后果。在惩罚期间,让其家长及周围的人暗中达成一致,都不理他。即使他说的是真话,人们也不相信他;即使他没做什么错事,人们也要说他干了坏事。如果他倔强、跋扈任性地哭闹,那就不理睬他;如果他任性出走,那就由他去好了,等他碰壁后垂头丧气地回来,大家都奚落、笑话他。这样,他就不会再任性或总犯同样的错了。

(三)惩罚教育的法理依据

关于惩戒教育的内容,在《小学管理规程》《中华人民共和国预防未成年人犯罪法》等法律法规中有所涉及。

《小学管理规程》第十五条"小学对品学兼优的学生应予表彰,对犯由错误的学生应予批评教育,对极少数错误较严重学生可分别给予警告、严重警告和记过处分"。

《中华人民共和国预防未成年人犯罪法》第二十三条"学校对有不良行为的未成年人应当加强教育、管理,不得歧视"。那么什么又是不良行为呢?这个法律上也规定的很清楚:

(一)旷课、夜不归宿;

(二)携带管制刀具;

(三)打架斗殴、辱骂他人;

(四)强行向他人索要财物;

(五)偷窃、故意毁坏财物;

（六）参与赌博或者变相赌博；

（七）观看、收听色情、淫秽的音像制品、读物等；

（八）进入法律、法规规定未成年人不适宜进入的营业性歌舞厅等场所；

（九）其他严重违背社会公德的不良行为。

也就是说，学生在有以上 9 条行为的情况下，学校可以对学生进行惩戒教育。

教师有没有资格对学生进行惩罚？教师的权利《教师法》上说的很清楚："可以进行教育活动，可以评定学生的品行和学业成绩。"虽然没有一个字眼表明教师可以对学生进行惩罚，但教师是学生的在校监护人，是学生品行和学业的鉴定者，他可以就事论事给学生的错误定位评判，也可以给予适当的惩罚。当然惩罚不等同于体罚，体罚就另当别论了。

二、惩罚与体罚

教育制度在处理师生关系方面起了巨大的作用。俗话说"无以规矩，不成方圆"。正是对师生关系加以必要的规范，老师在教育过程中才可以做到有据可循，可以针对性的"赏罚分明，有序管理"。因为作为教育对象的学生，是一个活生生的生命个体，其在教育活动中主体作用决定了老师在与其交往中要把握"度"，既不能"缺位"，也不能"越位"。2008 年修订的《中小学教师职业道德规范》第三条明确规定老师要"关心爱护全体学生，尊重学生人格，平等公正对待学生。对学生严慈相济，做学生良师益友。保护学生安全，关心学生健康，维护学生权益。不讽刺、挖苦、歧视学生，不体罚或变相体罚学生。"《幼儿教师专业标准》第三十七条作出了幼儿老师在环境的创设与利用中要"建立班级秩序与规则，营造良好的班级氛围。"《小学教师专业标准》规定小学教师对小学生的态度与行为时强调要"尊重小学生独立人格，维护小学生合法权益，平等对待每一个小学生。不讽刺、挖苦、歧视小学生，不体罚或变相体罚小学生。"《中学教师专业标准》也规定老师"尊重中学生独立人格，维护中学生合法权益，平等对待每一个中学生。不讽刺、挖苦、歧视中学生，不体罚或变相体罚中学生。"所以如何做到"赏罚分明，有序管理"，如何做到"赏罚有度，管理合格"成为摆在老师面前的一项重要课题，也是考验每一位老师师德水平的重要指标。

（一）体罚之常态现象

"教师必须为人师表，不得体罚和变相体罚学生"，这是教育法对老师的规范性要求。然而这些年，教师体罚学生的事件屡见报端，虽然教育主管部门严令禁止，却并未奏效，且有愈演愈烈之势。

近 20 名十四五岁的男孩双膝跪在操场上，或低头沮丧，或四处张望，这令人震惊的一幕发生广西桂平市大洋中学。昨日，一个"学生被老师罚跪"的帖子在各大论坛迅速传播，引发众多网友围观，发帖人称自己因为在网上曝光了此事，"影响学校声誉"而被学校开除。（广州《南方日报》2011 年 11 月 1 日）

同样是《南方日报》的消息，11 月 2 日，网友爆料称"慈溪某小学的孩子被要求脱了裤子在操场上跑步"，并且配发了学生"脱裤跑"的图片。该小学校长兼党支部书记胡孟才向记者证实确有此事发生，并表示"该老师已经几次提出辞职，并且在全体教师会议上做了深刻检讨，学校也对她进行了严肃的教育，希望网友能再给她一个机会"。

近日网友频频报料教师体罚学生。在河北，一校长暴打学生！揪头发，用脚踹，拽耳朵，抽耳光，因为这些初中男生晚上在宿舍内玩扑克牌。网友称之为"功夫校长"。

在广州，因为没完成作业，4 名孩子在教室讲台前——挨打示众，冰冷的钢尺一遍又一遍抽落在他们的背部……老师表明一切只因为自己对孩子要求高，一直奉行"严师出高徒"这个原则。（大洋网）

在日照，老师把学生从教室中拖出来，对其头部扇巴掌，然后伸手指着学生一顿教训，又对其头部扇巴掌，一番殴打后，拖着这个学生的头部衣服直接拖回教室。原因是学生拒绝参加鼓号队的训练。（大众网）

武汉《楚天金报》（赵莉）报道　近日，一名初中男生因扰乱课堂，且不听劝告，被教师勒令站到教室最后一排听课。事后，孩子声称把脚站肿了，家长为此找到学校，指责教师体罚学生，同时向报社投诉。此举是否属于体罚，脚肿是否因久站所致，教师和家长产生了异议，闹得不可开交。最终，校领导代教师向学生和家长道歉，平息此事。采访中，当事的教师显得无奈："对于顽劣的学生，该如何去教育？"

2009 年 10 月 20 日，昆明市盘龙区双龙乡双龙中心小学 3 名学生被班主任脱光衣服"裸站"示众。（2009 年 10 月 26 日云南《昆明日报》）2009 年 12 月的一天，重庆某幼儿园老师逼迫女童吃痰以示惩罚。（2009 年 12 月 31 日方舟网）。另据 2011 年 12 月 31 日华商网报道，西安交大阳光中学一位女生以来例假为由不跑操，心理老师朱某某竟把其拉到厕所脱裤检查。更有甚者，安徽望江县一位年近五旬的老师，居然在上课期间以做错题为由，将女生喊至讲台前趁机猥亵，受害小学生多达十余人。（2011 年 7 月 14 日《安徽商报》）

（二）体罚之后果

对于教师体罚或变相体罚学生这种现象整个社会是众口一声地批判讨伐。无论是从师德规范还是从法律角度而言，教师的这种行为毫无疑问是错误的，而凡是被曝光的教师，轻则检讨、警告、记过，重则丢了饭碗，甚至成了法庭上的被告。而体罚了学生的老师，后续故事却有些出人意料，她们所承受的精神压力，她们的凄凉结局，让人在掬一把清泪的同时，更加引发了对这一教育现象的深层思考。在当今不少中小学校园，老师都感叹师生关系比较冷淡。教师怕"无事生非"、怕家长投诉，对学生除了与学习有关的事，一律不过问，更别提与学生的情感交流了。师生关系疏远，甚至冷漠化，不仅会影响教学效果，也让教师形象大打折扣。

《襄樊晚报》"教育周刊"一篇《从老师打学生到家长打老师》的文章，讲的是一位莫姓英语教师，因为本班某女同学上课时不听讲，而转身跟后面的同学大声说话，老师一气之下，随手将书扔向了她，不料想书碰在她脸上留下了印痕，后来莫老师郑重地向学生和家长道歉，可余怒未消的父亲，当着记者和校领导的面打了老师一记耳光，作为"回敬"。女老师委屈地表示，她并非想伤害学生，只是提醒她专心读书，早知道会如此下场，她宁愿不管，随便她说话。因为在此前，这位孩子的家长就找到莫老师提出过十分荒唐的条件：只要孩子安全地待在学校，学习上就不要过多要求了。莫老师并非健忘，但作为教师的职业本能和起码的责任感，她还是管了，结果招来麻烦。其实，莫老师的经历，折射出了众多教师在体罚学生之后的懊悔与有苦难言。

《楚天都市报》一篇名为《四川一小学女教师服毒自杀》，报道的是四川隆昌县一位小学女教师因体罚学生被家长要求道歉，在学校寝室内服毒自杀。另一篇题为《教师"被逼"向学生下跪道歉》，披露的是攀枝花市新华中学的女教师李虹蓉因体罚了学生，当着两名校领导的面向一名学生及其亲属下跪。次日，神志不清的李老师住进了精神病医院。

那位服毒自杀的女教师，体罚学生的原委，用她自己的话来说："这个学生太贪玩了，经常不做作业。我曾不下10次给他的家长打电话，家长都不管一管。"作为一名在职教师，在我看来，老师也是人，绝不是不食人间烟火的，也有七情六欲有爱有憎的，那些曾经体罚学生的老师，并非全是素质低下，脾气暴躁，喜怒无常，缺乏爱心，品行不端者，他们中的许多人，其实还是很优秀的教师，业务精湛，追求上进，有着强烈的责任感和事业心，他们对学生的体罚，往往出于一种"恨铁不成钢"的心理。而他们这样做，也多是想让学生按时完成作业、遵守纪律，停止犯错误。他们的这种有些极端的行为，往往是严格甚至严厉的另一种冲动的表现形式。

（三）如何看待体罚

不可否认，学校老师体罚学生是一个延续千年的教育陋习，从古至今的学生几乎都经历过这样的教育。在古代的时候，老师的地位与家长是同等的，甚至有"一日为师终生为父"的说法，"子不教，父之过"，"生不教，师之惰"，老师惩罚学生天经地义，是不需要那么多理由的。鲁迅先生在《三味书屋》一文中曾写过一个片段：年少的鲁迅因为父亲生病，经常为抓药治病，所以常常迟到，私塾老师虽未训斥，但用铁尺重重地打了一下手，使鲁迅产生畏惧心理，日后必不敢迟到，而在书桌上刻了个浅浅的"早"字。这是旧式教育的弊病，也是中国教育不够先进的表现之一。

另一方面，现在整个社会，诱惑太多太强，到处充斥着对学生的消极影响，使他们耳濡目染，分不清真善美、假恶丑；电视、报纸、网络、社交场合中，形形色色的不良风气，严重地腐蚀着学生的身心健康。而寄希望学校这块"净土"，借助每天几节课，一周五天时间，塑造他们的良好行为习惯和道德观念，实在是不切实际。面对中小学为数不少的问题学生，教师的说服教育从来没有像今天这样显得苍白无力、不合时宜。很多时候，教师基本上是无计可施，一筹莫展。而在此情况下，若仍想让教师谆谆教导，动之以情，晓之以理，简直有些一厢情愿，徒劳无益。

另外，现在的初中小学，由于处在九年义务教育阶段，对于犯了错误的学生几乎没有任何惩罚措施：不能记过，更不能开除，甚至让其转校的权力也没有。即使他们中的一些人，再怎么胡作非为，学校也奈何不了他们。正如一位年青校长所说的：在这样一个彻底告别戒尺与教鞭的时代，完全凭着一张嘴的空洞说教，随时都会遭遇尴尬与窘境。

与此相应的，随着时代的改变，人们的教育观念也发生了翻天覆地的变化，西方教育中师生平等的观念渐渐深入人心，家长和学生在关注学习进展的同时，对于学生自身权益的保护也越来越看重。

我国《教育法》《未成年人保护法》《教师法》和各地《教师管理条例》都提出了"教师必须为人师表，不得体罚和变相体罚学生；学生享有人身权利不受侵害"等规定。但是，如何把握这个度又成了一个新的问题。对于问题学生，老师该不该处罚，怎么处罚才能既取得教育效果，又不会侵害学生的利益呢？这是老师们，尤其是中小学教师普遍头疼的问题。有的家长明事理，能够分辨得出老师的那些行为是教育，那些行为是侵害；可是也有的家长就认为自己的孩子是去学校里面学习的，不是受老师气的，他们对老师的任何惩罚措施都非常抵制，甚至还到学校去"评理"。这些家长的行为也严重影响了教学活动的进行，到最后，学生学不到东西，他们又会责怪老师没有教育好学生。

应当看到，部分教师素质偏低，对待学生的错误态度粗暴，处理方式很欠考虑，致使有的学生受到了精神和身体的双重伤害。对于这些完全将自己凌驾于学生之上的老师，我们就应该给予严厉的处分，甚至清除出人民教师的队伍。可是对于那些以更好的教育学生为目的，对学生稍事惩戒的老师，我们的社会也应该给予宽容的态度。同时，我们的立法部门是否应该在立法保护学生合法权益之时，也颁布一些能够切实保护教师利益的法律法规呢？

各个学校也应该建立健全相应的教师资格审查、培训、考核制度，不要等到出现一些特殊情况时，全部以"这是教师的个人行为，与学校无关"的借口进行推诿。对于学生的投诉和不满，学校应予以相应的重视，不要把这些当成无关紧要的小事来处理，这样不仅无法维护学校的声誉，更不能保护学生的合法权益。

(四)惩戒与歧视

1. 绿领巾事件①

(事件来源：华商网　记者　张杰)先走出校门的是一年级学生，队伍自然地被他们佩戴的领巾颜色分成了两类：一半孩子戴着鲜艳的红领巾，另一部分孩子则戴着绿领巾。

昨日中午放学后，未央区第一实验小学门外，一些孩子胸前的绿领巾在人群中显得格外扎眼。中午时分随着下课铃响起，小学生们在老师引领下排队回家。孩子："不戴的话，老师会批评。"

"你学习不好，戴绿领巾，我才是真正的红领巾……"西安市未央区第一实验小学门口，两个放学的孩子嬉闹起来，来接佩戴绿领巾孩子的家长的表情尴尬。

苏女士的女儿读一年级，她说孩子看书、写字挺认真，就是反应有些慢，成绩一般。上周五，她女儿回家就戴着绿领巾，她觉得特别奇怪，女儿说这是老师发给她的，班里戴绿领巾的同学将近一半。

"哥哥姐姐们都是红领巾，我觉得绿领巾不好看，可是不戴的话老师会批评。"一名一年级学生告诉记者，调皮、学习不好的学生就得戴绿领巾，老师要求上学、放学都不能解开，不然就在班上点名批评。记者注意到，不少绿领巾孩子一出校门就赶紧摘下领巾装进书包里。"孩子年龄再小，也有自尊心，嘴上不说什么，也能看得出戴绿领巾不是啥好事情。"家长苏女士认为，此举对孩子心理有极大创伤，学校这种做法有些奇怪。"红领巾是国旗一角，是少先队员的象征，绿领巾怎么能相提并论？"昨日中午，不少来接孩子的家长对绿领巾不理解，认为学校此举欠妥，没有征求家长意见。

学校：为激励上进，并非歧视。

"确实没想到，家长会对绿领巾有意见。"昨日，该校冯老师说，设计绿领巾的初衷是对孩子加强教育培养，参考了外地一些学校的做法，也考虑到一些家长的特殊要求，并非有意区分好学生和差学生。

冯老师解释，一年级学生不是全部同时加入少先队，一般分成两个学期完成。优秀上进的孩子肯定属于第一批，学习、思想品德表现稍差的学生没有红领巾，一些家长曾提出孩子

---

① 马丽：《"绿领巾"事件：到底是什么"变色"了》，2011年10月19日红网。

回家不高兴,希望老师能考虑其他变通方法帮助教育。"绿领巾的含义,就是告诉他加油努力,下次争取戴上红领巾。"

据介绍,学校委托制作红领巾的厂家,设计了同样大小的绿领巾,10月14日发放给没有入队的学生。学校九十多名一年级学生中,约有一半人都佩戴绿领巾。学校相关负责人称,作为一种教育探索,这种做法还没给上级部门汇报过,学校把这部分学生称为"苗苗少先队"作为预备培养,对佩戴绿领巾的要求和红领巾一样。如果有家长觉得不合适,老师可以考虑和家长协商寻找妥善的解决办法,不给孩子造成影响。

2. 绿领巾事件透视

少先队作为全国性少年儿童群众组织,重要标志上有统一规范。佩戴绿领巾不符合全国少工委有关规定。《中国少年先锋队队章》中并没有"绿领巾"的规定。

《中国少年先锋队队章》(摘录)

第六条:中国少年先锋队的标志:红领巾。它代表红旗的一角,是革命先烈的鲜血染成。每个队员都应该佩戴它和爱护它,为它增添新的荣誉。

第十条:凡是7周岁到14周岁的少年儿童,愿意参加少先队,愿意遵守队章的,向学校少先队组织提出申请,经批准,就可成为队员。

佩戴红领巾是一项严肃神圣的行为,尽管佩戴绿领巾的出发点是激励孩子成长,但红领巾、绿领巾都在校园内出现,不利于孩子对红领巾的认知与尊重。绿领巾虽不是差生的标识,客观上已变相给孩子划分了等次,这是对孩子们的侮辱和歧视,不仅不能起到激励作用,反而会大大伤害他们的自尊心和自信心。这容易让孩子幼小的心灵产生自卑感,不利于心理健康。

🖱 相关链接一

深圳一所中学重点班装空调普通班吹风扇①

楚天金报讯　据《广州日报》报道 深圳市罗湖区滨河中学学生阿平(化名)日前发微博称,高一4个重点班的教室装有空调,而7个普通班一台空调都没有,只能吹风扇,学校这种做法属于"歧视"普通班学生。

重点班学生吹空调

滨河中学高一学生阿平日前发微博称,夏天到来,班上越来越热,许多同学甚至因此上课注意力不集中。班级打算筹钱买空调,向学校申请,不过却遭到学校拒绝。阿平称,高一重点班有4台空调,而7个普通班一台空调都没有。阿平的微博引起许多同学的注意。

记者日前联系到了阿平,他说,高一(1)班是重点班,一间教室有4台空调,而高一(2)班、(3)班、(4)班是次重点班,每个班级也分别有两台空调。阿平说,享受空调的都是重点班学生,而吹风扇的几乎都是普通班的学生,这让他感觉很不公平。阿平说,高一年级8个没有空调的班中,7个是普通班。阿平说,学校在高一入学的时候按照中考成绩分班,高一(1)班为重点班,学生的中考成绩要在560分以上才能进去,而其他几个次重点班也要520分以上。

---

① 引自新浪网 http://www.sina.com.cn,2012年05月16日。

普通班学生被歧视？

教室里闷热，同学学习也无法集中精神，有的老师讲课也会出一身汗。为此，阿平班上的同学进行了一次民主投票，通过了集体出钱买空调的提议。不过当班上同学向学校提出集资买空调的时候，遭到了学校的拒绝。后来学生又表示由他们承担电费，学校还是拒绝了。

阿平质疑，重点班的空调是学校出钱安装的，电费也是学校负担，但普通班自愿出钱买空调负担电费还是不给通过，学校有意"歧视"普通班学生。

记者采访发现，该校高一的多名学生也持类似观点，学生们表示：学校在师资力量上倾斜重点班情有可原，但在硬件投入上也讲究等级，让人难以接受。

"克服困难"说引反驳

滨河中学高一年级一普通班班主任李老师称，相比七八月仲夏，5月的天气还不算炎热。对于学生提议安装空调，李老师称学生不能想要什么就给什么。李老师还认为，学生在惬意的环境下，拼搏精神会受到影响，要去尝试克服艰难的环境。对李老师的说法，一些普通班学生认为：那重点班吹空调，岂不是没能磨砺拼搏精神？

滨河中学办公室主任周晏斌接受记者采访时否认只有重点班才有空调吹。他说，学校是按照班级的序号来安排教室，高一年级有4个班级被安排在新教学楼，这栋教学楼可以安空调。而高一其他班级分在1984年建成的老教学楼，这个老楼需要改造后才能装空调。

周晏斌称，教育部门对学校也没有硬性规定必须安装空调，学校安空调，也是根据财力逐步推进的，以后会都照顾到。

相关链接二

校服颜色划分学生优劣？[①]

内蒙古包头市二十四中向该校初二、初三年级发放了100套特殊的红色校服，有资格穿红色校服的分别为初二、初三年级考试成绩前50名的优秀学生。而该校以前的校服都是统一的蓝色校服。校方负责人解释给成绩好的学生发红色校服，是为了给全校学生树立榜样。通过上图可以看出，右边扎马尾辫的女同学穿的这种红色校服背后印有"包24中优秀学生翔锐房地产"的字样，相当抢眼。既然是校服，上面为何要印上房地产公司的名号？是房产公司与包头二十四中联合办学？还是这些优秀学生是房地产公司评选出来的？让人难懂个中缘由。

按现在普通中学的一般规模，一个年级至少都有5~7个班，按每个班60人计算，也有400名学生左右，初二、初三两个年级大概800人左右。其中年级成绩排名前50名共100名学生穿上代表优秀生身份的红色校服，在一片蓝色校服的海洋中闪耀着刺眼的红校服，在班上、在校园、在街上都是很醒目的，也非常让人羡慕甚至嫉妒。

在现在的教育体制下，在越来越严重的应试教育目标追求下，评价一个学生的优劣、给学生划分等级最重要的就是看考试成绩的排名。成绩越好，老师越喜爱，家长越骄傲，学校越自豪。包头二十四中把等级观念运用在学生方面表现得更加直接而露骨，因为学生成绩的好坏只有老师最清楚，好、中、差三等，那么多学生的名字太难记了，干脆让优秀生穿上不

---

① 庞青松：《包头中学优秀生"红校服"将在一周内收回》，《北京日报》，2011年10月27日。

一样的红色校服,不就一眼能够在人山人海中分辨出来了吗?

　　这种做法是一种明显的歧视教育,校方强行给学生灌输等级观念,制造了一种完全不平等的学习坏境,极不利于学生的思想健康和心理健康。或许校方的初衷是想通过树立好榜样来激励学生勤奋学习,但采取的措施恰恰适得其反。大家可以想象,穿红校服的优秀生在班上可以受到老师的更多关注和青睐,在学校可以获得各方领导的赞赏,在街上可以得到更多行人的瞩目,而对其他学生的关注度反而会大大降低。假如两个相熟的家长在大街上相遇,一个的子女是穿红校服的优秀生,另一个子女是穿蓝校服的中等生或差等生,两个家长之间会是多么的尴尬啊。久而久之,一些学生会产生自卑心理,萌发被抛弃的内心痛苦。学生小小年纪应该让他们平等地享受学习知识的快乐和幸福,而不是承受等级划分的压抑!

　　"教育本来该教会大家如何做一棵树,但最终却只关注那一个果实"。中国科学院研究生院人文学院教授孟建伟前不久在演讲中提到,如果不能让学生知道"幸福""做人"这样最最基本、最最源头的问题,这样的教育是失败的。

第四节　以法育人,恩威并施

　　依法治国是社会进步、社会文明的一个重要标志,是我们建设社会主义现代化国家的必然要求。它旨在依法为据,注重法律规范对国家行为、社会行为、公民个人行为的强制性约束。它的实施有效地排除了权力至上、人情至上等封建主义残余观念对解决社会关系、调整人际关系的干扰,为我国步入民主法制化轨道推进了一大步。"依法治国"方略的确立,老师不能单靠个人的主观意志和想法,还要根据"法"和规则、制度来要求学生,做到"宽严相济,宽严有度""赏罚并举,赏罚分明",从而形成和谐轻松的师生氛围,有利于构筑良好健康的师生关系。

一、宽严相济,宽严有度

　　宽是老师的一种风度,一种雅量,老师对学生不可无宽,无宽则不亲和,不亲和就会陷入孤立,四面楚歌。严是一种威仪,一种力量,老师对学生不可不严,不严则不能立威,不能立威则政令不行,班级管理就不能成功。宽严的运用必须把握好火候与尺度,做到宽严相济、宽严有度。那么老师如何做到"宽"而不影响老师权威,"严"不又伤及师生之间和睦呢?这就涉及到老师的教学技巧了。[①]

(一)先严后宽

　　"先严后宽"符合人类心理发展规律和交往规则,先"严"即容易产生畏惧,后"宽"则人易对之感恩。《菜根谭》中讲到,"先严后宽者,人感其恩;先宽后严者,人怨其酷"。初接触学生时,老师一定要不苟以言笑,在学生中树立威严形象。无威不能立望,学生如果不把老师放在眼里,没有对老师形成"畏惧",那么学校的规章制度便难以严格落实,难以形成良好的班级风气,而班级的初始班风一旦偏斜,今后再想扭转,恐怕非一日之功可就。良好的开端是成功的一半,带班之初形成良好的班风学风可为今后教学工作的顺利开展打下坚实的基础。

　　班级的一切工作走上正轨之后,老师应逐渐亲善学生,针对具体情况适当调整宽严的尺

---

① 万玮:《班主任兵法》,华东师范大学出版社,2009 年。

度。要善于容学生之短，宥学生之错。只要不是原则性的错误，班主任以宽松的方式处理为佳。因为学生的很多错误都是成长中的错误，是阶段性的产物，随着年龄的增长，他们也会逐渐意识到以往的幼稚可笑之处，回想到以前不懂事时犯的错误，老师宽以待之，他们必会心存感激，而以奉献于班级作为对老师的回报。

（二）整体严，个体宽

面对班级整体，老师应开始明确宣布规章制度、学习纪律、作业要求，特别要讲明违反规定的后果，并坚持学生要严格落实老师的各项要求。对于学生中出现的不良事件，要面向全体学生讲明问题的严重性，深入挖掘，指出利害，强调指出事件对班级造成的恶劣影响。针对具体情况，可点名或不点名地对犯错学生加以斥责，以对全班学生起到警示作用。学生整体上感到规章制度很严格的，触犯底线是要受到惩罚的。

而对学生个体，老师可私下与之交流，可多站在学生角度为之分析违纪的危害，讲明老师为了维护集体利益而批评处罚他的原因，相信他今后可以改正缺点，也希望老师和学生之间互相理解。这样既能让学生认识到错误，也会增进师生之间的交流与友谊，让犯错学生在明理中规范行为，在感激中改正错误，避免因老师的批评处理严厉而导致师生关系的疏远。

（三）严后必宽

没有规矩不成方圆，在任何场合，学校的规章制度、老师的"师道尊严"都必须维护，对于违规、违纪学生，老师为达到教育警诫全班学生的目的，必须对其严肃处理，即使学生当时不认可老师的处理方式，甚至痛恨老师，从大局考虑出发，老师也必须"有法必依"，否则不足以正班风、树正气。

对问题学生进行纪律处理只是第一步，后面的第二步工作是万万不可少的，即对被处理学生的安抚工作。我们老师私下经常交流的一句就是对学生"打一下"后还要"摸一下"。《菜根谭》中说："攻人之恶毋太严，要思其堪受；教人以善毋太高，当使其可从。"学生的思想境界毕竟还未达到"依理不依情"的地步，不管老师如何正确，学生只要失了颜面，心中总会有郁结之气。存有郁结之气，早晚会寻机与老师对立。因此，老师事后一定要找被处理的学生谈心，做好善后工作。此时老师应以和缓的语气动之以情，晓之以理，客观公正地指出所犯错误的严重性，同时挖掘学生日常行为中的闪光点，并鼓励他改正错误，让他理解老师怒其不争的心情。

在班级管理中，无论宽与严都应饱含着爱的深情，以教育好学生为根本目的。严是责任，严而不酷；宽是智慧，宽而不乱，只有这样才能收到良好的教育效果。

二、赏罚并举，赏罚分明

诸葛亮在《出师表》中提出"若有作奸犯科及为忠善者，宜付有司论其刑赏，以昭陛下平明之理；不宜偏私，使内外异法也"。从古至今，无论是治国还是治军，都把合理赏罚看作是激励士气、惩诫不法、取得成功的重要手段。治班亦是如此，没有罚不足以明制度、立规矩，没有赏不足以励士气、扬正气。班级管理必得有赏罚，赏罚必得有依据、讲方法。①

---

① 唐鹿论：《"宽严相济"、"赏罚并举"在班级管理中的重要作用》，载江苏职教教师论坛。

（一）赏罚要有依据

所谓"赏罚有据"，是指"赏罚"必须有事实和规章的依据。"赏"，一定要给予有功之人；"罚"，一定要给予主观上有过之人，不能随心所欲。无论是赏还是罚，老师一定要在全体学生面前充分讲清赏罚的理由。若赏罚无据，赏罚不当，不但老师的威信会下降，而且会使受赏的学生遭到其他学生的排斥，受罚的学生会赢得其他学生的同情。这样校纪班规就不能正常推行了。

没有调查就没有发言权，要使赏罚公正，老师一定要"兼听则明，偏听则暗"，事先多了解情况，弄清事实来龙去脉，要多倾听学生的意见，只要做到客观公正，一般就不会出问题。

（二）赏罚要做到公平

公平是人类追求的最高境界，国人"患均而不患贫"，老师对待学生一定要做到公平，这是十分重要的。所谓"赏罚有信"，是指该赏则赏，该罚必罚，全班学生概莫能外。在赏罚中老师必须一视同仁，绝不能将个人的感情因素掺杂在赏罚之中。

对于班级的优秀学生犯错误，老师要给学生讲明，尽管他是优秀班干部，犯了错误同样要接受处罚。但同时要说明，"金无足赤，人无完人，"只要是人，都会犯错误，希望大家能够看人以长，今后还要支持这位班干部的工作，绝不能拿他这次受罚作为不服从他管理的理由。

对于不喜欢的学生老师也要做到该赏则赏，这让差生看到了希望和曙光：只要努力，与优生一样可以获得老师的奖励的。从而增进全体学生对老师的信任感，也会化解该生对老师以前的抵触情绪。

（三）赏罚要把握尺度[①]

不管是赏还是罚，都要把握好一定的尺度，所谓"过犹不及"是也。

赏过头，会造就受赏学生的傲慢心理，同时也会激起其他学生的忌妒心理；赏不足，会导致当事学生的失落心理，会挫伤他的积极性，同时丧失了一次在全班树立典型教育形象的机会。罚过量，会导致受罚者对老师的愤恨及全班学生对老师的疏远；罚不足，今后就仍会有效尤者。因此，赏罚适度是老师必须要慎加考虑的。

尤其是对于同一类型事件的首次赏罚，老师一定要慎重对待，因为这将成为日后每次遇到这一事件时学生心中的处理参照，如果以后的赏罚与此差距较大，学生必会拿第一次的处理方式与老师论争，那么老师将处于极其被动的地位。

（四）赏罚要讲究技巧

赏罚一定要讲究方法与策略，方法掌握不好往往会影响赏罚的效果，甚至会适得其反。

（1）赏罚并举，缺一不可。战国军事家吴起曾说："进有重赏，退有重刑"。有罚必有赏，重罚必有重赏。赏与罚都不应单独存在。只罚不赏很容易激起学生的逆反情绪、抗拒心理，即使最终达到了目的，隐患也定然潜伏了下来。只赏不罚，会降低老师的威力，受赏的没有深刻感受到特殊的礼遇，未受罚的也依然会我行我素。赏罚并举，甚至是同时进行，对学生将会起到最好的触动作用。在处罚犯错学生之后，最好立刻对表现优秀的学生行赏。罚之

---

① 尹桂春：《教育中的惩罚与惩罚教育》，江西省基础教育资源论坛。

前一定要明确表明老师对此事件的态度，并强调今后累犯者将从重处罚。赏之前一定要讲明赏的原因，并大肆表扬受赏学生。这一冷一热的瞬间变化达到的效果有二：第一，教育中间学生除恶扬善，找准自己的方向。第二，赏罚同时进行，互相映衬，使学生印象更为深刻，加强了教育效果。

（2）赏罚方式多样，既重物质又重精神。"赏"分为物质的与精神的。物质奖励一定要有，因为实物是直观的，效果是直接的，学生拿在手里，心里是满足的。兵法云"重赏之下，必有勇夫"，指的就是物质奖励。

但比物质奖励更有价值的是精神奖励。士为知己者死，虽赴汤蹈火而在所不辞的例子古往今来大有所在。长征路上红军战士缺吃少穿，贫病交加，但仍愿跟着共产党走，就是最好的例子。它的前提是正确的价值观必须树立起来，物质的作用是一时的，而精神信念的作用是长久的。所以老师对学生长期而有效的正确价值观的教育是激励学生不断进步的前提。

对于问题学生，批评教育、纪律处分虽然是必要的，也是有效果的，但身体处罚也是必不可少的。问题学生之所以会犯错误，就是因为思想上有偏差，认识上还未达到高层次，纯"理"的说教往往还难以让他受到触动，这时辅以身体的处罚就很有必要了。

对于身体的处罚，最有效、最可靠的做法就是令犯错学生罚站。罚站算不算体罚呢？注意了，这里有个前提和度的把握。前提是：一、该生确实有错。二、该生屡犯此错。三、该生错而态度不好。度的把握是：一、该生身体健康、四肢健全，无精神性疾病，能够长时站立。二、该生当天无身体不适症状。三、罚站时间一次不宜过长，以半小时内为宜。四、罚站时未剥夺该生听课的权利。五、罚站后学生身体无不良反应。

符合以上前提和度的把握，就是对违纪学生的正常惩诫而非体罚。

（3）表扬的作用永远大于批评。美国著名心理学家威廉·詹姆士说："人类本质中最殷切的需求是渴望被肯定。"现代心理学研究表明，当人们意识到自己的行为受到他人重视，自己的行为被认为有特殊的重大意义时，人的主观能动性便能够被充分地激发，潜在的能量才能够得到淋漓尽致地发挥和运用。研究还表明，对学生而言，表扬的作用大于批评，批评的作用大于漠视。

老师对学生的表扬可遵循以下几个原则：一、及时表扬与阶段总结性表扬结合。二、当众表扬与私下表扬结合。三、实事求是性表扬与适当夸大性表扬结合。四、物质表扬与精神表扬结合。

学生取得了成绩或进步，通过表扬加以巩固，可促使学生向更高的目标迈进。

（4）缩小惩罚"点"，扩大奖赏"面"。既然赏的作用大于罚，老师就应坚持"罚点赏面"的原则，缩小罚的面，扩大赏的面。当部分学生同时犯错误时，找出"首犯"重点处理，即所谓"擒贼擒王"，毕竟法不责众，打击面不可过广。

对于"赏"，则应尽量让更多的学生受益。普遍的"赏"不一定级别很高，一句表扬的话，一颗光荣榜上的红五星，一个小奖品都可令学生心满意足。

（5）赏不逾时，罚不过夜。事件发生后，从心理活动上看，无论是受赏的学生还是挨罚的学生，都对事件的处理有一个急切的期待。所以无论是赏还是罚，都要及时处理。《司马法·天子之义第二》："赏不逾时，欲民速得为善之利也。"逾期赏罚，赏罚所达到的效果会打折扣。

尤其是"罚",如果拖得太久,会使学生怀疑老师处置的公正性,至少会阶段性地造成"军心"不稳。

(6)先赏后罚与先罚后赏。赏罚宜并举,这里就存在一个赏罚先后顺序的问题。

对学生个体而言,宜先赏后罚,先抑后扬。犯了错误后,学生自身已意识到问题的严重性,只有等待老师的批评了。如果老师一味地批评,容易引起学生的对立情绪。老师应看到学生身上的闪光点,在批评之前先肯定其优点,用表扬与肯定作为铺垫,这样学生对批评也就容易接受了。

对学生整体而言,宜先罚后赏。罚在前,以突出校纪班规的严肃性。赏在后,作为缓冲,让全体学生明辨是非,看到希望,有利于学生去恶从善,寻求进步。

(五)罚之禁区

"罚"虽然是学生教育过程中必不可少的重要手段,但"罚"不当将产生严重后果,会造成学生与老师的直接对立,让老师今后的工作陷于被动。在教学实践活动中,老师们会习惯运用以下几种惩罚方式,这是应该严厉禁止的。

(1)讽刺贬损:即对学生讽刺挖苦,用语言贬损学生的人格,尤其是当众讽刺挖苦学生,容易使学生产生自卑心理和对老师的敌视心理。

(2)打骂:无论什么原因,只要打骂学生,再有理的班主任也会变成无理。打骂虽可解一时之怒,但肢体动作可形成师生之间的冲突。

(3)体罚:如让违纪学生头上顶椅子罚站、蹲马步等,弄不好会致学生身体上的损伤。

(4)侮辱性惩罚:如给学生嘴上粘封条,让学生学狗叫、带绿领巾等,会导致学生心理上的扭曲和健全人格的缺失。

(5)公布隐私:如将学生的日记、信件、情书、两性行为等公之于众,此种情况犹如将学生的衣服全部扒光,赤身裸体于大庭广众之下,其严重后果不言而喻。

(6)孤立犯错者:令全班学生不许和犯错学生说话,容易使学生产生自闭心理和仇视心理。

(7)剥夺参与权:令犯错学生不得参与运动会、春游等集体活动。学生没有集体荣誉感和责任感,更谈不上为班集体做贡献。

(8)剥夺求知权:如不给犯错学生批改作业,不解答犯错学生学习上的疑问,使学生失去了求知的欲望,产生了厌学的情绪。

(9)学生"连坐":一个学生犯错,全小组甚至全班学生受罚。如一人未打扫卫生,要求全组罚扫。不知教室玻璃是被谁打碎的,要求全班学生赔钱。课堂秩序混乱,又找不出罪魁祸首,让全班学生放学后集体留下,这种一棍子打死的做法会引发众怒,后果不堪设想。

(10)家长"连坐":学生有错,殃及家长。如讽刺贬损家长,让家长在全班当众检讨等。殊不知,家庭教育也非常重要,离不开家长的支持和理解,如家长也有意见,你的惩罚就不会有什么效果了。

(11)无关联惩罚:学生在此事上犯了错误,在彼事上受惩罚。如学生顶撞老师,老师将学生的学习成绩打低。这是毫无道理的,会让学生产生错觉,即一错再错。

"罚"的目的是为了让学生引以为戒,改正错误,再行进步,老师切不可以不当的惩罚方法使学生走向教育目的的反面。

综上所述,"宽严相济"可有效地树立老师的威望,"赏罚并举"可令班级迅速走上制度化、规范化的发展道路，二者是老师搞好班级管理、调动学生积极性的重要风格与手段。老师在加强对学生的正面教育引导，使学生树立正确的人生观、价值观、荣辱观的同时，只有科学、合理、得体地使用"宽严相济"、"赏罚并举"的手段，充分发挥二者的重要作用，才能积极调动学生的上进心，使学生自觉地步入良性循环的轨道！

第五节　尊重个性，因势利导

　　有位哲人说："世界上没有两片完全相同的树叶。"事物之间总是有差别的，即使是相同的事物，在不同的发展阶段也表现出不同的特点。所以我们在看待和处理事物的时候，要因事而异，因人而异，一切要以对象、时间、地点、条件为转移。孔子是一位著名的教育家，在施教于三千弟子时，是因材施教的，针对"子路""冉有""公西华"等不同的学生，方法是不一样的。因为学生作为一个生命体，虽然在个人性格、兴趣爱好、家庭背景和学习欲望等等方面各不相同，但并不意味着学生有"好"与"坏"、"优"与"劣"之分，可是教师非要以成绩来作为衡量的标准，给他们人为地贴上标签、戴"绿领巾"或穿不同校服。为了迎合考试，片面地追求学生的分数和升学率，岂不还是步入"应试教育"的旧途吗？应试教育的最大特点是通过标准化的程序制造出一大批高分低能的学生，它违背了教育的初衷。真正的教育是要全面提高全体学生的基本素质为根本目的，以尊重学生主体性和主动精神，注重开发人的智慧潜能，注重形成人的健全个性为根本特征的教育。教育不是加工厂，加工厂的特点是把各种不同的材料经过特殊的流水线程序打造成整齐划一、千篇一律的模子。而教育的对象是学生，是有血有肉的活生生的个体，教育的意义在于通过老师的创造性活动，将富有个性化的学生更好地发扬长处，彰显个性，以形成健全的人格，自信、乐观、积极地适应社会，敢于面对挫折，勇于承担责任等等。可是，在学校里经常听到一些同事批评自己的学生"废物""双差生"。教师越是批评这些学生，他们越是厌恶学习，时间久了，这些学生往往会落下各式各样的心理问题，比如封闭、自卑、自责、不知所措。如果我们换个角度，对这些所谓的"双差生"，对其缺点给予足够的宽容，给予足够的尊重，以呵护其自信，哪怕他们仅有一点点进步，我们作为教师就要"小题大做"，恰如其分地表扬他们，发现他们身上的闪光点，鼓励学生、帮助学生重新树立信心，或许可以取得意想不到的效果。下面我要给大家介绍世界著名六种教育方法之一的"赏识教育"。

赏识教育

　　有这样一则寓言：一个农夫伐倒了一棵大树，用笔直的树干盖了一座木屋，剩下了树根，他觉得没有用，就将它扔在了野外。一位雕塑家经过这里，无意中发现了这个树根，他如获至宝，小心翼翼地把它带回家，精心雕刻，终于制成了一件精美的艺术品。树根在农夫看来只是一件废品，可由于雕塑家关注它，发现了它的潜力，它就变成了一件艺术品。树根的命运为什么截然不同？不在于树根自身，而在于使用树根的人。雕塑家独具慧眼，能从普通之中发现奇特之处，变废为宝。[1]

---

　　① 卢俊：《赏识学生拨动学生心智之弦》湖北省中小学德育网。

　　俗话说:"金无足赤,人无完人。"每个人都有自己的优点,也有自己的缺点。有些性格上的特点,很难说是优点还是缺点,急性子容易做错事,但有时急性子容易促成问题的迅速解决。不能简单地说"急性子"和"慢性子"孰优孰劣,只是要看它放在什么时间什么场合罢了。对于学生的所谓"缺点",老师不能简单地再以"讥讽""冷眼""棍棒相加"了。正如人民教育家陶行知说过:"你的讥讽中有爱迪生,你的棍棒下有爱因斯坦,你的冷眼中有贝尔。"赏识教育正是基于教育过程中的"承认差异、允许失败、无限热爱"等奥秘总结出来的。有一位平凡的老师周弘曾用这种教育方法将双耳全聋的女儿培养成了留美博士生,并用这种理念培养了一大批各行各业的精英,这难道不是赏识的功劳吗?

　　人生的价值包括两个方面,一是个人要对社会做贡献,这是基础;二是个人要获得社会的承认和满足,这是动力。若与我们的潜能相比,我们只是半醒状态。我们只利用了我们的肉体和心智能源的极小一部分而已。往大处讲,每一个人离他的极限还远得很。他拥有各种能力,就看能不能唤出它们。而慷慨的赞美就是唤出它们一部分的一个有用方法。学生在高考前夕,老师曾语言激励学生:"不逼迫自己,不知道你们自己有多优秀。"赏识是热爱生命,善待生命,是孩子生命中无形的土壤、空气、阳光和水。"赏识教育"是承认差异,挖掘闪光点,允许失败的教育,是让孩子舒展心灵,尽展潜能的教育。作为教师,如果他拥有赞美学生、鼓励学生、激励学生发挥潜能的能力,那么,他离教育家也就不远了。下面几则案例是笔者在教学工作中,充分运用了赞赏与肯定的教育方收到了可喜的效果,下面举例说明之。

案例 ①

　　记得刚接这班学生时,为了尽快地熟悉学生,在第一次班会上,我面带微笑,用信任的目光望着全班学生,说:"老师刚接这个班,和大家还不熟,为了能尽快地记住大家,今天,请同学们写写自身的闪光点——优点,看看自己有哪些长处,让老师通过你的优点记住你,好吗?"话音未落,全班同学炸开了锅。这个说:"啊? 还写优点呀!"那个说:"老师,缺点还写吗?"更有的说:"我没有优点呀!"顿时,我意识到传统美德教育已在学生心灵深处扎下了根,虽然他们才是三年级的学生,但此时,我要让学生们在老师对他们的理解、尊重中寻找自己的长处,找回自信,树立自尊;我要让学生们明白,从另一个角度来看,赏识其实是一种提醒、一种暗示、一种激励。听了我的一番解释,同学们渐渐地进入了角色。过了一会儿,我发现班上一名学习成绩最差的学生只字未写,急得抓耳挠腮。学习上的劣势使他饱尝了失败的痛苦,让他失去了自信。他时常感觉到自己处处不如别人,此刻,鼓励他树立自信的机会来了。于是,我让同学们帮他找闪光点。有的说:"他爱劳动,每天都帮我们我们干值日。"有的说:"他爱帮助同学,上次还借橡皮给我呢"有的说:"他是我们班跳绳最好的"……我也跟着说:"老师还发现他上课发言最积极。"听到同学们和老师热烈的赞扬,看到老师和同学们赞许的目光,他感动了,不好意思地低下了头。他第一次沉浸在受人尊重的气氛中,他体会到了受人赞赏的喜悦。打那以后,他变了,真的变了。学习比以前主动了,作业基本能完成了,还多次得到了老师的表扬。他进步了,是尊重与赏识开启了他的内驱力。

　　赏识教育不是表扬加鼓励,是赏识孩子的行为结果,以强化孩子的行为;是赏识孩子的行为过程,以激发孩子的兴趣和动机;创造环境,以指明孩子发展方向;适当提醒,增强孩子的心理体验,纠正孩子的不良行为。

案例 ②

有一次,我与一位学生谈心,他比较调皮,总是违反纪律,学习成绩也不理想。谈到他时,他先是沉默,尔后告诉我:"妈妈说我是坏孩子!不再管我了!"伤心的泪水顺着脸颊往下流。在我的启发下,他说:"其实,我知道妈妈对我好,也很关心我,但是总拿我跟别人比。每次考试,考得好点的时候,他们就说比你考得好的人多着呢,有啥了不起;考得不好时,他们要不就唉声叹气,说没摊上好孩子,没完没了地说我,骂我,有的时候还打我。老师,我太笨了,还不遵守纪律,大家都不喜欢我吧?"

听了他的话,我清晰地看到,随着升学竞争的激烈,学生在家里受批评多、受表扬少,受讽刺多、受鼓励少。其原因是,家长对学生的要求、期望太高,总用放大镜来看孩子的缺点。其结果是,孩子没有了上进心,增加了自卑感,从而产生了无所谓心理及逆反心理。这种现象的产生,与其说是学生的问题,还不如说是家长的问题。于是,我通过家长会和平时经常联系,帮助家长学一点教育学、心理学知识,让他们了解一些现代教育的特点和规律,学会了解孩子、尊重孩子、赏识孩子、理解孩子,掌握一些教育子女的方法和艺术。经过学习,家长们都说,没想到教育孩子还有这么多学问,看来真该好好学习学习。学生们也说,以前学校开家长会,我们胆颤心惊地等待着"暴风骤雨"的来临,现在开完家长会,父母都是心平气和地与我们交谈,我们再也不怕开家长会了。

有了家长的配合,这个孩子转变特别明显,纪律明显好转,学习成绩有了显着提高,自信又重新回到了他的脸上。赏识教育不单单是学校要开展,家庭更有着重要的作用,家庭教育必须与学校教育形成一股合力。没有家长们的积极参与,学校的教育是难以获得最佳效果的。我相信,今天的赏识,一定会换来孩子明天的成功。

赏识教育是人性化、人文化的素质教育的好理念。它是实现自身和谐、家庭和谐、亲子和谐、团队和谐的秘方,是和谐社会的细胞工程。

案例 ③

"妈妈!只有你最欣赏我!"①

第一次参加家长会,幼儿园的老师说:"你的儿子有多动症,在板凳上连三分钟都坐不住,你最好带他去医院看一看。"回家的路上,儿子问妈妈,老师都说了些什么,她鼻子一酸,差点流下泪来。因为全班30位小朋友,只有她的儿子表现最差;唯有对他,老师表现出不屑。然而,她还是告诉她的儿子:"老师表扬你了,说宝宝原来在凳子上做不了一分钟,现在能坐三分钟了。其他的妈妈都很羡慕你的妈妈,因为全班只有宝宝进步了。"那天晚上,儿子破天荒吃了两碗米饭,并且没让她喂。

儿子上小学了。家长会上,老师说:"全班50名同学,这次数学考试,你儿子排在第40名,我们怀疑他智力上有些障碍,你最好带他到医院去查一查。"走出教室,她流下了泪。然而,当她回到家里,却对坐在桌前的儿子说:"老师对你充满了信心。他说了,你并不是个笨孩子,只要能细心些,会超过你的同桌,这次你的同桌排在第21名。"说这话时,她发现,儿子

---

① 《妈妈!只有你最欣赏我!》,载《家庭教育(幼儿家长)》2010年10期。

黯淡的眼神一下子充满了光亮,沮丧的脸一下子舒展开来。她甚至发现,从这以后,儿子温顺得让她吃惊,好像长大了许多。第二天上学时,去得比平时都要早。

孩子上了初中,又一次家长会。她坐在儿子的座位上,等着老师点她儿子的名字,因为每次家长会,她儿子的名字总是在差生的行列中被点到。然而,这次却出乎她的预料,直到家长会结束,都没听到她儿子的名字。她有些不习惯,临别去问老师,老师告诉她:"按你儿子现在的成绩,考重点高中有点危险。"听了这话,她惊喜地走出校门,此时,她发现儿子在等她。走在路上,她扶着儿子的肩膀,心里有一种说不出的甜蜜,她告诉儿子:"班主任对你非常满意,他说了,只要你努力,很有希望考上重点高中。"

高中毕业了。第一批大学录取通知书下达时,学校打电话让她儿子到学校去一趟。她有一种预感,她儿子被第一批重点大学录取了,因为在报考时,她对儿子说过,相信他能考取重点大学。儿子从学校回来,把一封印有清华大学招生办公室的特快专递交到她的手里,突然,就转身跑到自己的房间里大哭起来,儿子边哭边说:"妈妈,我知道我不是一个聪明的孩子,可是,这个世界上只有你能欣赏我……"听了这话,妈妈悲喜交加,再也按捺不住十几年来凝聚在心中的泪水,任它流下,打在手中的信封上……

我们经常说,"没有教不好的学生,只有不会教的老师。"这个说法有点道理,但过于绝对。民间也有转述类似于"没有种不好的庄稼,只有不会种庄稼的农民";"没有教不好的孩子,只有不会教的父母"!农民怎样对待庄稼,决定了庄稼的命运,家长怎样对待孩子,决定了孩子的一生!农民希望庄稼快快成长的心情和家长希望孩子早日成才的心情完全一样,但做法却截然不同:庄稼长势不好时,农民从未埋怨庄稼,相反总是从自己身上找原因;而我们孩子学习不行时,家长却更多的是抱怨和指责,很少反思自己的过错!知儿女心者父母,再坏的孩子也有优点。案例中的母亲没有放弃孩子,而是从生活细微琐屑之事中找优点,其用心之苦之恒,用心之专之深,非常人所能做,因而也育出骄人的成果。

第六节　依法施教,师德规范

党的十五大报告首次将"依法治国"写进党的报告。这是我国治国方略的一大转折。"依法治国"在党的十五大报告中表述为"广大人民群众在党的领导下,依照宪法和法律的规定,通过各种途径和形式管理国家事务,管理经济文化事业,管理社会事务,保证国家各项工作都依法进行,逐步实现社会主义民主的制度化、法律化,使这种制度和法律不因领导人的改变而改变,不因领导人的看法和注意力的改变而改变。"其本质是崇尚宪法和法律在国家和社会生活中的权威,而不再是某个领导人的权威,其目的在于实现人民的权益有法律的切实保障。从"人治"到"法治",意味着教育开始走上法治化的正当道路上来,从此掀开了新的一页。

一、严以律己,作风正派

(一)教师是一种特殊的职业

其特殊性在于他工作的对象是学生,是活生生的生命个体。教师的使命就是通过自己的劳动,促进学生的全面发展。从这个意义来说,"教师是灵魂的工程师"名副其实。那么,老师相应的责任就比较重,要求比较高,所谓"学高为师,身正为范",老师不仅要有丰富扎实的专业知识,还要有崇高的品德。所以国家对教师的要求也非常严格,教育制度从无到有,从不健全到完善,对教育的对象、主体、目标、手段等等作了规范。教育政策文献有《中共中央关于教育体制改革的决定》《中国教育改革和发展纲要》《面向 21 世纪教育振兴行动计划》《中共中央国务院关于深化教育改革,全面推进素质教育的决定》《爱国主义教育实施纲要》《公民道德建设实施纲要》《关于适应新形势进一步加强和改进中小学德育工作的意见》《关于进一步加强和改进未成年人思想道德建设的若干意见》等。国家行政法规有《国务院关于基础教育改革与发展的决定》《基础教育课程改革纲要(试行)》(教育部)等。我国教育基本法律有《中华人民共和国宪法》中有关教育的主要条款,《中华人民共和国教育法》《中华人民共和国义务教育法》(修订)和《中华人民共和国教师法》《教师资格条例》等。从政策到法律行政法规,针对教育方针、教育(办学)基本原则、公民受教育权、教育基本制度、学校和学生的权利与义务、教育投入与条件保障、法律责任等方面,规范十分具体全面。大到宪法,小到规章制度,既有法律法规这个"有形的手"又有教师道德这只"无形的手",规范约束教师的行为,从而促成良好和谐的师生关系的产生。

(二)《中小学教师职业道德规范》对教师自身做了较高的要求

相关链接

"第一条 依法治教。学习和宣传马列主义、毛泽东思想和邓小平同志建设有中国特色社会主义理论,拥护党的基本路线,全面贯彻国家教育方针,自觉遵守《教师法》等法律法规,在教育教学中同党和国家的方针政策保持一致。不得有违背党和国家方针、政策的言行。"

"第二条 爱岗敬业。热爱教育、热爱学校、尽职尽责、教书育人,注意培养学生良好的思想品德。"认真备课上课,认真批改作业,不敷衍塞责,不传播有害学生身心健康的思想。

"第四条 严谨治学。树立优良学风,刻苦钻研业务,不断学习知识,探索教育教学规律,改进教育教学方法,提高教育、教学和科研水平。"

"第七条 廉洁从教。坚守高尚情操,发扬奉献精神,自觉抵制社会不良风气影响。不利用职权谋求私利。"

"第八条 为人师表。模范遵守社会公德,衣着整洁得体,语言规范健康,举止文明礼貌,严于律己,作风正派,以身作则,注重身教。"

二、以身作则,注重身教

教师的特殊性使得教师在日常生活中扮演着极其重要的角色,影响力也是有目共睹的。那么,在社会这个大舞台上,教师如何放好自己的位置显得尤为重要。结合自身多年的教学生活实际,我倡导老师正确的处理几种关系。

(一)师生关系

1.《中小学教师职业道德规范》第三条规定:"热爱学生。关心爱护全体学生,尊重学生的人格,平等、公正对待学生。对学生严格要求,耐心教导,不讽刺、挖苦、歧视学生,不体罚或变相体罚学生,保护学生合法权益,使学生全面、主动、健康发展。"所以在教育管理和教学

中,要做到:

(1)热爱学生,尊重学生,不讽刺学生。

(2)与学生谈话要用热情的语调,鼓励的眼神。既严格要求,又避免简单粗暴,不训斥学生,不伤害学生的自尊心。

(3)学生行礼问好时,教师要微笑还礼致意。

(4)保持良好的心境,善于控制调节自己的情绪,不得向学生发泄怨气而影响工作,损害自己的形象。

(5)教态亲切,声情并茂,形成良好的教育教学风度。不准用教鞭敲桌子。不坐着上课(生病不能坚持者除外)。

(6)坚持正面教育,不准以罚代教(罚站、罚劳动、罚抄作业,罚不准进教室上课等)。

2.在日常生活中应文明用语,切忌粗语伤人。

(1)应说:"这次考试成绩不理想,多分析一下原因,争取下次取得好成绩。"忌说:"你拖了全班的后腿,你这块臭肉毁了一锅好汤"。

(2)应说:"只要肯下苦功,一定能学好!"忌说:"白痴""蠢猪""笨蛋""我看你就不是学习的料""朽木不可雕也""你的脑子灌上铅了"。

(3)应说:"你的作业很乱,请重写一遍,好吗?"忌说:"你的作业乱像狗刨一样,赶快撕了给我重写!"

(4)应说:"你要好好学习,不断进步,用学的知识为祖国为人民服务,这样才不会虚度此生!"忌说:"你这辈子是完了,就是块种地的料。"

(5)应说:"请你站起来回答问题""请坐下"。忌说:"站起来!给我回答问题!"

(6)应说:"请你坐好"。忌说:"你给我坐好了""你没长骨头啊!"

(7)应说:"你把衣服穿好了,这样不更潇洒吗?"忌说:"把衣服给我穿好,看你像个痞子似的"。

(8)应说:"你把头发理一理,不显得更精神吗?"忌说:"看你不男不女的,快给我去剃了"。

(9)应说:"我看你不带首饰、不化妆更漂亮"。忌说:"看你打扮得像个妖精似的"。

(10)应说:"请你把个人卫生搞好"。忌说:"看你脏得像个猴似的,快给我整理好!"。

(11)应说:"请你振作精神,专心听讲!"忌说:"你上课睡觉也行,只求你别捣乱!"

(12)应说:"这件事我不太清楚,我给你问问"。忌说:"我不知道""我不管""谁知道找谁去"。

(13)应说:"见师长请主动问好"忌说:"看你像个哑巴似的,连句话也不会说"。

(14)应说:"见到师长请主动让座"。忌说:"你没长眼啊,你屁股长铅了"。

(15)应说:"对不起,这个字老师误写了!"忌说:"老师毕竟是老师,走过的桥比你走的路还多,老师总比你强"。

(16)应说:"有了错误不要紧,只要改正就是好学生"。忌说:"再犯错误,就把家长叫来!"

(17)应说:"你违犯了纪律,应冷静地考虑一下,这样做到底对不对?对自己对别人究竟带来什么危害!下课后来找我谈谈你的想法。"忌说:"一边站着去!"或"滚!给我滚出去!"

(18)应说:"不要紧张,请你再听听,再想想!"忌说:"这么简单的问题也不会,我说了几遍你都听不懂,真是对牛弹琴!"

(二)教师与家长的关系

教育不仅是学校的事,还需要社会特别是家长的配合,所以正确处理教师与家长的关系也尤为重要,处理恰当,可以事半功倍。《中小学教师职业道德规范》第六条规定:教师要"尊重家长。主动与学生家长联系,认真听取意见和建议,取得支持与配合。积极宣传科学的教育思想和方法,不训斥、指责学生家长。"在实际生活中,教师接待家长和来宾,要热情有礼,起立送迎。提倡不接受家长馈赠,不得向家长索取物品,不得在任何节假日暗示学生送礼。不得对学生有亲疏远近的表示,不勉强家长为自己办私事。在交谈,也要文明用语:

1. 应说(对家长):"我想和您一起找找原因,帮孩子尽快改掉缺点"。忌说:"有其父必有其子,你的孩子又犯错误了,回去好好教训他";

2. 应说:"请你和学校加强联系,密切配合,共同教育好您的孩子。"忌说:"你的孩子屡教不改,你把孩子领回去,我们无法教育!"

(三)教师与同事的关系

爱校如家,学校是教师工作生活的场所,教师接触最多的是学生,而生活中接触最持久的是同事,一种和谐的同事关系使你生活如沐春风,十分惬意。《中小学教师职业道德规范》第五条规定:教师之间要"团结协作。谦虚谨慎、尊重同事,相互学习、相互帮助,维护其他老师在学生中的威信,关心集体,维护学校荣誉,共创文明校风。"教师应尊重他人,团结同事,诚恳待人,礼貌相处,不议论、不传播别人隐私,不诽谤中伤同事,不互相拆台,教师之间,不允许言行粗鲁和争吵行为,团结协作,奋发向上。经常使用礼貌用语,诚恳待人,重视与同事的协作关系,形成教育教学合力。

第六章　兵无常势，水无常形

——因材施教，德艺双馨

兵家是诸子百家中最讲究实际功效的一家，它以取胜为明确目的。以战屈人之兵也好，不战屈人之兵也好，火攻也好，用间也好，所有一切手段都为着一个清晰的战争目的：胜利。

在教育教学工作中，教师经常会遇到需要解决的问题，然而在面对这些问题的时候，有时会因为对目标没有清晰的认识而兜圈子。结果转来转去，精力被分散了，也不能全力以赴，造成问题迟迟不能被解决的局面。

其实，我们细细想来：教师教书育人，将军带兵打仗，二者之间本质上差别并不大，也都是一个目的性的追求过程。教育学如能从兵家的思想里寻找补充能量，定能有许多新的发现。

第一节　兵家概论

兵家是中国古代对战略家与军事家的通称，又特指中国先秦、汉初研究军事理论，从事军事活动的学派，是诸子百家之一。兵家是春秋战国"百家"中的一个重要学派，以研究作战、用兵为其主要宗旨。《汉书·艺文志·兵书略》将兵家著作分为四类：兵权谋类侧重于军事思想、战略策略；兵形势类专论用兵之形势；兵阴阳类以阴阳五行论兵，且杂以鬼神助战之说；兵技巧类以兵器和技巧为主要内容。

各家学说虽有异同，然其中包含丰富的朴素唯物论与辩证法因素。兵家的实践活动与理论，影响当时及后世甚大，是我国古代宝贵的军事思想遗产。

一、兵家介绍

（一）孙子兵法

《孙子兵法》又称《孙武兵法》《吴孙子兵法》《孙子兵书》《孙武兵书》等，英文名为 *The Art of War*，是中国古典军事文化遗产中的璀璨瑰宝，是中国优秀文化传统的重要组成部分，是世界三大兵书之一（另外两部是：《战争论》（克劳塞维茨），《五轮书》（宫本武藏））。其内容博大精深，逻辑缜密严谨。作者为春秋末年的齐国人孙武（字长卿）。

《孙子兵法》分为卷上、卷中、卷下，包括十三篇，即计篇、作战篇、谋攻篇、形篇、势篇、虚实篇、军争篇、九变篇、行军篇、地形篇、九地篇、火攻篇、用间篇。其军事核心思想是五事，即道、天、地、将、法。

（二）孙膑兵法

中国古代著名兵书，古称《齐孙子》。战国中期孙膑及其弟子撰。《孙膑兵法》早有著录，

《汉书·艺文志》载："《齐孙子》八十九篇，图四卷。"其后失传，《隋书·经籍志》即不见著录。1972年4月，山东临沂银雀山汉墓出土了一批孙膑论兵的竹简，经过整理、注释，编纂为《孙膑兵法》，由中国文物出版社于1975年2月与7月两次公开出版。共364简，11000余字，分上、下两编，各15篇。上编直接辑录孙膑的有关事迹和言论，下编是否完全属于孙膑的论著，尚难确断。1985年《银雀山汉墓竹简·孙膑兵法》将下编移出，补入"五教法"一篇，共16篇，294简，文字亦有较多修正。这批竹简由于自然剥蚀和出土时发掘上的原因，残断散乱十分严重。虽经文物部门大力整理，已不能恢复原貌。但可以看出，其书应是孙膑及其弟子所著。

该书继承了《孙子兵法》等书的军事思想，总结了战国中期及其以前的战争经验，在战争观、军队建设和作战指导上都提出了若干有价值的观点和原则。

它明确主张，"战胜而强立，故天下服矣"（1975年7月文物出版社《孙膑兵法》，下同），否则就会"削地而危社稷"。它用历史经验说明，奢谈仁义礼乐不能"禁争（夺）"，只能"举兵绳之"，用战争解决问题。这是符合当时七强并立，全国渐趋统一的客观要求的。

在军队建设上，它认为首要的问题是"富国"，只有"富国"才是"强兵之急者也"。关于强兵，它重视训练、法制和将帅条件。提出"兵之胜在于篡（选）卒，其勇在于制"，即士兵要严格挑选，严格训练，有良好的组织编制，做到赏罚严明，"素听""素信"，令行禁止，才有战斗力。将帅不但要具备德、信、忠、敬等品质，还要善于掌握"破强敌，取猛将"的用兵之道——"阵"（布阵之法）、"势"（有利态势）、"变"（战法变化）、"权"（争取主动）。并重视人的作用，认为"间于天地之间，莫贵于人"。

在作战指导上，强调要"知道（取胜之道）"，认为"安万乘国，广万乘王，全万乘之民命者，唯知道"。又说"知其道者，兵有功，主有名"，所谓"知道"，就是"上知天之道，下知地之理，内得其民之心，外知敌之情，阵则知八阵之经。"强调创造有利的作战态势，即所谓"孙膑贵势"（《吕氏春秋·不二》）。诸如未战之前要"事备而后动"，准备好了再打。既战之后要灵活用兵：己强敌弱时要"赞师"——示弱以诱敌出战；敌强己弱时要"让威"——先退一步，后发制人；势均力敌时要调动、分散敌人，然后集中兵力，"并卒而击之"；击穷寇时要"待生计"——引而歼之，等等。它还要求善于"料敌计险"，利用地形，做到"居生击死"——自己居于有利的"生地"，逼敌处于不利的"死地"。并要求根据地形情况和车、骑、步特点，"易则多其车，险则多其骑，厄则多其弩"，因情用兵，掌握主动，强调实行"必攻不守"的进攻方略。认为"赏""罚""权""势""谋""诈"，是益胜的重要条件，而较之于以上六者更为紧要的是"必攻不守"。

（三）三十六计

《三十六计》是根据我国古代卓越的军事思想和丰富的斗争经验总结而成的兵书，是我国古代兵家计谋的总结和军事谋略学的宝贵遗产。其中每计名称后的解说，均系依据《易经》中的阴阳变化之理及古代兵家刚柔、奇正、攻防、彼已、虚实、主客等对立关系相互转化的思想推演而成。三十六计后没有专门的兵书，但很多著作与兵家有关。

二、兵家思想

（一）战略思想

兵家第一推崇"不战而屈人之兵"的全胜战略，就是说追求万全，追求以最小代价取得最大的胜利；第二提倡先发制人，兵家认为，打仗不能被动而打，必须自己主动进攻；第三兵家认为战争应该速战速决，要进攻进攻再进攻，以最短的时间，取得最大的战果，实现战争的目标。

(二)军事思想

《孙子兵法》就是用兵的方法，重点是放在用兵方法的探讨上，兵法里提出了许多重要的原则和争取战争主动权的思想，如"致人而不致于人"。这个话虽然很简单，但是包含了一切战争的最主要的核心含义，就是说：调动别人，不要被别人所调动。就是把主动权掌握在自己手上。再如"知彼知己"，就是说你不了解情况你不能打，情况了解得不充分也不能打，不但要知彼知己，而且要早知，过了时的话，就过了期。还有一个就是"避实而击虚"，即你不能跟别人硬碰硬，你要用自己的优势去打击别人的薄弱等。

(三)治军的理论

管理军队和建设军队的一个基本的思想就是：军队是老百姓组成的，这个军队不经过训练，不经过调教没有一定的纪律，没有一定的规章制度，就形成不了战斗力。孙子对这个问题非常重视，提出了一系列的具体的治军的方法，那么这些方法和许多包括用将，将领用什么样的人，包括部队的训练、部队的赏罚等等很多。其核心就是一句话，叫做"令之以文，齐之以物"，就是用政治教育、物质管理、精神鼓励来教育军队，使他们形成为谁打仗、为谁作战的一种基本的思想。

第二节 兵家学说当代社会价值

作为中国传统文化的精粹——兵家学说，备受中外政治家、军事家、企业家的青睐，现在甚至有各行各业与兵家的书出版，其核心是兵家以人为本的管理思想与现代市场经济和现代企业管理存在许多共同的机理和原则，从农业经济时代，到知识经济时都可以找到它的用武之地，给现代企业家很多的启迪。

一、兵家以人为本的价值

"圣人所贵，人事而已"，"问于天地之间，莫贵于人"。兵家在注重将帅选拔的同时，也极其看重士卒的能动性，认为士兵也是克敌制胜的重要因素，得人者昌，失人者亡。任何事业的成功都受天时、地利、人和的影响，但其中人的因素是首要的、决定性的。兵家人本思想的理念，突出了人作为社会发展的目标和动力。

人类在 20 世纪中期后既获得了空前的发展，也遇到了一系列的"发展危机"。如经济发展引发了生态环境恶化、贫富差距拉大、价值信仰危机等等社会问题。人生的意义被淹没于对物质的片面追求中，人性的丰富内容被消融在物性的纯粹释放里，人对自我的认识和关怀服从于逐物的需要。社会发展的这种"物本"倾向，导致了人的自我异化。古代兵家的人本管理理念正好填补了西方传统管理理论中人性的匮乏，注重以人为中心的综合发展观，揭示了人的发展实际上是人的需要的发展，顺应了时代发展的需要。

无论是兵战、商战，起关键作用的都是人，人是竞争的核心资源，决定军事竞争胜败的是人才,决定经济或科技竞争成败的同样是人才。

二、兵家在经济领域的价值

下面我们以《孙子兵法》研究会(洪兵:孙子兵法的现代应用)的部分内容阐述,兵家学说在经济领域的应用历史悠久。据《史记·货殖列传》记载,最早将《孙子兵法》引入经营管理的是战国魏文侯时的白圭。他将孙吴兵法和商鞅之法的原理,用于生产经营,善观时变,采取"人弃我取,人取我与"等策略,取得了成功。北京大学北大国际 MBA 中方院长胡大源说:"《孙子兵法》是对两千多年前大量战争实例的精辟总结。当今 MBA 教育的核心就是要培养学生深入观察现实问题进而找出其规律的能力。每个企业都欢迎善于解决问题的经理人。"中国人民大学商学院院长徐二明说:"在国外学习战略是将《孙子兵法》作为经典的参考书,他们认为战略中的许多思维方式早在两千多年前就解决了。其实外国人喜欢看的书,反而是我们的《孙子兵法》,他们觉得很有用。近年来,很多管理学学者发现企业竞争与战争有很多相似的地方,他们已经将《孙子兵法》的理念应用于管理运作上。"LG 中国总裁卢庸岳说:"我很喜欢中国的《孙子兵法》,里面有很多智慧的东西。对于经营管理也很有用。"

20 世纪 60 年代,日本将《孙子兵法》引进了企业管理。日本学者村山孚说:日本企业的生存和发展有两个支柱,一个是美国的现代管理制度,一个是《孙子兵法》的战略和策略。日本企业家大桥武夫撰写了《兵法经营学》,讲述如何将兵法理论运用于商战,其中特别强调以孙子兵法管理企业。日本的"经营之神"松下幸之助,公开宣称《孙子兵法》是他们成功的法宝。他说:"中国古代先哲孙子,是天下第一神灵。我公司职员必须顶礼膜拜,对其兵法认真背诵,灵活应用,公司才能兴旺发达。"日本麦肯齐公司董事长大前研一写了《孙子对日本经营管理产生的影响》一文,指出日本企业所以能战胜欧美企业,原因就在于日本"采用中国兵法指导企业经营管理,比美国的企业经营管理更合理有效"。他在《战略家的头脑》一书中,大量引证《孙子兵法》的内容,宣称《孙子兵法》是日本企业的"最高经营教科书"。

美国的经济学界和企业界在对孙子兵法顶礼膜拜上并不比日本人逊色。美国著名管理学家乔治在《管理思想史》中则说:"你想成为管理人才吗?必须去读《孙子兵法》!"美国当今著名经营战略学家哈默在他的文章中多次引用孙子的语录。他说:"仅估计已知竞争者的当前战略优势无助于了解潜在竞争者的决心、持久力与创造力。孙子,一位中国军事战略家,三千年前就曾论证道:'出其不意、攻其不备'。"美国福坦莫大学商学院副院长、北京大学北大国际 MBA 美方院长杨壮说:"《孙子兵法》是战略理论领域的传世之作,是世界兵法史上的经典之作,是一本企业致胜之道的巨著。"

其他国家的有头脑的成功企业家也同样看到了孙子兵法的价值。意大利埃尼公司总裁贝尔纳贝说:"关于战略这一题目,我正在读《孙子兵法》,这是一本大约两千五百年前由一位中国将军孙子所写的经典教科书,这是一本关于战略的全面的教科书,今天仍能运用到人类的各种活动中去。"

孙子的思想已经在现代经济战略理论上打上深深的印迹。美国营销大师菲利浦·科特勒也曾在其《营销管理》一书中,探讨了兵法在营销中的应用。日本企业家非常推崇孙子"上下同欲者胜"的思想,将其与儒家思想结合创立了温情主义的合作型管理模式。在现代经济战略管理学中,有一个叫做"SWOT"的概念(Strengths ,Weakness,Opportunity and

Threats)，即"强弱、机遇和风险"。来华讲授经济学的美国学者约翰·阿利，将"SWOT"与《孙子兵法·虚实篇》联系在一起。他指出："《孙子兵法》的虚实之分及其倡导的以实击虚的效果，与现代 SWOT 分析方法的效果如出一辙。SWOT 分析法是营销中流行的策略性方法。这种方法给出公司强弱的领域，给出市场的机会与风险。应用实力去追寻机遇的观点，可以说是《孙子兵法》的再版。这完全是换一种说法说出了我们计划要做的事情。"这位学者还专门撰写了一篇文章，题目是《孙子七字谋略——营销经理如何应用孙子兵法》。他在文中写道："《孙子兵法》虽然古老，却可能成为未来的蓝图。"

《孙子兵法》帮助许多企业家获得了巨大商战的战果。美国通用汽车公司董事会主席罗杰·史密斯在 1984 年销售汽车 830 万辆，居世界首位。他说他成功的秘诀就是"从两千年前中国一位战略家的《孙子兵法》一书中学了许多东西"，从而使他获得了一个"战略家的头脑"。"兵无常势，水无常形，能因敌变化取胜者，谓之神"。市场是瞬息万变的，经营者应依据市场变化灵活采取对策。索尼公司应用孙子的这一思想取得了成功。50 年来，索尼"以正合，以奇胜"，不断根据市场需求，推出新产品，占领市场，支撑企业发展。

"夫兵形象水，水之形避高而趋下，兵之形避实而击虚"。这种思想已成为企业的重要战略思想。许多企业避开市场竞争主战场，独辟蹊径，开辟无人涉足的细分市场，一举获得成功，达到了扬长避短、避实击虚的效果。在这方面，日本的任天堂公司就是一个成功的例子。它原是一家生产扑克牌的小公司，1980 年独辟蹊径开发出普及型家庭游戏机，打开日本市场，1986 年推出适合美国家庭的游戏机，又开辟了美国市场，现在正席卷欧洲市场。

我国著名企业家张瑞敏对《孙子兵法》有深入的研究。他认为，抢占市场要有速度，这就是孙子所说的"激水之疾，至于漂石者，势也"，而这个"石"就是顾客。他运用《孙子兵法》的战略思想，在激烈的商场竞争中获得巨大成功，使中国的海尔走向世界。

沃尔沃中国区首席执行官吴渝章是一位运用《孙子兵法》非常成功的企业家。1997 年他刚加盟沃尔沃时，该公司在中国年销售量只有 27 辆。经过 5 年奋战，他击败了主要竞争对手，将沃尔沃年销售量提高了 30 多倍，占据了中国大车市场的主要份额。他深有体会地说：市场就是战场。不懂市场战争学的企业家，不可能带领企业在长期市场竞争中取得最终的胜利。不懂《孙子兵法》的企业家，不可能是真正的成功者。古语云：半部《论语》治天下。今朝云：半部《孙子兵法》打江山。《孙子兵法》是商战中的"圣经"。特别是在今天中国从计划经济向市场经济飞速过渡的时代，也就是在各个行业的商战中从一统"周天子"天下的局面向"春秋"，再飞速向"战国"发展的时代，《孙子兵法》对我们的企业家们更具有深远的指导意义和实际的使用意义。

三、兵家在其他领域的价值

兵法在其他领域也同样得到广泛的应用。例如，在外交领域，美国著名国际战略专家布热津斯基在他的《运筹帷幄》一书中，直接依据孙子的思想阐述对苏联的不战而胜战略，并通过对孙子"得天下之众"的"衢地"的理解，提出了"关键性国家"的概念。在体育领域，据报道说，巴西足球教练斯科拉里带《孙子兵法》出征世界怀，并应用孙子兵法的思想获得了世界怀。有一篇孙子兵法与象棋的文章，其中写道："如果我们能够精熟地理解《孙子兵法》，并把其运用到象棋的实战当中，我们可以说是把握了大部分象棋战术的源头，我们的棋艺也会有一个飞跃似的发展,我们的水平会越来越接近一个高手的水平,甚至超越他们。"除此之外,孙子兵法在领导艺术、人事管理、人生追求甚至家庭关系等方面,也有着这样或那样的应用性的联系。我们如果细心地浏览一下图书馆和书店的书目,可以轻易地找到这些方面的应用书籍。

第三节 兵法教师,智慧育人

在军队,将军考虑的问题是整体而不是局部,是长期而不是短期。将军的指导思想出现偏差,军队最终一定会走向失败。在教育过程中,教师同样需要深谋远虑,不光要考虑学生的现在,也要考虑学生未来的发展,教师要练就一颗将军的心。

一、练将军的心,做教师的事

(一)教师的拳拳责任心

国家的伟大复兴靠教育,振兴教育的希望在教师。学校教育为每个公民未来的发展奠定基础,老师一年年把自己的学生变成社会的人才,作为"人梯"的教师,我们的一言一行无时无刻不对学生起着潜移默化的作用。作为一名优秀的教师首先必须有强烈的社会责任感,具备高尚的人格与师德。孔子向学生们谈起自己的社会志向时说:"老者安之,朋友信之,少者怀之"。正是因为孔子能自觉担负极其重要的社会责任,才使得孔子不知疲倦地终身努力和追求着,才成就了其伟大的教育智慧和万世师表的形象。

(1)学会认真:认真做事,并不是每一个人天生具有的习惯,但如果人养成这样的习惯,他的素质就会提高。在班主任的工作中,就应该要求学生,事事认真。有的班主任就提倡,要么就不做,要做就认真做。其实升旗、清洁卫生、做操、读报等,这些都是能提高学生素质的。

(2)学会选择:人在生活过程中,存在许多选择,但我们在选择的过程中,标准并没有形成,往往是感性认识。如闹钟响了,是睡一会儿,还是起床?如果选择多睡一会儿,就是放松自己。我们不应该在每次选择时都给自己一台阶下,这样是很难战胜自己的。

(3)学会锻炼身体:学生在学习的过程中要学会锻炼身体,身体健康是学习好的前提条件之一。参加集体锻炼学生一般是愿意的,也有这样的意识,但学生没有自觉锻炼身体的意识,如在睡觉前做做俯卧撑、仰卧起坐、跑步等。班主任在管教学生的学习之余也应该培养学生的锻炼习惯。就如军队平时的练兵训练一般,时时训练。

(二)教师的见微知著心

教师的心要大,但不能眼高手低,做的事是小事,越细越好,教育家成功的诀窍就是重视细节。有这样一个故事:在美国的一个夜晚,一位老太太在空荡无人的大街上行走,却十分认真地遵守红绿灯的交通规则。国人记者见此情况后对其内心活动进行了一次追问:你在没有任何安全隐患的情况下,为什么不直接走过去呢?老人的回答令人汗颜:我走过去是安全的,但是万一恰好被一位躲在某个角落里的孩子看到,下一次他就可能会学我,这是多么可怕的事啊。教师能做的事情看起来都很小,有时候甚至小到不被人注意,但对孩子的影响可能是终身的。就如行军打仗中,某一环节布置不到位,就会全盘皆溃。

二、重教学战略构想,有教学战役实施

(一)掌握教学的节奏

庄稼人都知道做农活既不能拔苗助长,也不能耽误时机。

在军事中,如果战略错了,在途中即使获得几次战役胜利,但最终的结果也只有一个,那就是失败。教育也是这样,如果你对教育没有战略构想,没有把握节奏,最终即使没有失败,效果也会不好。在现实中,许多老师在初一或小学甚至幼儿园就把孩子逼得很紧,看似这些孩子的学习成绩很好,但由于他们接触的事物太少,学的东西太单一,到初三、高中后他们的后劲就跟不上来。武汉某校的高中在接收了本区各初中的学生后做了个对比,发现只是学习好但是综合能力差的学生越学越没有劲,成绩越来越差,究其原因,很大一大部分在于我们的家长、老师对孩子学习成长的急于求成。

在生活中,很多幼儿都喜欢石膏涂色这个活动。有的孩子在涂精细部位不会不好时,有的家长就会代劳,而有的家长不会。多次后,小孩之间的差距就很明显了:家长不代劳的孩子涂色会越来越来好,反之,家长喜欢代劳的孩子的水平原来是怎么样后来还是怎么样。可见,在小孩的教育过程中,要有长远观念,把关原则,分开注重节奏。

教学实例:一位小学一年级数学老师,在教学生看图列式计算时,题目是这样的:左边3个苹果,右边5个苹果,下面是括号和一个"?",问一共有几个苹果;第二种是,告诉你一共有8个苹果,左边有三个,在右边打问号,问右边有几个苹果。老师是这样讲的,问号在下面就用加法,问号在上面就用减法。这样教授后孩子题目肯定是会做了,分数也提高了。但是,孩子们做这样的题的意义就全部没有了,学生的思维不能得到任何锻炼。

(二)教育要严谨高效

军队在每次战役实施时都是非常严谨的。我们教师在每次具体的教育活动的实施中,也必须严谨。如每次课堂教学的实施,我们不仅要精心备课,而且要严谨实施,在实施完后还要认真反思、总结。在和孩子的每次交谈中也应先研究学生的个体差异,重视个性教育与共性教育结合。只有这样,教学才有可能收获高效。

教学实例:小学一年级学生刚开始学写字时,教师第一会要求握笔姿势,第二会要求准确把握笔的重心,第三要求注意笔画笔顺。所有这些都需要严谨,否则,长大以后再纠正就比较困难。

教育实例:某校初一(1)班转来一个问题生,而该生不同于一般的问题生,他的本性善良孝顺,尤其对自己的母亲。可是有一天老师在教育他时不客气地提到他母亲的不对,结果引起该生的极大逆反,最后两人不欢而散。

三、像将军一样抓平时训练,重视每次练习机会

养兵千日,用兵一时。就像军事训练,教师在教育、教学中的机智、素养、水平不是天生就有的,需要平时的训练、积累。我们只有重视平时的训练,才有能力打胜仗。对学生的训练,首先应该是学习习惯,也就是一些学习细节,如怎样读书、怎样思考、如何记笔记、如何做

作业，等等。

教学实例：在我们的学习生涯中，到处都有"抄"这个字。"好记忆不如烂笔头"就是说抄写的好处，学习中我们会抄笔记、抄单词、抄题目等等，但在学习的过程中对抄有许多常见的误区，很多人不知道简单的抄写也是有大学问的。

（一）文字抄写的学问

很多学生在题目抄写上总是看一个字抄一个字，其实正确抄写方法应该是每次看一句话，先暂时地记下来，接着一边念一边抄，这样既可以在速记中理解句意，又可以加快抄写的速度。

（二）抄笔记的学问

有的学生为了把笔记写清楚，跟不上老师的节奏，注重了记，没有注重听与思考过程。我们不是为了抄笔记而抄笔记，而最终是要掌握知识，提高自身的学科素养。很明显上述记笔记的方法，对自己的学习不仅没有帮助，还有不好的影响。正确的做法是，我们要懂得去粗存精，拣一些经典的、有用的记下来。要学会速记，追求笔记的速度不追求笔记的整洁度。

（三）抄标答的学问

在学习的过程中，经常出现错误，需要订正，就会出现抄标答的情况。很多时候，学生都选择抄完后，再看，从而达到记忆或理解水平。其实这样既浪费时间，又很难使知识达到应用水平。正确的做法是，把标答看懂或听懂或理解，再自己重新做，只有这样才能真正达到对知识的理解与应用。

从以上可以看出，只有在平时的细节中，注重训练，学生的学习效率才可能提高，在考试时，才能打漂亮战。

四、像将军爱兵一样关心学生成长，研究学生的教育发展

（一）关心学生成长的关键期

关心学生的成长，其实我们每一位教师都在做，但是我们往往眉毛胡子一把抓，希望孩子什么都进步，什么都好。其实孩子在不同时期的成长是有侧重点的。就像我们经常所提的美国教育，在大学以前就注重小孩思维的培养，也就是说，他们把0～17岁作为思维培养的关键期。我们对小孩的教育如果面面俱到，看似小孩全面发展，其实他们顾此失彼，有些东西以后可以补上，有些东西以后是不可能补上的。所以我们一定要关心孩子的关键期，在关键期主要做关键事。

教学实例：启蒙教育注意教学立体化要求学生在学习过程中，不让学生的学习停留在平面，如学生只听不练，听的时候不想。在此要求学生听课必须用眼、耳、手、脑等。下面以幼儿园的教育来说明，如教小孩1＋1＝2，你不能就告诉小孩要他记住1＋1＝2，你还要告诉1＋1的意义，学生也能从生活中举出1＋1的实例，只有这样学生才能理解1＋1＝2，这样立体化的学习学生才能掌握知识，同样的道理，对于高年级的学生，就应该给学生提要求，要他们进行立体化的学习。

对不同年龄阶段的学生应采用不同的教育方法，老师不仅要从科学原理上了解学生的一般年龄特征，而且要从学习生活细节中熟悉他们由年龄带来的各种微小差异。例如，什么

年龄爱打弹子,什么年龄爱踢足球,什么年龄爱跳皮筋,什么年龄爱做艺术体操;什么年龄爱嬉闹,什么年龄爱争辩;什么年龄最相信父母,什么年龄最相信老师,什么年龄最相信书本等等。只有这样,才能有更多的教育主动权。

(二)研究教育发展的动向

教育是科学,科学是发展的,每次教育的发展为社会带来的变化是巨大的,所以我们要关心教育的发展,研究教育的动向,就像我们关心军事动向一样,只有这样,我们才能走在教育的前沿。

教学实例:创新、探究等都是素质的重要组成部分,但是我们教育出来的学生,并不是都具有创新、探究的天分,社会岗位也不是都需要这样的人才,如某孩子养成认真的习惯,做事有序,喜欢动脑,思维严谨,善于整理等等,这些都是非常重要的素质。通过对素质的研究,我们就明白,其实素质教育,并不是完全搞创新,搞探究。这样我们通过对教育的研究,完成我们教育的飞跃。

第四节　循循善诱,因"敌"制胜

兵家实例:"上兵伐谋,其次伐交,其次伐兵,其下攻城。"

建兴三年,益州飞报:蛮王孟获,大起蛮兵十万,犯境侵掠。其势甚急。孔明乃入朝奏后主曰:"臣观南蛮不服,实国家之大患也。臣当自领大军,前去征讨。"由此开始了对孟获的七擒七放。直至孟获完全臣服。

对孟获的七擒七纵就是"上兵伐谋",以"谋"致胜的最好例证。教师能否从中得到一些工作启示?

一、依计行事,制度取胜

现代管理实例:某小型的印刷公司,员工只有四人,公司负责人对四人做了非常详细的管理制度,如工资分为基本工资与奖金,奖金包括考勤、计件、年终奖金等,但由于公司只有四人,没有严格的休息制度,计件管理也不太好,执行的过程中很困难,最后这个制度被废除。其实原因是他们的制度得太细,公司人太少,在制度的执行中,如人太少,就要把制度粗化,人多就要把制度细化。

惩罚有度、奖励分明是军队的保障,同样的道理,制度也是学生管理的保障,每个学校都会或多或少地出现几个所谓的差班,老师都不喜欢这样的班级。可是,我们反思一下,我们会悟出:很多时候错不在学生,根源可能出在管理上面,出在制度的执行上面。

班级管理工作如何做呢?

(一)制定制度

制度的粗、细、宽、严,是制度制定前需要仔细权衡的问题,如以上的印刷公司,因人少,制度就应粗,不宜细而班级没有形成前,制度就应严,低年级学生班规就应细,高年级学生班规就应粗,因为低年级学生对规矩的认识不够,需要细的制度规范学生,高年级的学生制度太死就容易约束学生。

(二)执行制度

执行者一是要遵规守纪,严格要求自己,带头不违反任何规章制度。对于违法乱纪的行为要坚决抵制与批评。对于破坏班级的行为,一定要有处罚。要有完善的奖惩制度,该奖的一定奖,该罚的一定要罚。

二是往往破坏制度与不遵守规章的是组织中的特权阶层。学生干部成绩优秀者都是特权阶层,在制度管理执行上要一视同仁。对于特权阶层,不遵守班级制度的一定要从重处罚,以儆效尤。

三是长期不懈抓执行力。执行力是从上倒下,而不是从下到上。先从高管开始抓执行,再一级级往下落实执行力。

四是唯才是举。学生中有能力的不一定有好成绩,有好成绩的不一定有能力。只要有才能的学生是个明白人,能遵守班级班规,就应该大加重用。

(三)完善制度

制度的制定是理想化的,需要不停地用实践来检测,每年要来完善,修改,就如宪法也是需要及时修改的。每年我们面临的学生都是不一样的,情况各有差别,因此,制度也应与时俱进,不断修正修改,以适应新一届学生的实际情况。

二、练生如练兵

俗话说"养兵千日,用兵一时"。兵为什么能一时用,关键原因就在于平时的"养"。对于学生,我们也应该"养"。

(一)养学生的心理

(1)作业当考试,考试当作业。在有些学生考试过程中,出现心理紧张等现象,其原因是,在平时的作业中,没有独立完成作业的习惯,如不会做就问别人,看答案;下笔前思考不够,如经常用橡皮,题目没有看完就开始慌着答题;做的过程中思维不够严谨,如推理不够严密等等。为了解决这样一些问题,我们只要把平时的作业就当做考试,这样的问题就都可以自然解决。

如在高考的答卷中学生最后15分钟的考试效率很低。原因是学生认为15分钟很短。为了解决这样的问题,老师可以编一些试题,学生大概在15～20分钟内可以完成,就给学生15分钟计时考试。让学生形成15分钟可以做很多题的心理暗示。这样在正规考试中,学生就没有慌的心态了。

(2)战略轻视,战役重视。在高中阶段,物理学科较难,很多学生,由于有了这样的潜意识,因而他们学习物理的畏难情绪很高。这时老师一定要训练学生轻视物理学科,让他们觉得并不难,如出题可以简单些,讲题可以慢一些等,让学生觉得物理也还好,在学习具体的物理题、知识点时就重视它,认真思考、讨论每一环节。作业也同样给予重视。这样就不会让许多学生在物理上偏科。

学生的心理训练还有许多种,如与人交流、尊敬师长、与同学交流、面对压力、对待不公平、审美等。

（二）养学生的习惯

（1）思维习惯。思维有许多，如逻辑思维、发散思维、空间思维等。人在学习和生活过程中，思维是有习惯的，如理科学生的逻辑思维习惯就很重要。在平时，你就应该让学生养成逻辑思维的习惯，在平时的生活点滴中你就应该多问学生为什么，包括家庭教育，也应要求家长这样做。

（2）做事动脑的习惯。在现代，学生喜欢把什么都安排好，自己依照步骤做就可以了，不喜欢独立思考和学习，如不会就问，问同学、问爸妈、问老师等，这样的学生没有独立思考的习惯。在平时的班级管理中，我们要做懒惰型班主任，不要把事情都设计好，而要让学生自己去动脑完成。

三、兵家军魂，"生"家班魂

坚强不屈的意志和勇敢拼搏的精神，加上迎难而上的信念就是军队的军魂。有了军魂，就有了凝聚力，就有了胜利的基础。只要军队的军魂不散，这支队伍就永远不会成为屈于人之兵。同样，一个班级有了自己的理念，有了自己的凝聚力，它也会产生像常胜军队一样的效应。理念强盛的班级学生的士气也强，各方面的发展也相应更好。

（一）班级的正力与负力

班级就是一支小军队，学生要有团结意识，在学生的学习和生活过程中发生的事，对班级的成长都有正力和负力之分。在平常的教育教学活动中，给学生分清他们的行为对班级的影响。让学生清楚地认识到他们的行为对班级是有影响的，如学生课间在教室谈话，对有些想学的同学就有影响等。

（二）班级的浮躁与沉稳

有些班级特别浮躁，有些班级就沉稳一些，这就是班级性格，我们应该让班级有性格。但如何让班级性格不浮躁呢？首先要求班主任自己不浮躁，其次让学生清楚地给自己定位，最后是找到自己的目标和理想。不要让学生在不清楚地认识自己的基础上，给自己建立目标，这样学生就会浮躁。

（三）团队与个人

军队行动往往是集体行动，人马一出，无往不胜。这里，我们提供一个清华学生的案例。在高三初期，该生完成作业都成问题，但他不断地思索着解决办法。他发现只要同学团结一心，使班级整体实力提高，个人也就有了竞争力。于是他决心努力提高自身的思想境界，不吝啬向同学公开自己的学习技巧，也不害怕被其他同学赶超。并且他还在寝室发表新政：早上五点钟亮灯。从此，他不再是一个人在奋斗，寝室全体成员都以全新的面貌迎战高考。最后他们的效率大大提高，每个人都收获了很多。从以上我们可以看出团队的力量。再如像衡水中学的跑步、班级之间的挑战等方式都是团队协作的好范例。

四、知己知彼，百战不殆

孙子兵法有云："知己知彼，百战不殆。"而"知己"与"知彼"相比较，"知彼"就更为重要。而对生死相敌的对手，这一条则更为重要。伟大的斗士都是不会随便轻视他的对手的。要做到"知彼"，最好的方法莫过于站在对方的立场看问题。失败者的一个重要原因是，他们从来都不懂得站在对方的立场看问题。

某个犯人被单独监禁。有关当局已经拿走了他的鞋带和腰带，他们不想让他伤害自己（他们要留着他，以后有用）。这个不幸的人用左手提着裤子，在单人牢房里无精打采地走来走去。他提着裤子，不仅是因为他失去了腰带，而且因为他失去了15磅的体重。从铁门下面塞进来的食物是些残羹剩饭，他拒绝吃。但是现在，当他用手摸着自己的肋骨的时候，他嗅到了一种万宝路香烟的香味。他喜欢万宝路这种牌子。

通过门上一个很小的窗口，他看到门廊里那个孤独的卫兵深深地吸一口烟，然后美滋滋地吐出来。这个囚犯很想要一支香烟，所以，他用他的右手指关节客气地敲了敲门。卫兵慢慢地走过来，傲慢地哼道："想要什么？"

囚犯回答说："对不起，请给我一支烟……就是你抽的那种：万宝路。"

卫兵错误地认为囚犯是没有权利的，所以，他嘲弄地哼了一声，就转身走开了。这个囚犯却不这么看待自己的处境。他认为自己有选择权，他愿意冒险检验一下他的判断，所以他又用右手指关节敲了敲门。这一次，他的态度是威严的。

那个卫兵吐出一口烟雾，恼怒地扭过头，问道："你又想要什么？"

囚犯回答道："对不起，请你在30秒之内把你的烟给我一支。否则，我就用头撞这混凝土墙，直到弄得自己血肉模糊，失去知觉为止。如果监狱当局把我从地板上弄起来，让我醒过来，我就发誓说这是你干的。当然，他们决不会相信我。但是，想一想你必须出席每一次听证会，你必须向每一个听证委员会证明你自己是无辜的；想一想你必须填写一式三份的报告；想一想你将卷入的事件吧——所有这些都只是因为你拒绝给我一支劣质的万宝路！就一支烟，我保证不再给你添麻烦了。"

卫兵会从小窗里塞给他一支烟吗？当然给了。他替囚犯点了烟吗？当然点上了。为什么呢？因为这个卫兵马上明白了事情的得失利弊。这个囚犯看穿了士兵的立场和禁忌，或者叫弱点，因此满足了自己的要求——获得一支香烟。[1]

对于教师而言，了解学生的情况是必要和必须的。我们不光要了解学生的学习情况，也要了解学生的心理情况、家庭情况、个人喜恶等情况。这样对学生教知识也好，交谈也好，就能掌握充分的主动权，达到最佳的教育效果。

教学案例：小敏是个爱好动漫的女孩，痴迷的状态下就连上课的时间也不放过，多次被科任老师和同学举报。班主任在接到投诉后，想了想，和小敏说了一番话就把问题解决的差不多了，他说了什么呢？他说："小敏，如果文化课分数不过关，你报名的那所大学就上不了了。"原来，班主任已经知道小敏的高考理想学校，他抓住这个要害和小敏做了一番"短谈"，成功抓住要点，把小敏的状态很快调整过来，上课也就专心了很多，最后考上了自己心仪的大学。

---

① 《换位思考的故事》，网址来源：http://wenku.baidu.com/view/5bf14805bed5b9f90f1cf5.html。

第五节　因材施教，良师益友

下面，我们来看看部分教师按照兵法思想处理问题的一些实例。

一、兵家思想在班主任管理工作中的实际运用

（一）"上屋抽梯"讲道理

一次中午，四个学生去上网打游戏，被班主任发现，回到学校，有三学生撒谎说，在外吃饭。经过反复的教育，有一学生承认是上网去了，结果三个撒谎的受到严厉的惩罚，诚实的那位学生，没有受到惩罚。过了几天，又有几个孩子去上网，回来，班主任一问，他们都承认了，结果还是受到了严厉的惩罚。学生问老师，我们都诚实了，为什么还要受到惩罚呢？老师说，诚实不是用来逃避犯错的护身符。

从以上可以看出，学生是单纯的，没有弄清楚诚信到底应该如何利用。这里，主要有以下几点要注意：第一，我们要在生活、学习中反复要求学生诚信，提醒学生诚信是重要的品质。第二，尽量提升诚信的价值，如有一学生，平时从不迟到，突然一次迟到，如果不是主观故意就不要给学生惩罚。第三，教会学生利用诚信，诚信是越用越少，不用诚信指数就越来越高。第四，告诉学生在社会上诚信的用处及意义。

很多学生在诚信诚实这个问题上想得不够明白，以为只要是承认了错误就万事大吉，却不知在反复地承认当中，自己的诚信值在不断地降低，如果老师只是一味地批评，可能犯错的学生还觉得冤枉无比。这个案例中的班主任巧妙地使用了"上屋抽梯"这个法子，不费多少口舌就使学生心服口服。

（二）"抛砖引玉"动脑筋

一个班主任在全班第一次清洁大扫除时，要求班长擦一块玻璃作为样板给学生看，下面是班主任对班长的点评：第一，做事动脑不够。原因在班长把窗台槽的灰（刚装修，窗台槽内灰很多）用抹布兜向垃圾桶，花了6次做完。如果把垃圾桶拿过来一次搞定，不但省力，而且不会把灰掉在地上；第二，不善于发现问题。班长在擦窗户时，多次请求班主任检查，而他自己不善于发现哪里没有做好；第三，做事无序。班主任最后检查时，发现他还漏掉了一部位没有做；第四，不勇敢。玻璃上有一污点没有擦，问原因，班长说擦不掉，班主任问他想过哪些办法，他说你看看，这能擦掉吗？很明显他试都没有试。

很多老师在某种知识或决策的推行过程中受到阻力时很习惯把原因归结到学生的不行上面，但是没有去想如何改变学生的基础、习惯，只是一味地责怪。毫无疑问这些问题的确都是素质太差带来的，我们要做的不是抱怨而是想法子改变这种状况，所以，我们在教育学生时，首要的是是反思如何帮学生提高素质，而不是一味地怪学生太差。

（三）"空城计"里练能力

一次期末考试，考前班主任要进行考试安排，由于一次突然的会议，到学生放学的时候，班主任还没有回来，班长就把考号以及他所知道内容告诉了学生，就把学生放回家了。在同一年级出现了两个这样的班，甲班主任事后批评了学生，乙班主任事后表扬了学生。为什么

呢?原来还有重要的事班长不知道,造成考试期间有一些工作无法开展(考试期间学生打散、无法集中)。甲注重的是学生的纪律约束,培养的是听话的学生,乙注重培养学生的自主能力,学生可以根据自己的判断,做出最好的解决。很明显,乙班主任的做法更有利于学生的发展。

在班干部的培养过程中,是把班干部培养成一忠实的执行者,还是给班干部较大的空间,让班干部自身去发展?这是很重要的一个问题。诸葛亮手下的人执行力都很强,但是自主空间不够,万事都是一句"但凭丞相做主",最后的结果可想而知。在班主任管理过程中,班主任要给班干部较大的自主空间,有时候可以适当地使用"空城计",不要事事都过问,许多班级事务,不涉及原则问题,即使班干部问你,也只谈谈一些指导思想,不说做法,不要怕失败。

(四)"假道伐虢"练意识

在一次清洁卫生中,甲同学倒垃圾,乙同学扫地。甲倒垃圾很快,而其时乙还未扫完地。班主任看到了还是表扬了甲生,轻轻地说了说乙的动作要快。后来,乙也加快了速度,清洁很快就完成了。但事后,甲乙同学都被批评了。为什么呢?

从以上可以看出,学生的团队意识太弱,不懂得在团队中要相互协调,只注重自己的事或感受。在学校中,这样的毛病体现在上课窃窃私语,做清洁不管别人,学习不愿意帮助别人等。在今后的工作过程中,如果也有这样的毛病,则无法完成各种团队活动,不能与别人协调、合作,很明显这样的学生是没有生存空间的,发展机会就小很多。

在班主任的工作过程中,能训练团队的精神的地方很多,如清洁卫生的安排策略,以组为单位、单周为界限、文明班级为目标。不注重个人的质量,只检查组的质量,以此强调学生的集体意识。多组织一些团队活动,如拔河比赛、分参赛队和啦啦队、篮球比赛、升旗仪式,注重学生的整体表现等。其实班主任自己也需要团队意识,由于班主任有许多特权,在作业的安排中,班主任应优先考虑科任老师的作业,要学会权衡,学会平衡。班主任和科任老师之间也是团队,也要学会协调。班干部之间也是团队,他们团结在班主任的周围,需要相互协调。

(五)"欲擒故纵"求真知

甲:我视力不好,看不见,老师把我调到前面坐吧。(甲如愿以偿)

乙:甲怎么总是坐前面,这公平吗?

像以上这些,在班主任工作过程中经常出现,学生都希望自己受到公平对待,但事实上,要做到真正的公平是不容易的,很多学生也常常以此为借口拒不承认自己的错误,给班主任的工作带来很多麻烦。

其实,解决这类问题也很简单,在工作中,我们可以结合社会实际,让学生感受到生活中的不公平,以此告诉学生社会的不公平性,然后要学生去通过自己的努力改变这样一些不公平。但在实际操作过程中还是要尽量做到公平,如座位的轮换等等。尽自己最大努力让学生享受公平,但在学生中提倡不公平。这样我们就很好地利用了不公平。但在具体使用中我们要慎重思考,注重平衡,注重学生的实际情况、认知水平等问题。

(六)"擒贼擒王"擒要点

在平时的清洁卫生时,清洁委员总是最累,事也最多,且效果不一定很好。某班主任在清洁委员的培训过程中告诉清洁委员一个办法:首先,把班上的学生分成四类,第一类既会做又愿意做;第二类会做而不想做;第三类想做但不会做;第四类不会做也不想做。对第一类学生不用管,第三类学生由清洁委员在课外培训,第二、第四类学生由班主任解决。

从以上可以看出,在管理的过程中,不能随便地对学生发力,在企业管理中有种概念叫执行力与执行能力,执行力差的人需要管理,执行能力差的人需要培训。我们的班干部就是我们班主任的中层干部,我们可以教给他们一定的管理学知识,只有这样,我们的班干部才可能真正的得到锻炼。班主任还可以运用管理法把班干部进行分类,对班干部进行管理或培训。

(七)"连环计"中计连环

一实验者用 300 个一样的人,分三组去跑 10 公里。第一组:只告诉起点、前进方向。第二组:告诉起点、前进方向,终点有人欢呼,有奖品。第三组:告诉起点、前进方向,终点有人欢呼,有奖品,沿途有人喊加油,有人服务,前 5 公里每隔 1 公里告诉跑的路程,后 5 公里告诉还剩的路程。实验结果是第三组的成绩最好。

看到这个实验,我们一定也会想到学生只有一个目标是不行的。我们班主任在帮助学生定下目标后,接着一定要做的事就是激励,要经常为学生服务,给学生鼓掌,设置各种奖励等,在外部环境做足文章。再就是要抓住学生的内在东西纠正与放大,如学生内向,不多话,就要求学生多做题,多看书,这样就放大了他的优点,同时还提示他时刻多想老师提出的问题,下课多与老师交流,这样就规避了他内向的缺点。

(八)"假痴不癫"真聪明

某班的学生不喜欢自己动脑筋,遇事总是喜欢问班主任怎么办。开始,该班主任都一一告诉学生该怎么怎么做,然而时间一长,班主任发现学生的依赖性越来越强,甚至衍生到了学习上面。该班主任决定要改变做法。一次学生办黑板报,需要小桶,有学生来问班主任,没有桶怎么办,班主任告诉他:没有桶我能怎么办?你自己不能想办法吗?我能想的你也可以想到。该生后来果然自己想办法借到了一个小桶。从此以后,该班主任有一口头禅:自己想办法,别问我,我不会。经过反复的实验,该班主任发现学生的动脑习惯改了许多。

班主任工作是一项实践性很强的工作,班主任要想提高自己的工作水平和效果,必须在日常工作中及时进行反思。班主任的工作千头万绪,班级每天发生的事情都是班主任工作的对象,在这些工作中,蕴含了丰富的反思资源。班主任应在第一时间进行反思,因为事情刚刚发生,细节历历在目,此时反思有利于全面把握事情的经过,清晰梳理其中的功过得失。但是,趁热打铁式的反思有时会有"不识庐山真面目,只缘身在此山中"的不足,因此,班主任应在不同时间、从不同的角度、以不同的角色对实践进行反思,以求得反思全面、客观。

二、兵家思想在教学工作中的实际运用

(一)将者,智、信、仁、勇、严也

孙子说:"将者,智、信、仁、勇、严也。"(《孙子兵法·计篇》)这段话的意思是:统兵的将帅,必须具备大智奇谋、赏罚有信、仁慈博爱、勇敢果断、严法明纪等五个方面的才能、品德和气质。

将帅是领兵打仗的，需要五德皆备。教师是培育人才的，更需要五德皆备。因为，"智者，先见而不惑"，只有具备先见之明，才能更好地"传道、授业、解惑"；"信者，号令一也"，只有号令一致，赏罚分明，才能师道尊严；"仁者，惠抚恻隐"，只有关爱学生，才能和学生心心相印；"勇者，徇义不惧"，只有正义果敢，无私无畏，才能为人师表；"严者，以威严肃众心也"，只有令行禁止，严肃执纪，才能扶正祛邪，培育人才。所以，这五条都是教师必备的基本素质，缺一不可。

老师不仅要自己是将军，最终目标是所带的学生个个是人才，同样的道理，学生能成为智者、信者、仁者、勇者、严者，这样的学生就具有了将才。

（二）不战而屈人之兵

孙子说："不战而屈人之兵，善之善者也。"（《孙子兵法·谋攻篇》）如果我们把教学比作一场战争的话，那么我们就要遵循"不战而屈人之兵"的原则——攻心为上，攻心才是"善之善者也"。部分教师抱怨，学生的学习积极性不高，生源较差、学生习惯不好等等。其实，责任在教师自己——你不能让学生认识到学习的重要性，未能让学生体会到学习的趣味性，没有让学生树立目标，建立理想，更谈不上信仰。学生自然动力不足、积极性不高。这样教师自然怨声载道，学生只有叫苦连天。孔子云："知之者不如好之者，好之者不如乐之者。"明明白白地告诉我们，必须让学生体会到学习的乐趣，只有这样才能产生强大的学习动力，从而取得良好的效果。作为教师不仅要让学生成为"知之者"，还要让学生成为"好之者"，最终成为"乐之者"，把学习变成一种自觉行为。难怪苏霍姆林斯基对教师说："请记住：成功的欢乐是一种巨大的情绪力量，它可以促进儿童好好学习的愿望。请你注意无论如何不要使这种内在的力量消失。缺少这种力量，教育上的任何巧妙措施都是苍白无力的。"［苏霍姆林斯基《给教师的建议》（上）］当然，做好培养学生的内动力是一项十分复杂的工作，如：给学生一能实现的目标，让学生体会成就感；让学生潜移默化感染成功人士，建立朦胧的理想；让学生钻研他们喜欢的领域，获得快乐感等。只有这样学生的学习积极性才会提高，动力实足，导致成绩理想。也就是说，学习积极性不高，动力不足，导致成绩是"流"，不能让学生认识到学习的重要性，未能让学生体会到学习的趣味性才是"源"。

（三）上兵伐谋，其次伐交

孙子说："故上兵伐谋，其次伐交，其次伐兵，其下攻城。攻城之法为不得已。"（《孙子兵法·谋攻篇》）这段话的意思是：用兵打仗，上策是从智谋上战胜敌人，使敌人屈服；其次是从外交上压服敌人，使对手处于孤立无援的困境；再次是攻打敌人的军队，以武力战而胜之；而最下策是攻打敌人的城堡，这是作战中不得已而为之的办法。所以，善于交战的将领，不是采用武力使敌人屈服，也不是靠硬拼的办法攻占敌人的城池，更不是采用久拖不决的消耗战去吞并敌人的国家。因此，运用谋略迫使敌人完全地降服，军队不受挫折而取得完全的胜利，以此争雄于天下，这就是运用谋略战胜敌人的法则。这种战争的胜负系于决策正确与否的思想，体现出对战争指导者主观能动性的高度重视。

教育虽然不是战争，但同样需要运用智慧和谋略，去指导教学实践，培养学生，达到教书育人的目的。如前面谈判过的案例：一次中午，四个学生去上网打游戏，被班主任发现，回到学校，有三学生撒谎说，在外吃饭，经过反复的教育，有一学生承认是上网去了，结果三个撒谎的受到严厉的惩罚,诚实的那位学生,没有受到惩罚。过了几天,又有几个孩子去上网,回来,班主任一问,他们都承认了,结果还是受到了严厉的惩罚,学生问老师,我们都诚实了,为什么还要受到惩罚呢? 老师说,诚实不是用来逃避犯错的护身符。从以上可以看出,学生是单纯的。第一,我们要在生活、学习中反复要求学生诚信,提醒学生诚信是重要的品质。第二,尽量提升诚信的价值,如有一学生,平时从不迟到,偶然一次迟到就不要其受任何惩罚。第三,教会学生利用诚信,诚信是越用越少。不用诚信指数就越来越高。第四,告诉学生在社会诚信的用处及意义。

为师者教书育人有良策和高招,学子们求知上进有箴言与捷径,但是,只有明确学习目的,才能永不满足,奋发进取;只有端正学习态度,才能克服困难,一如既往;只有掌握学习方法,才能举一反三,触类旁通。从而在学习中达到不战而屈人之兵的目的。

(四)将不胜其忿愤而蚁附之

学生认识不到学习的重要性,体会不到学习的趣味性、愉悦性,自然视课堂为畏途,学生对学习产生厌倦,失去努力的方向,甚至产生只要不学习都好,课上睡觉、开小差、说话甚至打闹的出现也就不足为怪了(有些孩子纯属管不住自己,出现上述情况另当别论)。不管哪种情况,作为教师的我们是没有任何理由发怒的,更不要说去体罚学生了。

容易发怒是老师的修养不够。老师可以装怒,不可以真怒,即使从养生的方面考虑也是不应该真怒的。所谓"怒伤肝"是也。不会制怒不仅无益,反而有害。所以,孙子说:"将不胜其忿愤而蚁附之,杀士三分之一而城不拔者,此攻之灾也。"(《孙子兵法·谋攻篇》)那意思是说,如果一个将军不会控制自己的情绪,感情用事而导致死了很多战士,这是鲁莽攻城的悲惨结果。这句话对于所有的在教学中不会制怒的老师应该是非常有用的。将军的不会制怒,导致战士牺牲,老师的不会制怒,对学生就是慢性毒药。

如果我们把每一堂课都看做一场战役的话,那么我们教师就是这场战役的指挥员,自然这场战役的胜利与否,很大程度上决定于指挥员的指挥是否得当。控制不了自己的感情,不计后果地感情用事的结果,大部分是损人同时又不能利己。何苦来呢?

下面是我们在中国基础教育网上看到的例子:

《北京青年报》2000年10月26日

据《生活新报》报道,近日,云南玉溪市北城镇夏井小学发生了一起罕见的恶性事件:教师体罚学生并强迫学生吞吃苍蝇。

10月17日上午,18岁的夏井小学四年级一班数学教师潘光礼听班上学生说该班学生何卫经常在上学途中逗留、玩耍,便把何卫找来,要求何卫用4分钟时间从学校跑回家再跑回学校。由于年仅10岁的何卫没能按时返校,潘竟在上课时令该班学生将何卫按在课桌上,用抹布捂住嘴,再由潘先做示范,用教棍打其屁股,然后让其他学生依次效仿。

中新网昆明5月17日消息

云南省会泽县上村乡中学教师聂朝宽,蛮横地将一名14岁的初中生活活打死,日前聂朝宽被检察机关依法批准逮捕。

《中国青年报》

浙江省玉环县法院昨天对幼儿园老师剪断幼童食指一案,作出一审判决。以故意伤害罪判处被告人林益芬有期徒刑一年零六个月。

近日,山东省莒南县人民法院审结一起由教师体罚学生引起的故意伤害案件,以故意伤害罪判处被告人何某有期徒刑一年,宣告缓刑;赔偿自诉人张京医疗费等经济损失 2826.48 元。一个陕西的老师让学生吃大便,一个小学的老师在学生脸上刻了个"贼",一个安徽的老师让学生在犯错误的学生脸上用刀刮等等。我们还看到了后来的事情:这些当时气愤至极的老师都受到了处分。我想,这恐怕不是这些老师们的期望吧。

从某些方面来说,教师这职业不好当,因为它在感情控制力上的要求特别高。对孩子要爱,爱高于一切,要真爱;要怒,但不能真怒;要罚,但不能体罚,这些度的把握需要好好修炼。

(五)将能而君不御者胜

《孙子兵法·谋攻篇》上说:"将能而君不御者胜"。这句话的意思就是要求领导者要充分放权,不要对被领导者不放心,要敢于放手。这运用于教学就是:敢于让学生自主发展——听什么和不听什么,读什么和不读什么,写什么和不写什么,完全由学生自己决定,没有必要指手画脚,更不必横加干涉(老师主要是控制方向和适当引导)。斯宾塞曾经说过:"硬塞知识的办法经常引起人对书籍的厌恶;这样就无法使人得到合理的教育所培养的那种自学能力,反而会使这种能力不断地退步。"(斯宾塞《教育论》)所以,我们应该相信学生,他们完全有能力干好自己的事。经研究发现,相当一部分老师不允许学生看课外书,这其实是缺乏自信心的体现,甚至可以说是杞人忧天。换句话说,就是你非要学生看你的书不可,学生就一定能看得进去吗?而且学生看规定以外的书,未必就不是好事。新的教学大纲很强调课程资源的开发,是合理的。也许学生看规定以外的书,是另一种课程资源的开发呢,千万不要再拿老眼光来看新问题了。一个简单的例子是:在传统的教学中,看电视是不允许的,但是,在今天的教学中,使用电视之类的多媒体进行教学,则是教学的必由之路。科学发展到今天,我们的学习是非要有一个"大课堂"观念不可的,教学要取得事半功倍的效果,也必须非有一个全新的教学理念不可。

对学生的放手,就好比对自己孩子的放手,如果自己的孩子从小到大,家长没有让他或她独立的做过事,大家想想,这样的孩子还能独立生活吗?想想为什么蜀中无大将,廖化为先锋吧,不就是诸葛亮事必亲躬吗?放手吧,不要怕学生犯错误,不要怕学生摔倒,这都是他们成长的财富。

(六)庙算胜者,得胜多也

"夫未战而庙算胜者,得算多也;未战而庙算不胜者,得算少也。多算胜,少算不胜,而况于无算乎!吾以此观之,胜负见矣。"(《孙子兵法·计篇》)所谓"庙算",指的是古代战前君主在宗庙里举行仪式,商讨作战计划。"庙算"应用到教育工作中,就是计划和准备。大到学校专业的设置、学科的安排、教学计划的制定;小到教师教案的起草、教学过程中细节的设计,以至于备课、现代教学中制作课件,等等,都要周密考虑,认真计划,超前论证,决不可掉以轻心。实践证明,在新的一轮教育管理体制改革中,哪所学校"庙算"周密,哪所学校就能在竞争中抢得先机,占据有利位置,反之,就可能被历史所淘汰。

实践证明,"庙算"不是闭门造车,更不是纸上谈兵,而是因时因地制宜,从实际出发,最大限度地发挥人的主观能动性。因此,"庙算"的过程,实际上就是解放思想、实事求是的过程,是改革创新的过程。"庙算胜者,得算多也。"

对学生的教育一定要计划,学会对学生经营,不仅具体的教法实施有计划,"庙算",是对学生的学习期间,有整体规划,甚至让学生体会人生规划。在具体的教法实施时,一定是有策略的,有计谋的。

(七)多算胜,少算不胜,而况于无算

《孙子兵法·计篇》说:"多算胜,少算不胜,而况于无算乎!"这就要求所有的教师在教学开始前,要有一个充分的思考:如何上好每一节课,学生的弱点在什么地方,什么地方的知识学生容易混淆,是不是可以让数学为物理服务,如何才能让学生有兴趣,流行歌曲是不是可以为语文教学服务,到底应该使用哪些流行歌曲,如何让成绩不理想的学生也能在自己的教学中有收获;如果教学中出现了预料之外的情况怎么办。这些东西都应该在"多算"的范围内。为了让我们的教学生动化、有趣化,如:课文讲读中,总是挖空心思地在流行歌曲中寻找能够引起学生共鸣的歌词:讲《氓》的时候,我拿来了刘德华的《忘情水》——一个曾经年少爱追梦的少女,一心只想往前飞,当身不由己在难堪的现实中,无奈地感到:最伤最痛是后悔,哀叹"付出的爱收不回"。这些同学们耳熟能详的歌词一出现,课堂气氛立即变成了人声鼎沸,大家纷纷参与议论评价,我们教学的情感目标在不知不觉中得到了实现。讲《六国论》的论点"不团结导致灭亡"时候,运用《众人划桨开大船》的歌词作为反证;讲柳永的《雨霖铃》的"执手相看泪眼"时,使用流行歌曲《男人哭吧不是罪》,并且和学生一起分析为什么男人哭吧不能不是罪,有一句话叫:男人流血不流泪可以证明等等。其实,教学的"多算"和教育学上的因材施教讲的是一个道理。教学开始前,你没有进行准备工作,或者工作准备得不充分,没有一个令人满意的教学效果也是顺理成章的。孔子说"凡事预则立,不预则废","多算"恐怕也应该说是"预"的一个组成部分。老教师恐怕大都有这样的经历:有的时候,由于匆忙上阵,导致临时手忙脚乱,事后回忆起来常常后悔不已。这样的经历当然是越少越好,但是,它却从反面证明了"多算"的重要。

(八)视卒如爱子

孙子说:"视卒如婴儿,故可与之赴深溪;视卒如爱子,故可与之俱死。"(《孙子兵法·地形篇》)这段话的意思是:将帅对待士兵像对待婴儿,士兵就可以跟他赴汤蹈火;对待士兵像对待爱子,士兵就能跟他生死与共。

带兵打仗需要官兵同心,上下一致。教书育人也需要师生和谐,亲密无间。因为教育本身就是一种互动性的工作,所以师生之间的关系是否和谐、融洽,对教育质量的提高至关重要。

在我国,自古以来既有"有教无类"、"因材施教"、师生如父子的传统美德,也有"师道尊严"的负面影响。而且后者延续的时间更长,影响更大。现在,有些老师全然没有视学生"如婴儿",视学生"如爱子"的思想,而是以"尊者"自居,以"长者"处世,甚至对学生恶语、棍棒相加,学生只能尊他、敬他、服他、畏他、惧他。在这种情况下,学生失去了自尊和自信,学习没有了乐趣。如果说,这种师生关系在传统的自然经济和计划经济的环境下,还有生存的土壤的话,那么在社会已经进入了市场经济和知识经济时代的今天,便严重地阻碍了教育的发展。所以,新的时代,迫切需要建立新的师生关系,通过"视卒如婴儿""视卒如爱子",加强师生之间的关爱之情、师生之情和教学关系,以此来保证教学任务的完成,达到教书育人的

目的。

当然,强调老师"视卒如爱子",对学生付真情,并不是一味地宠爱、盲目地溺爱、无原则地偏爱,而是在从严要求,有利于学生健康成长基础上的关爱、热爱、亲爱,是人民教师对党的教育事业的真情付出,是师长对学生的无私奉献。

第六节　德艺双馨,强将良兵

有句老话我们都知道,"强将手下无弱兵"。一个狼虎一般的强将才能带出一帮傲视群雄的强兵。同理,一个老师的桃李满天下的前提也应是自己就是"强将",教师时刻都需要提升自身水平,把握教育艺术。

一、注重自身的精神需求,成就"精神强将"

教师教育的对象是一个个活生生的个体,在教育过程中,教师扮演的是引导者、研究者、开发者、学生的朋友等多种角色。教师为了每个学生能够早日成才,总是默默无闻地辛勤工作着。虽然岁月夺走了他们的青春,汗水浸透了他们的衣衫,劳累染白了他们的双鬓……但他们仍无怨无悔,因为他们热爱自己的学生,热爱自己的职业。当看见自卑的心灵开始自信,胆怯的形象开始勇敢,落后的思想开始进步时,教师会感到无比的自豪和幸福。因为是自己的努力,帮助学生从愚昧走向了智慧,从弱小走向了强大。徐特立老师曾经说过:"教书是一种很愉快的事业,你越教就越热爱自己的事业。当你看到教出来的学生一批批走向生活,为社会做出贡献时,你会多么高兴啊!"是啊,教师为人类播撒着希望的种子,当学生学业取得进步、道德得以成长、个性得到发展,以及今后为社会献计献策时,教师就体验到了职业的最大幸福。[①]

二、注重自身的发展和研究,促进"实力强将"

南京师范大学教育科学学院课程与教学论专业学科带头人,博士生导师杨启亮老师曾经说过:"行为必然创造价值,满足社会需要创造的价值是外在价值,满足主体需要创造的价值是内在价值。仅限于外在价值,或以外在价值为根据来评价主体,就有了高尚、伟大、奉献等说法,而如果换个视角,研究内在价值,或以内在价值为根据来审视主体,就有了主体体验中的充实、收获和幸福等。"在教育教学过程中,教学是相长的,不但学生得到进步,教师自身也在不断发展。在这一过程中教师体验到满足感,因为发展本身就能带给人幸福感,这种发展不仅包括教师教育能力的增强,还有教师个人整体素质的提高。当今,教师专业化发展已经成为国际教师教育改革的趋势,广大教师要想提高自身的地位和身份,就需要逐步提升学历水平、加强自身素质、提高教育教学质量,就需要不断获得专业发展。陶行知也这样说到教师的学习和发展:"所以我们做教师的人,必须天天学习,天天进行再教育,才能有教学之乐而无教学之苦。"随着教师专业化的发展,教师职业的自豪感和幸福感将与日俱增。

教学的主渠道在课堂,教师决定着课程实施的走向,课程标准和教材能否落实到位,关

---

① 《做快乐的教师》,网址来源:http://wenku.baidu.com/view/d64b146b58fafab069dc025f.html。

键取决于教师的素质,因此,提高教师的专业水平,是教育成败的关键。要提高教师的专业水平可以从以下几方面的工作着手。

(一)更新观念,转变方式,用新课程理念指导教育教学

我们教师首先必须更新教学理念,尽快改变传统的思维方式和程序化的教学模式,摒弃相对滞后的教育思想和教学方法,树立"以学生发展为本"的新理念。其次要切实转变习以为常的教学方式和教学行为,让教师真正地成为课堂教学的组织者、引导者、参与者和促进者,在教学方式上要注重以学生为主,突出自主、合作、探究的教学方式,关注体验性的教学,提倡交流与合作的学习。

(二)加强同伴互助,提高教师驾驭课堂的能力

加强教师互助合作,加强教师之间的专业切磋、互助合作,可使教师个人少走弯路,在同伴互助中更好地成长。因此,我们应重视和加强集体备课,在集体备课中,教师的不同教育思想、观念、教学方式、方法能得到讨论、交流,教师的课堂教学能力得到提高。

要做好集体备课,一是教师要认真地研讨教材与课标,带着问题和反思参加研讨;二是教师要备好学生,根据学生学习的实际情况,科学地设计教学策略;三是教师的教学设计应体现有效教学,每个教学环节应注重教学效果,做到"以学定教"。教师通过集体备课,加强了同伴互助,共同发挥集体的智慧,取长补短,使教师提高课堂教学的实效性。

(三)加强教师自我反思,提高教师的专业水平

教师的反思是以自己的职业活动为思考对象,对自己在职业中所做出的行为以及由此所产生的结果进行审视和分析的过程。教学反思被认为是教师专业发展和自我成长的核心因素。新课程强调教师的自我反思。反思不是一般意义上的"回顾",而是思考、反省、探索和解决教育教学过程中存在的问题。反思可分为教学前、教学中、教学后反思。教学前反思具有预测性,使教学成为一种自觉的行为,有效地提高教师的分析能力;教学中反思具有调控性,使教学成为一种多向的互动,有助于提高教师的应变能力;教学后反思具有批判性,使教学成为一种理性的评价,有助于提高教师的总结能力。

我们教师的研究能力,首先表现在对自己的教育实践和周围发生的教育现象进行反思,善于从中发现问题,从而改进自己的工作并形成理性认识。学校要求教师互相听课、评课、上研讨课、观摩课、同课异构,同事之间多沟通交流、组织写教学反思、观看课例等,目的就是要构建一个教师自我反思交流的平台,让教师在教学实践中发现问题、提出问题、研究问题和解决问题,使教师在自我反思中提升自己的教学水平,促进教师专业的成长。

(四)改变课堂教学评价,促进教师教学行为的转变

课堂教学是课程实施的主阵地,教师的教学行为影响着课程的实施。为此,必须构建一个适合新课程的课堂教学评价体系,促进教师教学行为的转变。课堂教学评价可以从六方面着手考虑,即教学目标、面向全体、知识与技能、过程与方法、情感态度价值观、教学效果;着重体现"三个有利于",即有利于教师创造力的发挥,有利于学生的主动参与,有利于建立平等和谐的师生关系。

课堂教学评价的改革,要求教师在课堂上,一要精心地备课,设计好教学的每个环节,要走进学生,了解学生的需要,在备学生上花功夫,做到优化教学目标;二要面向全体学生,关

注学生的个性差异,为每一个学生提供平等的学习机会;三要正确地把握课标,引导学生掌握知识与技能;四要创设情景,激发学生参与学习的热情,引导学生自主、合作、探究学习;五要营造民主和谐的学习氛围,创造条件让学生敢说、敢问,培养学生的创新能力,让学生尝到成功的喜悦。

(五)应围绕学、听、做、写四个字下足功夫,做足文章。

(1)学:学理论,学习心理学、教育学等有关理论。这是教师从事教育教学活动的基础。再就是学专业,教师要有所教学科的扎实的专业知识功底。还要学经验,学习专家和同行同事的先进经验,以弥补自己工作之不足。还须学教法,教法要不断创新,教师在教学实践中要不断改进教学方法,以适应教学发展之需要。

(2)听:听专家讲座、报告,吸收其教育教学之精华。专家几年或几十年的经验总结,在一场报告中体现得淋漓尽致,这些都是心血的结晶,是极其可贵的精神财富!古人"听君一席话,胜读十年书"之说,其原因也在于此。听优秀教师讲课,善于取人之长,补己之短。古语说得好,三人行必有我师。经常用别人的先进经验来充实提高自己,就会使自己就站得高,看得远,从而在原有的基础上,不断有所提高。

(3)做:教师要经常做各种各样的课,要积极踊跃地去做汇报课、示范课、优质课、交流课等。一定要持有积极的态度!教师在做课实践中,广泛收集各种资料,听取各方面的意见,接受领导和同事的帮助,进步一定快,成熟定然早。

(4)写:教师要常写教学小结,多写工作体会,善写教育教学论文。通过教学实践,促使自己由经验型向专家型转变,由教书匠向科研型转变。这是一个飞跃,是一个由量变到质变的过程,值得广大教师高度重视,并积极参予;否则,你将永远停留在教书匠的水平上,不会有任何长进。

(六)教师要不断提高师德修养,在教育实践中一定要有崇高的敬业精神

教师的职业道德集中在"敬业爱生"四个字上。敬业的核心是尊重职业,精通职业,献身职业。尊重职业是教师最基本的心态,是职业成功的前提。精通职业就是教师在工作岗位上有所发现,有所发明,有所创造,有所前进,成为业务上的行家里手,成为一名优秀教育工作者。

献身职业是教师的最大幸福,教师把献身教育看做是神圣使命和责任。教师在生活中经常感到这种责任的存在,并切身履行这一责任。不断形成内在的责任感、使命感,并献身于这一职业。爱生,就是爱护每一个学生,相信每一个学生都能成才。教师要相信学生、理解学生、尊重学生。这是教师的天职,也是教师的信条。那种把学生分成三六九等的做法是不对的,不仅会伤害大多数学生,而且会使少数学生滋长优越感,不利于他们的成长。教师照亮别人的同时,也照亮了自己。看到自己的学生一个一个成才,教师就会有一种成就感,就会感到人生的价值。

三、德艺双馨,做"艺术的强将"

教育具有灵活性,没有固定不变的方法。教育艺术是不易把握的,只能在具体的教育实例中得到体现;其次它具有复杂性,涉及教育对象的年龄特征、思想特征和个性特点,涉及教育的时间、地点、事件背景和环境气氛,涉及教育者的语言、动作、姿态、表情等因素。它是各种教育因素微妙的综合,难以作单纯分析。

(一)关注教育时机,抓住要点

我们在使用教育语言或作出教育动作时,在时间上总有一个最佳点,要善于选择最适合的时机。有时要善于耐心等待时机,有时则需要在当口上及时作出决断,解决问题。

在个别教育工作中,我们应经常注意学生的思想发展和变化的情况,发现"问题苗子",立即进行教育。因为"苗子"的出现,说明"问题"已有了一定量的积累,但还没有定型,正是进行教育的恰当时机。但在有些情况下,我们的教育工作不能过于急躁。例如,一位犯错误的学生准备了许多对付班主任的办法,打算侥幸过关。但班主任并没有立即找他谈话,而是欲擒故纵,甚至显得若无其事。该生暗地观察,觉得捉摸不透,开始坐立不安。这种情况持续了三天,使该生有充分的时间进行自我反省,于是更感到错误的严重,原先准备对付班主任的思想防线全部瓦解了。正在这时,班主任突然找该生谈话,取得了很好的教育效果。可见,教育是需要掌握"火候"的。

在社会生活中和集体生活中,常会有一些偶然的事件在学生中引起反响,激发了他们的某种内心情感。我们要善于观测学生感情的波动,抓住时机"推波助澜",通过及时组织的教育活动把学生美好的情感推向高潮,从而收到强烈的教育效果。例如,一部好影片感动了学生,我们可以立即组织影评讨论,而不要等学生心情完全平定之后再去组织。我们应当学会这种"即兴辅导"的工作艺术。

(二)创设教育情境,营造美点

教育艺术不仅要从时间上把握,做到"因时制宜",还要从空间上把握,做到"因地制宜"。但教育情境涉及的不单是物质空间,而是物的因素和人的因素的结合,是带有情感色彩的具体教育场景。我们要善于将教育活动安排在合适的地点、合适的环境、合适的气氛之中。

每周一各地学校都会举行升旗仪式。仪式之一是"国旗下讲话"。这个讲话都是学生代表经过一个星期的精心准备,内容充实,时代性强。当讲话开始,这个情境其实也就开始了,教师可以顺其自然接着营造,联系本班实际,取得趁热打铁的效果。

总之,我们在教育过程中应十分准确地分析情境,随机应变地利用情境,机智有效地创造情境,在特定的情境之中进行特定的教育。

(三)把握教育机智,提升"悟"点

教育机智是对教育时机、教育情境准确把握之后作出的机敏反应,它体现了班主任日常工作的创造性。

兵家用兵讲究灵学活用,教育机智就是一种应对机智。在班级管理中,有的孩子可能一贯乖巧,可是突然也会叛逆,你的一贯的轻言细语可能就起不到作用了;也有的孩子可能一直都是"刺头",可是不知何故,他也会突然温柔,你的火爆可能就会无处可发。

无论是机智的语言还是机智的做法,都有赖于对实际情况的细致观察、敏锐感觉、准确判断和灵活反应。离开了这些,就没有教育机智,就没有教育艺术。

教育是世界上最美的一项工作,任何艺术在它的面前都将黯然失色,教师如能把握它的精髓,必将使它散发比艺术更美的魅力。

第七章 兼收并蓄,广纳博汇

——传统经典文化和教师师德

第一节 教育要运用儒家经典,增强青少年的社会责任感

"**社会责任感**"就是在一个特定的社会里,每个人在心里和感觉上对其他人的伦理关怀和义务。因为社会是一个相辅相成不可分割的整体,由不同个体组成。没有人能在没有群体交流的情况下独自一人长久生活。所以我们不仅仅是为自己的欲望而生活,要有对社会负责,对其他人负责的责任感,这样才能使社会变得更加美好。中学生处于身心发育的关键时期,如何培养他们的社会责任感,是一个需要思考的问题。[①]

一、青少年社会责任感弱化的几点表现和原因分析

(一)青少年社会责任感弱化的几点表现

沉迷上网难以自拔;

抽烟酗酒张扬个性;

厌学现象较为普遍;

缺乏信仰叛逆规范;

感情淡漠不懂感恩;

自我中心行为偏激……

(二)青少年社会责任感弱化的原因分析

1. 榜样力量的弱化

我们往往希望青少年能达到我们心目中的一个标准,老师们会在班级树立学习标兵,学校会进行优秀学生评比,家长们会说"你看人家孩子"。可是在青少年的心中,他们的榜样往往是篮球打得好的,或是朋友多的。老师家长认为的优生如果只会读书,学生们不会视之为榜样。

2. 崇拜偶像的星化

今天的青少年崇拜的偶像不再仅是雷锋,他们心中的偶像是自己心仪的明星,从追捧着装到模仿言行,明星的爱好和言行对他们有很大的影响。

3. 家庭教育的弱化

家庭是孩子生活的家园,也是孩子接受教育的重要阵地。可是由于现在的父母忙于生活,更多的将教育的责任交给了学校和老人。例如:父母不注意言行,也会让孩子举止不文

[①] 选自百度百科 http://baike.baidu.com/view/269467.htm。

明;父母议论社会问题有没有给孩子正确的引导,会让孩子心里产生阴影。

加上现在的孩子学习任务重,不少父母希望孩子能完成自己的理想,给孩子施压,不让孩子干学习以外的事情,很多孩子不会做家务。实际上,家务劳动是可以给学生带来责任感的生活实践。孩子在做家务的过程中,体验了劳动的快乐,内心的义务感和责任感便会越发增强。

4. 社会环境的多元化

在现代社会中,物质的、技术的、功利的追求占据了统治的地位,竞争日趋激烈,精神压力不断增大,很容易使人的内心生活失去平衡。

二、国外教育培养中学生社会责任感的经验

上个世纪崛起的亚洲四小龙之一——新加坡,十分重视对青少年的思想道德教育。新加坡教育部门强调保留优良传统文化,发扬东方道德价值观念,培养国民的意识,重视多元文化、宗教、种族的和谐与尊重。

中学 1~2 年级开设《教育与成长》,3~4 年级开设《公民与道德》,1982—1993 年在中学3~4 年级开设过《儒家伦理》。《儒家伦理》开设了 10 多年,对先后接受过这门课程教育的10 个年龄段的一代新加坡青年,起了重要的教育作用。开设这门课程的宗旨是:培养学生具有儒家伦理的价值观念,成为有理想而又有道德修养的人;使学生认识华族固有的道德观念和文化,认识自己的根源;培养学生积极的、正确的人生观,使学生将来能过有意义的生活;帮助学生确立良好的人际关系。

三、运用儒家经典,为人师表地增强青少年的社会责任感

历史文献浩如烟海,关于师德的记载如同星辰,历史的长河无法淹没它的光芒。由于水平和篇幅有限,在此,我仅就儒家经典中的相关内容略作介绍。

春秋战国时期,是一个天下扰攘、充满纷争的年代,百家诸子并起,为乱世开太平药方。诸子其实都是职业教师,私人讲学,坐而论道,各有一班学生相追随。孔子是被尊崇为"万古师表"的古代杰出教育家。

"孔子不仕,退而修《诗》《书》《礼》《乐》,弟子弥众,至自远方,莫不授业。"孔子退居家中整理古代文化典籍,他大概没想过处去张贴招生广告,结果还是引来了四面八方的大批学子向他问学。对此,可用孔子自己的话作一解释——"其身正,不令而行,其身不正,虽令不从"。孔子是知行合一的,他的教育主张来源于他的教育实践,"不能正其身,如正人何?"《论语·子路》如果教师不能言行一致、以身作则,又怎么能去教育和影响学生呢?孔子教导学生要"学而不厌,诲人不倦",他自己也是这么去做的。对此,孔子的学生子贡评价说:"学不厌,智也;教不倦,仁也。仁且智,夫子既圣矣"。在他的学生眼中,"仁且智"是孔夫子身上体现出来的鲜明特点,也是孔子被后人看做圣人的主要原因。我们可不可以说——"仁且智",是古代中国对于教育者人格境界和师表风范的最高追求。后世保存下来许多他关于教育的论述,其中很多经典的词语,被直接引用到后世制定的师德规范中。[1]

《荀子·大略》中写道:"国将兴,必贵师而重傅;国将衰,必贱师而轻傅"。我国教师职业

---

① 选自百度百科 http://baike.baidu.com/view/2918678.htm。

活动的开展早已有之，涌现出很多杰出的教育家，同时也留下了很多关于教师职业道德的思想。汉人扬雄《法言》中说的"师者人之模范也"，近代伟大的教育家陶行知先生的"捧着一颗心来，不带半根草去"成了人们心中献身教育事业的师德楷模。教师的职业道德，简称师德，指的是作为教师在从事教育教学活动、履行教书育人职责时所必须遵守的行为准则和道德规范的总和。它是教师的世界观、人生观、价值观的体现，是职业活动中体现出来的稳定而持久的行为规范。具体而言，教师的职业道德是教师在从事教育劳动过程中形成的，用以调节教师与他人、教师与社会、教师与集体等相互关系时所必须遵守的基本道德规范和行为准则，以及在此基础上所表现出来的道德观念、情操和品质。[①]

中华文化的主流精神是孔子的儒家思想，孔子的思想精髓乃一个"仁"字，所谓"仁者爱人"，"爱"表现为对父母、兄弟姐妹的爱，对家族的爱，对邻人的爱，最后以至对天下所有人的爱，达到所谓的"四海之内皆兄弟""天下一家"。"少成若天性，习惯之为常"的养成教育规律，"知行统一"的理论联系实践原则；"自省"的内化教育原则和"身正为范"的榜样激励原则等等，值得我们在今天的学校德育工作中借鉴和运用尝试。用传统文化医治现代个人主义带来的自私隔膜、孤独异化、人情淡薄、生活缺少目标失去意义等等病症。在弘扬传统文化如《大学》《中庸》《论语》时，以科学的辩证法向学生灌输正确的传统文化观。

第二节　传统经典文化蒙学作品中的师德规范

幼儿的启蒙教育，是非常重要的，它决定了人一生的学习习惯、生活习惯、思维模式等。

教师这一职业出现较早，"古之学者必有师"。古代圣贤相信，只有教育学生学会理解和处理好这五种社会人际关系，学会做人，才能够"修身、齐家、治国、平天下"，实现个人人生幸福、家庭美满、事业成功，促进社会的和谐进步。

古代的蒙学在启蒙幼儿、传播伦理道德、沿袭中华的文明方面起到了不可替代的作用。《千字文》是中国历史上最著名的蒙学教材。《千字文》开篇即言："天地玄黄，宇宙洪荒。日月盈昃，辰宿列张。寒来暑往，秋收冬藏。闰余成岁，律吕调阳。云腾致雨，露结为霜。金生丽水，玉出昆冈。"就这么几行字，从宏观的宇宙、日月星辰，到一年四季的转换，再到金玉的重要产地，全包括在内；再加上优美的古文韵律，读来朗朗上口，将知识性与艺术性近乎完善地统一起来。[②]

《弟子规》被誉为"开蒙养正最上乘"读物，由于诸多原因，现代教育文献和教学实践中记录和推动较少，在目前的"国学热"中，教育工作者非常有必要研究《弟子规》所蕴藏的教育价值。

《弟子规》是清朝李毓秀所作，出自《论语·学而篇》子曰："弟子入则孝，出则弟，谨而信，泛爱众而亲仁，行有余力，则以学文。"如此可见《弟子规》是做人的根本。[③]

作为老师，也要做到人的根本要求，你的学生才能服你，而不是畏惧你的权威。

---

① 选自朱长久：《浅谈教师职业道德的缺失与对策》。
② 《四库全书总目》，北京.中华书局 1965 年影印杭州刻本。
③ 蔡礼旭：《弟子规四十讲》，世界知识出版社，2011 年。

第三节　　传统文化理学和心学中关于师德的论述

一、理学关于师德的论述

朱熹是南宋著名的理学家、思想家、哲学家、教育家、诗人、闽学派的代表人物,世称朱子,是孔子、孟子以来最杰出的弘扬儒学的大师。朱熹一生从事理学研究,又竭力主张以理学治国。

南宋淳熙六年(1179 年),大教育家朱熹决定在庐山东麓的白鹿洞创办书院。在这里,他亲手制订了著名的《白鹿洞教条》,首次将"博学""审问""慎思""明辨""笃行"作为师生共勉的道德规范。

这是中国教育史上值得特别纪念的一件大事。由于朱熹的提倡和努力,白鹿洞书院不但在其后数百年间弦歌不辍,发展成为"天下书院之首","代表了中国近世七百年的宋学大趋势"(胡适),并开启了近千年来古代书院的教育传统。朱熹手订的这则《白鹿洞教条》,更是被历代教育家作为师德信条而奉持不渝。例如明代大学者、教育家王阳明就曾说过:"夫为学之方,白鹿之规尽矣"。

《白鹿洞教条》既是学生求知问学的条规,也是教师从事教育的规范,两者是统一的。对此,朱熹解释说:"熹窃观古昔圣贤所以教人为学之意,莫非使之讲明义理,以修其身,然后推以及人,非徒欲其务记览,为辞章,以钓声名,取利禄而已也。"这就是说,在教育实践中,教与学是统一的,古往今来教育的宗旨只有一个:就是要实行做人教育,而不是将教育视为追求个人功利的手段。正如陶行知先生所说:"千教万教教人求真,千学万学学做真人。"可见,古今历史上真正的教育家都是反对功利主义教育的。

《白鹿洞教条》系统梳理了古代先贤,尤其是先秦儒家关于教育问题的经典论述:首先,明确孟子提出的"五教"主张即是教育的宗旨,"学者学此而已"。其次,将孔子《中庸》中提出的"博学之,审问之,慎思之,明辨之,笃行之"作为教书育人的门径。并且强调说,前面四者,是为了穷理致知,属于认识的范畴,后面的"笃行",则是实践。朱熹一向认为,《中庸》是孔子"传授心法"之作,其中提出了很多重要的教育命题,值得终身品味。[①]

其后列出的"修身之要""处事之要""接物之要",都是"笃行之事",皆属实践范畴。朱熹认为,人的认识不能脱离实践,实践能提升人的认识,"知之愈明,则行之愈笃,则知之益明",这个循环反复的过程,就是教育的过程。

对于教育者自身而言,更应以此作为"规矩禁防",在此过程中不断修身进德,"是以君子心廓然大公,其视天下无一物非吾心之当爱,无一事非吾职之所当为。虽势在匹夫之贱,而所以尧舜其君、尧舜其民者,亦未尝不在吾之分内也。"

二、明清书院的师德规范

朱熹以后,他的门人程端蒙和程的友人董株根据《白鹿洞教条》制订了一个既能为书院

学生所应用又能对师长有所借鉴的《程董二先生学则》。这个学则和《白鹿洞教条》一样，为明清两代的书院和官学普遍采用。

顺带说一下，古代书院和学校的"学则"，其称不一，又叫"教条""学则""轨范""揭示""规训""戒勉"等，实际所指都是相同或相近的，其内容对包括教师和学生在内的学校全体成员都有约束作用。之所以对教师和学生不作分别的要求，依据的是《易经》上的一句话："君子以朋友讲习"。也就是说，在古代的学府里，师生之间应是朋友的关系，其主要教学（讲习）形式，即所谓"朋友聚会一番，精神收敛一番，讲论一番，道理开发一番"，这对于以做人教育为主的书院来说，更是如此。

明清两代，沿袭宋代书院讲学风气，天下才俊依聚山林，励志清修，"濂洛诸儒此集成，虚堂遥应四山鸣"，书院教育遂有了较大的发展，渐渐成为当时教育的主流，对于化育人才、砥砺气节、涵泳风气起到了积极的作用。

明清书院普遍重视学子修身进德，因此，选聘师长，最看重的一条就是道德操守。清代学者戴震说："讲学砥节，相语以道德，相勖以恭行。自宋以来，书院之立，咸若是。"可见，如果不是德高望重的硕儒，是很难成为书院士子们的人生导师的。

清代豫南书院对于教师师德订有四条规范：其一，敦德行以端本原也；其二，勤研讨以践实学也；其三，重师友以求夹持也；其四，谨交游以遵礼法也。其中第三条，还特别要求教师能够与学生"同堂共学，朝夕追随，赏奇析疑，互征心得"，强调教师与学生要在一起互动交流，自由探究学问，教学相长，创设生动活泼的教学氛围，"亦名教中活泼泼地也"。

群玉书院中专门设有"亲师斋"，其铭曰：

"主善为师德业所资，狎而敬之，畏而爱之，亦趋亦步，朝斯夕斯，熏陶既久，其益无涯。"[①]

三、心学关于师德的论述

朱熹推崇孟子的"五教"，并将孔子《中庸》"博学之，审问之，慎思之，明辨之，笃行之"作为教书育人的门径。心学代表王阳明在此基础上提出了"致知力行""知行合一"的主张。这些见解和主张，对于我们纠正当前教育工作的偏失，也有着很强的现实意义。

（一）要坚持循序渐进的原则

教师在教学时，一定要考虑学生的接受能力，否则，不分青红皂白，把大量的知识硬灌输给学生，这就像用一大桶水浇在刚出来的幼芽上，幼芽一定要被浸坏了。

（二）教师要重视学生的个性差异

王阳明指出，教师教育学要因人而异决不能采用同一的方法。他说：这正如医生要辨症施法一样，"随其疾之虚实强弱，寒热内外，而斟酌如减，调理补泄之，要在云病而已，初无一定之方，不问症候之如何？"

（三）批判体罚儿童的教育方法

王阳明提出了顺应儿童性情，激发儿童兴趣的教育方法。他说："鞭挞绳缚，若待拘囚"，致使儿童"视学舍如囹狱而不敢入，视师长如寇仇而不欲，窥避掩复以遂其嬉游，设诈饰诡以

---

① 选自九江网论坛蔡厚淳名人名篇系列讲座之三《朱熹与白鹿洞书院学规》。

肆其顽鄙,偷薄庸劣"。揭示了滥用体罚的结果反而使学生厌恶学习,仇视学校,反感教育,导致学生走向歧途。他分析一般儿童的喜好说:"大抵童子之情,乐嬉游而惮拘检,如草木之始萌芽,舒畅之则条达,摧挠之则衰痿。今教童子,必使其趋向鼓舞,中心喜悦,则其进自不能已。"

(四)师生之间的关系

王阳明认为,师生之间可直言相谏,谏师道,只要"直不至于犯""婉不至于隐",必能得到教学相长的效果。"凡攻我之失者,皆我师,安可以不乐受而心惑之乎?"

第四节　古代文学家谈师德

一、韩愈

韩愈(768～824 年),字退之,河南南阳(今河南孟县)人,祖籍昌黎,又称昌黎先生,唐代著名的文学家、教育家、思想家。

韩愈的《师说》集中论述了教师伦理问题,对于后世教师职业道德规范的建立和评价具有深远的影响。

(一)韩愈论述了教师的重要性

韩愈认为,任何一个人如果没有老师的教诲和指导就不可能顺利完成学习任务。即"存师卫道"的思想,他指出:"古之学者必有师",生而知之是不存在的。学生从师,就是从师的"道","道之所存,师之所存"。无贵无贱,无长无少,只要他有"道",皆可师之。他对当时社会上轻视教师、耻于从师的不良风气进行了尖锐的批判,认为这是一种愚昧的表现。

(二)他明确了教师的任务

韩愈在《师说》一文中,给教师职业下的定义是:"师者,所以传道、授业、解惑也。"一是"传道"。教师要向人传道,自己的道德就必须高尚,这也是教师受人尊敬的原因之一。从现代教育学的特征来看,现代教育对教师素质要求高,其最根本的要求就是必须有良好的职业道德;二是"授业",即进行专业知识文化的教学;三是"解惑",即解答学生在学习"道"与"业"的过程中的疑难问题。"传道""授业""解惑"三者是连在一起的。"句读之不知,惑之不解,或师焉,或不焉,小学而大遗,吾未见其明也。"授书习句读是"小学",不传道是"大遗"了。可见,在他看来,"道"在先,"业"在后,"业"是为"道"而服务的,而解惑是"传道""授业"所必需的。

(三)韩愈还论述了教育中的伦理关系的核心——师生关系的问题

"弟子不必不如师","师不必贤于弟子",因为"闻道有先后,术业有专攻"。韩愈关于师生关系论述既肯定了教师在教育教学过程中的主导作用,又强调了学生在学习过程中的主体地位,强调了师生在学习过程中的民主和平等;既要求学生要虚心向老师学习,又鼓励学生要敢于超过老师;既提倡乐为人师,勇于为人师,又鼓励不耻下问,虚心拜人为师。

二、柳宗元

柳宗元是唐朝古文运动的领袖人物之一，他提倡的"文以载道"的道是以儒家为本体，"综合儒释"，归流儒道。他的三教合一的哲学思想，深刻地影响了他的教育思想。柳宗元所培养的是以仁义为立身根本的儒家君子，因此柳宗元教育内容最推崇儒家经典，其次是诸子之说。

（一）教师的重要性

柳宗元生活的时代，正是师道堕废的时候，人们耻于相师。柳宗元不仅支持韩愈的"古之学者必有师"的观点，更提出"不师如之何？吾何以成。不友如之何？吾何以增"的观点进行补充。不学习别人，自己怎么能有所成就；不和别人探讨，自己怎么能提高。

（二）教师的作用

他将"言道"作为老师的第一个作用，也是最主要的作用。"言道"就是传授尧舜之道，"延孔氏之光"。"讲古"，就是说古论今，指导学生出入古史经书，借鉴古人的兴败得失，以助于对现实的认识。柳宗元认为"文章，士之末也"，因此，他将"穷文辞"作为老师的第三个作用，将指导学习通畅文辞、做诗赋文列入老师作用的主流。在柳宗元看来，作文章不需什么条条框框的限制指导的。"吾虽少为文，不能自雕琢，引笔行墨，快意累累，意尽便止，亦何所师法，立言状物，未尝求过人"（《复杜温夫书》）。文无定法，随意行笔，当止则止，当收则收。在这方面老师是不必多指点的，教师的作用最主要的是传给学生"道"，让学生自己作文章去"载道"。

（三）师德

柳宗元认为老师首先要做到"有教无类"。"俞扁之门，不拒病夫；绳墨之侧，不拒枉才；师儒之席，不拒曲士。"俞跗扁鹊待良医门前，不拒绝哪一个求医者；技艺精湛的木匠旁，没有废弃的木材；真正的老师，他不会说哪个学生不成器而不教。他称赞阳城司业"能并容善伪，来者不拒"。他是这样说的，更是这样做的，不论在京师，还是在永州、柳州，凡是求教于门下的，无一不悉心指导，无门第贵贱之分，又无华夷高低之别，因此，柳宗元门下弟子很多。其次，老师要有高尚的品德。"业精为师，道高为范"，做教师的不仅要有较高的知识水平，更要具备为人师表的道德修养。阳城司业"有博厚恢弘之德"，因此才能做到"有教无类"，云峰大师"轨行峻特，器宇宏大"，因此才有数万弟子求教于门前。[①]

第五节　**其伟人论师德**

基于对教师职业特殊性、崇高性的认识，教师往往被定格为理想人格的化身，完美道德的代言人，所谓"学为人师、行为世范"。传统师德规范以高标准、严要求为基调，是而作出的对教师的人格期待。在日常社会生活中，这种偏重理想性的师德规范敦促和激励着广大教师追求卓越，但也使普通教师对师德产生几分敬畏。

---

① 选自中教网语文《伦理视域下的中小学教师职业道德建设》。

师德修养是作为一个普通教师应该具备的基本道德要求,完美与崇高更多的是一种公众形象,师德养成就是从普通逐步接近崇高的过程。用崇高师德去引领教师,方向无疑是正确的。但将"完人"作为统一的标准来规范所有教师,也会因其高远空疏而缺乏实践性。因为不可能要求每一位教师的实际道德水平,一开始就能成为社会的表率、时代的楷模。①

一、维新派康有为

康有为(1858～1927 年),近代思想家、文学家。原名祖治,字广厦,号长素,广东南海(今广东广州)人。出身于士宦家庭。早孤,幼年受教于祖父。他早年重视经世致用之学,后来在龚自珍、魏源以来"今文派"经学和西方资产阶级"新学"的影响下,不断讲学、著书,成为19 世纪后期中国政治学术界一个突出的思想家和活动家。曾任工部主事。他先后 7 次上书,请求变法图强,其中以中日甲午战争失败后的"公车上书"最为有名。他与梁启超等一起创办《万国公报》,建立强学会,发行《强学报》,为维新变法制造舆论。1898 年与梁启超等人发动戊戌变法运动,变法失败后,逃亡国外。其后他思想日趋保守,反对孙中山领导的民主革命。②

康有为是 19 世纪末向西方寻求真理的先驱人物。他对师德颇有研究,十分重视师德修养。他认为儿童正处在发育生长期,易受外界环境的影响,缺乏自理能力,需要有教师的照顾和关怀,这就要求小学教师不仅应具备良好的德行学问,还应有慈母般的情怀。

作为启蒙思想家的康有为针对不同教育对象而提出不同的师德要求。他对选拔教师是极为严格的。他提出:"小学教师当选任德性仁慈,威仪端正,学问通达,诲诱不倦者完之。"中学生特别是初中生意识还不成熟,自立性、持久性、沉着和自制力等还不如成人,常常出现有始无终、忽冷忽热不守纪律的行为,更需要有德才兼备的教师加以指导。因此"中学之师,尤当妙选贤达之士,行谊方正,德性仁明,文学广博,思悟通妙,而又诲人不倦,慈幼有恒者方当此任"。

二、孙中山谈教育

教育家应指导人民谈政治,若仍以不谈为高,为害匪浅。

作为中国民主革命的先行者,孙仲上先生在启民智、教导人民方面起到了卓越的影响。正如他所说:"圆颅方趾,同为社会之人,生于富贵之家即能受教育,生于贫贱之家即不能受教育,此不平之甚也。社会主义学者主张教育平等,凡为社会之人,无论贫贱,皆可入公共学校,不特不取学膳等费。必须要全国的人民,都要有体育、智育、德育的人格才好。"

他教育人民清朝统治不是合理合法的,只有民治的政府才是人民的政府;封建专制是中国社会的毒瘤,通过革命,建立共和政府。"须知教育者,乃引导人群进化者也。然能令人群进化最速者果何力乎? 则政治的力量是也。政治是促人群进化之唯一工具,故教育家当为政治的教育家。"

他不仅领导多次资产阶级革命,而且对于民国的构建也进行了整体规划。孙中山先生

---

① 选自学术百科《教师道德理想人格》。
② 选自艺术导报电子版 http://www.mahoo.com.cn/Artists/detail.aspx? id＝590。

预见了教育在国家发展中的重要作用,他提出:"民国新造,凡有教育,应予提倡,乃足以启文明而速进化。""现在中国在地球上为一最贫弱之国,皆因教育、实业两不发达以致于此。"

根据自己在日本多年学习生活的经验,他指出:"日本从前比中国贫弱,其地比中国不过两省,而今日能成为世界上第一等强国者何也? 是在教育。现在中国是民国,是要人人都有教育的。要人人都有教育……不是数人能够教得成的,也不是空口说空话可以算得事的。必要人人各尽各的力量,有一分能力去做一分事情,大家都去实行。盖体育为教育之先导,体育既高,脑精自足,知识亦高。"

二、邓小平谈教育

教师问题,出于历史的原因,在新中国成立后的几十年间,特别是在"文革"期间,其作用和地位都与政治形势的起伏密切相关,并且一直处在一种比较低和变形、扭曲的状态,不符合教师职业的本来形象。邓小平在"文化革命"结束后复出,自告奋勇分管教育,心甘情愿当教育战线的后勤部长。他在许多关于教育和教师的论述中,对教师的作用都予以高度评价,并对人民教师的地位给予科学的定位。

在总体评价上,邓小平认为,教师是发展教育事业的主要力量,是培养人才的关键,是办好教育的核心。他说:"一个学校能不能为社会主义建设培养合格的人才,培养德智体全面发展、有社会主义觉悟的有文化的劳动者,关键在教师。""我们的科学家、教师发现人才、培养人才,本身就是一种成就,就是对国家的贡献。"他认为振兴民族的希望在教育,振兴教育的希望在教师;他把培养人才的关键交给了教师,把教师的劳动、日常性的培养人才工作提到了至关国家建设和民族未来的大局来分析认识,表现了一位伟大的马克思主义者深邃的战略眼光。

邓小平对于教师的作用和地位问题是十分重视的,在他的一系列论述中我们可以从中归纳为三点。

第一,教师是科学文化知识的传授者,从事脑力劳动的人也是劳动者。针对过去对教师地位认识的一些偏差,邓小平说:"无论是从事科研工作的,还是从事教育工作的,都是劳动者。"他认真分析了我国现阶段及由历史产生的对知识分子错位的现象,进一步指出,在阶级社会里,并不是所有的脑力劳动者与体力劳动者都是处于对立地位。在阶级社会里,也有很多从事科学技术工作的知识分子,尽管渗透了资产阶级的偏见,但是他们本人并不是资本家,而是学者。他们的劳动成果为剥削者所利用。这是由一般的社会制度所决定的,并不是出于他们的自由选择。邓小平还引用马克思的话,"一般的工程技术人员也参与创造剩余价值。这就是说,他们也是受资本家剥削的"。作为知识分子的一部分,邓小平坚定地说,人民教师是社会主义社会的劳动者。

第二,知识分子是工人阶级的一部分,为人民服务的教育工作者是革命的劳动者。邓小平从领导社会主义建设的实际工作出发,提出一个很重要的论断:教师是以脑力劳动为主的普通劳动者,是知识分子队伍的重要组成部分,又是培养和造就宏大的知识分子队伍的"工作母机"。他说:"为人民服务的教育工作者是崇高的革命劳动者。"并高度评价了教师的作用,说:"我们的科学家、教师发现人才、培养人才,本身就是一种成就,就是对国家的贡献。"对教师的作用与地位给予科学的定位。

第三，人民教师对净化社会风气和提高人们思想道德水平有着不可替代的作用。邓小平说："要树立好的风气。讲风气，无非是党风。军风、民风、学风，最重要的是党风。好的党风也要体现在教育中，这才能培养出好的学风。"他指出，由于"四人帮"的破坏，社会的风气不好而"我们现在要把风气扭转过来，这就要求学校要培养好的风气，要有爱劳动、守纪律、求进步等的好风气、好习惯。教师有责任把这些好风气带动起来"。他坚定地指出，改善社会风气要从教育入手。教育一定要联系实际，这样，才能把我们的军队教育好，把我们的专政机构教育好，把人民和青年教育好，特别是把我们的下一代教育好。

第六节　以史为鉴

——传师道，扬师德，塑师品，铸师魂

师德是教师最重要的素质，师德水平是教育发展的内在需要。在改革发展的关键时期，以"八荣八耻"为主要内容的社会主义荣辱观，已成为引领转型时期社会风尚的道德标杆，也为构建新的师德体系提供了价值支撑。新修订的《中小学教师职业道德规范》的基本内容，就是在继承优秀师德传统的基础上，根据教师职业特定的责任与义务做出的，充分反映了新形势下经济、社会和教育发展对中小学教师应具有的道德品质和职业行为的最基本要求，是调节教师与各方关系的基本行为准则。师德建设要获得持续健康发展，必须以实现道德价值的现代化为目标，以师德规范为基本要求，继承和弘扬中华民族的优秀传统道德，借鉴和吸收西方现代文明的有益成果，谋求价值均衡发展，以人为本，关注心灵世界，营造精神家园。这样，才能构建和完善具有中国特色的合理的师德价值新体系，造就一支既具有高度的道德自觉，又拥有正确的道德判断能力和笃实的道德实践品格的新一代教师队伍。

人类文明发展史的整个过程，教师的重要性毋庸置疑，他们传递着人类文明之火。纵观历史，我们看到凡有成就、干出一番事业的伟大人物的身后，都有一位了不起的老师。"学高为师，身正为范"，教师的作用在于不仅传授知识，更在于用自己的人格魅力激发学生成长的灵感和动力。他们是文化的传递者，他们是学生前进路上的火把，是学生攀登的人梯，他们默默奉献，不求回报，他们的快乐来源于学生的进步。

捷克伟大的教育家夸美纽斯曾经说过："太阳底下再没有比教师这个职业更高尚的了"。冰心说过："情在左，爱在右，走在生命的两旁，随时撒种，随时开花。"教师要抱一颗慈爱之心，使不听话的孩子能够敬重你，胆怯的孩子能够喜欢你，一天到晚都愿意追随你、亲近你。用你高尚的人格长时间地熏陶滋养着孩子们，将会使他们终生受到教益。

在我们身边，有一群默默奉献、甘为人梯的教书匠，他们不求回报，他们把培养学生作为自己最大的快乐。他们有的双鬓已满是风霜，有的风华正茂洋溢着热血青春。教师是学生成长道路上的人生榜样，也是学生前进路上的明灯！有人说："教师的道德是人的范例，对于学生的心灵是任何东西都不能代替的最有用的阳光。"阳光是温暖的，它的柔和可以渗透到人的心灵深处。

一、优秀教师代表人物

我们一起学习优秀教师的代表人物，并向全天下的教师致敬！

（一）称新生为"先生"的蔡元培

1916 年冬季，蔡元培先生就任北京大学校长。那时的交通工具很简单，走马上任还需要坐马车，当蔡先生从马车上下来以后，看见学校门口，有许多人在夹道迎接。原来，这是学校的规矩，工友们必须遵循礼仪表示欢迎，随行人员对蔡先生说了声："您请。"蔡元培先生一边往前走，一边脱帽向两边欢迎他的工友们致意，并和颜悦色地对工友们点头致谢，不住地说道："谢谢诸位，大家辛苦了！"工友们见此情景，非常感动，纷纷赞叹道："蔡先生真是一位平易近人的好人啊！"这件事情要是发生在今天，当然没有什么可以大肆宣扬的。但在刚刚推翻封建帝制的民国初期，蔡元培先生抛弃了旧官场上的那一套官礼陋习，对普通老百姓谦恭礼让，这种礼待庶人的行为，不能不令人佩服。①

有一位叫马兆北的学生，考取了向往已久的北京大学。报到那天，看见一张公告："凡新生来校报到，一定要交一份由现任的在北京做官的人的签名盖章的保证书，才能予以注册。"马兆北看完公告以后，欢欣的心情一下子烟消云散，他怀着忿忿不平的心情，给蔡元培校长写了一封信。信中写道："我不远千里而来，原是为了呼吸民主空气，养成独立自尊的精神。不料还未入学，就强迫我到臭不可闻的官僚面前去磕头求情，未免令我大失所望。我坚决表示，如果一定要交保证书，我就坚决退学。"言语中不免流露出对蔡元培先生为首的校方的不满。信发出去以后，马兆北并没有抱着多大的希望，不过是借此保持一下自己的自尊，泄一泄自己心中的愤恨情绪而已。于是，马兆北开始收拾行装，准备追求自己新的前程。

谁曾想，过了几天，马兆北突然收到一封来信，猜了半天也猜不出究竟是谁写给自己的信，打开一看，见开头写着"元材先生"（即马兆北先生），急忙再看看下边的署名，居然是蔡元培校长的亲笔："弟元材谨启"。马兆北激动得差点没喘过气来，稳定了一下自己的情绪，急忙观看全文，只见信中写道："查德国各大学，本无保证书制度，但因本校是教授治校，要改变制度，必须由教授会议讨论通过。在未决定前，如先生认为我个人可以作保的话，就请到校长办公室找徐宝璜秘书长代为签字盖章。"

信中表现出蔡元培先生虽然身为一校之长，但他办事绝不擅做主张，独断专行，而是认真遵守学校的规章制度，尊重教授和教授会议所做出的决定，尽管他本人也对交保证书的做法并不赞同。字里行间还表达了蔡元培先生对自己学生发自内心的诚恳之情。马兆北看完信以后，心情很不平静：蔡元培校长在百忙之中，竟然对我这样一个不知深浅的无名小卒以礼相待，真是令人刻骨铭心，难以忘怀。后来，马兆北先生在一篇回忆录中这样写道："这件事使我一辈子受到了深刻的影响。"

（二）为了苦孩子，甘为骆驼的陶行知

陶行知是我国著名的教育家，他创办了南京晓庄学校。1941 年，在极端困难和不断遇到迫害的严重情况下，物价暴涨不停，学校开支发生了极大困难，常有断炊之忧，他以至于发出了现在"我不得不和米价赛跑"的感慨。国民党政府教育部长陈立夫乘机向他提出，如同意他们派训育主任，即可拨给全部经费，但遭到陶行知断然拒绝。在经济最困难的时刻，陶行知不得不忍痛宣布，全校节衣缩食，每天改吃两餐。他甚至提出要像武训那样用"行乞兴

---

① 选自《科学大观园》2004 年第 11 期《蔡元培：称新生为"先生"》。

学"的精神来渡过难关。1944 年 9 月 25 日,陶行知在为画家沈淑羊画的《武训画像》题词时,深情地写道:"为了苦孩,甘为骆驼;于人有益,牛马也做。"

陶行知自己节衣缩食,把捐到的涓涓滴滴都拿去哺养儿童。常穿着敝衣奔走于富贵大人和太太之门,他从英国回来之时曾买了一件晴雨夹大衣,穿久了,又脏又破,他便把它翻过来穿。一次去找一位阔大人,通报的人说:"先生,对不起,我们老爷向来不接待这样装束的人,请你回去吧。"陶行知不慌不忙,掏出一张名片来递给他,那人只好恭顺地送进去了。

在晓庄学校,陶行知和大家一起穿草鞋、挑粪、种田、种菜、养鱼,他请唐家洼一位出色的庄稼人唐老头教大家耕种的方法,他自己也做了唐老头的学生。他说,三百六十行,行行出状元,行行都有我们的老师。那时候,大家都是自己扫地、抹桌、烧饭……所有生活上的事不用听差、伙夫,陶行知也亲自参与其事。

(三)来世还想做教师的陈鹤琴

我国著名的幼儿教育家陈鹤琴,早年毕业于清华学堂,1914 年,陈鹤琴考取了庚子赔款奖学金赴美留学。学医,是当时许多留学生的志愿。因为一则利国利民,二则学成后就业容易。陈鹤琴最初也是这个志愿。但是在横渡太平洋的邮轮上,陈鹤琴的思想上却展开了斗争:"究竟我的志向是什么?是为个人的生活吗?决不!是为一家人生活吗?也决不!我的志向是'为人类服务,为国家尽瘁'……医生是医病的,我是医人的。我喜欢儿童,儿童也喜欢我。我还是学教育,回去教他们的好。"满怀救国热望的陈鹤琴,经过反复思考,终于打定主意,放弃学医,献身于苦难祖国的教育事业。

陈鹤琴对学生关怀备至,胜过自己的儿女。有一个同学父亲去世,家庭经济困难,眼看就要失学。陈鹤琴设法把她母亲接来,安排在图书馆工作,使这个学生能够读下去。还有一个学生的祖父强迫她嫁给姐夫当填房,并以断绝经济支持相要挟。陈鹤琴给那个学生的家乡的地方长官写了封信,请他秉公处理,保护学生的正当权益。那位地方长官很敬佩陈鹤琴,责令那个学生的祖父按时供应她必需的钱粮,并尊重她婚姻自主。后来,那位地方长官放弃官职俸禄,慕名而来,到陈鹤琴的幼师任教。

1951 年 8 月,中央教育部召开全国第一次初等教育及师范教育会议,陈鹤琴作为特邀代表参加会议。在会议闭幕宴会上,他被代表们推举出来讲几句话。他说:"我今年 60 岁。假如有人问我:'你来生愿意干什么?'我说:'我还愿意做教师'。要问:'为什么?'我说:'因为我太喜欢孩子。'"

(四)鼓励学生树立远大志向的杨昌济

杨昌济是毛泽东特别敬重的老师。毛泽东在与斯诺的谈话中提到老师杨昌济,充满了崇敬之情。他很有感慨地说:"给我印象最深的老师是杨昌济,……一个道德高尚的人,……努力鼓励学生立志做一个公平正直、品德高尚和有益于社会的人。"杨昌济,早年留学日本、英国。在留学日本前,改名"怀中",表示自己虽身在异帮,却心怀中华大地。杨昌济归国后,便到第一师范任教,在授课时,十分注重从道德伦理和为人做事等方面培养学生的人生观和世界观。毛泽东从杨昌济这里最大的获益,在于思想、志向和抱负的初步确立。毛泽东在听杨昌济授课后,曾写下了这样文字:"理想者,事实之母也,高尚其理想,此后一言一动,皆期合此理想……天下万世固生,仁人之心安矣。"这些文字表明他受老师的影响,开始懂得了

"高尚理想"对于人生的重要意义,赞同这种以大局为重的精神,欣赏这种先天下之忧而忧、后天下之乐而乐的人生境界。

(五)真心热爱,执著追求教育事业的徐特立

毛泽东非常敬重自己的老师徐特立,1937 年 1 月 30 日毛泽东在延安给徐老写了一封信:"你是我二十年前的先生,你现在仍然是我的先生,你将来必定还是我的先生。"

徐特立先生身上有他独特的人格魅力,他曾勉励其他教师:教育是立国之本,要一辈子甘做人梯。他语重心长地告诫大家:"教书切记要把书教'活',不能把人教'死'","要把钥匙给学生,让学生自己去开门,不要把学生教成书呆子。"这些思想与现在倡导的"启发式教学""素质教育"及"寓教于乐"等教育理念一脉相承。

(六)无私奉献,真情关爱自己学生的汪云松

当年,是谁帮助年轻的邓小平迈出了赴法勤工俭学的关键一步?邓小平之女毛毛所著《我的父亲邓小平》和大型文献电视片《邓小平》,都满怀敬意地提到了邓小平的老师汪云松。"四川留法勤工俭学运动的倡导人公推吴玉章先生,而重庆留法勤工俭学的功臣,当属重庆商会会长汪云松先生。"1919 年,汪云松筹备留法预备学校,共有 83 人合格,邓小平是其中年龄最小的一位。

汪云松把邓小平找到一边,从自己的积蓄中拿出 300 元送给他,并热情地勉励一番,并对人说:"希贤这娃娃将来定有出息!"(邓小平原名叫邓希贤)解放后,邓小平夫妇与汪云松吃饭,话 30 年的师生情谊。1958 年汪云松逝世,邓小平打电话表示哀悼,并托当时的重庆市副市长邓垦主持追悼会并致悼词。

(七)江泽民的老师——顾毓琇

重教尊师新地天,艰辛攻读忆华年,微分运算功无比,耄耋恢恢乡国篇。

——江泽民

世纪老人顾毓琇先生的美国费城寓所里,悬挂着这幅江泽民主席亲笔题赠于他的诗。他是五十三年前江泽民在上海交通大学就读时的老师。

顾毓琇是科学家、文学家、剧作家、音乐家和诗人,更是一位爱国者。他留美学业有成,自 1929 年回国后在国内从事电机工程教学与教育行政工作,凡二十余年。他不仅是科坛巨擘,文坛翘楚,更是德艺双馨。江泽民主席就是他在上海交大执教时的学生。当年曾选修他的电机及运算微积课。

江泽民总书记曾恭请顾毓琇及其家人到中南海作客。时江泽民赠其"重教尊师新地天"一诗,顾毓琇遂和诗答谢。诗曰:

海外欣逢米寿年,兴邦建国仗群贤。遥闻亚运精神健,日月光辉耀碧天。

1997 年 10 月,江泽民访美期间,于百忙之中分身,登门拜访了顾毓琇先生。这次拜会原计划 20 分钟,孰料浓得化不开的师生情谊使约定时间一延再续,达 50 分钟之久。师生共品香茗话家常,同看相册忆往事,其乐融融,

斯景感人。江泽民深情地对顾老说:"尊师重教是中华民族的优良传统,我这次有机会来看望老师,心情很不平静。"这则尊师的佳话,已为世人传为美谈。

二、古今中外名家关于师德的论述

古今中外关于师德的论述很多,笔者仅引用部分,以飨读者。

1. 一年之计,莫如树谷;十年之计,莫如树木;终身之计,莫如树人。 ——[春秋]管子

2. 人之有道也,饱食、暖衣、逸居而无教,则近于禽兽。圣人有忧之,使契为司徒,教以人伦——父子有亲,君臣有义,夫妇有别,长幼有序,朋友有信。 ——[战国]孟子

3. 古之王者,建国君民,教学为先。 ——《礼记·学记》

4. 明而教之,君子所以开后学也。 ——[唐]柳宗元

5. 学校,所以养士也。然古之圣王,其意不仅此也,必使治天下之具皆出于学校,而后设学校之意始备。 ——[明]黄宗羲

6. 国家之所以设生员者何? 盖以收天下之才俊子弟,养于庠序之中,使之成德达材,明先王之道,通当世之务。 ——[明]顾炎武

7. 夫才智之民多则国强,才智之士少则国弱。 ——康有为

8. 教之有道,则人才济济,风俗丕丕,而国以强,否则反此。 ——孙中山

9. 要有良好的社会,必先有良好的个人,要有良好的个人,就要先有良好的教育。 ——蔡元培

10. 我们深信教育是国家万年根本大计。 ——陶行知

11. 大学应该是国家的知识库,民族的智囊团。 ——冯友兰

12. 一个国家的基础的好坏取决于对青年人的教育。 ——[古希腊]第欧根尼

13. 学校的目标始终应当是:青年人在离开学校时,是作为一个和谐的人,而不是作为一个专家。"学校的目标应当是培养有独立行动和独立思考的个人,不过他们要把为社会服务看做是自己人生的最高目标。 ——爱因斯坦

14. 在所有一切有益人类的事业中,首要的一件,即教育人的事业。 ——[法国]卢梭

15. 每关闭一所学校,就得多造一座监狱。 ——[美国]马克·吐温

16. 教育乃是社会生活延续的工具。 ——[美国]杜威

17. 我们教育工作者的任务就在于让每个儿童看到人的心灵美,珍惜爱护这种美,并用自己的行动使这种美达到应有的高度。 ——[苏联]苏霍姆林斯基

18. 一个学校的教师都能为人师表,有好的品德,就会影响学生,带动学生,使整个学校形成一个好校风,这样就有利于学生的德、智、体全面发展,对学生的成长大有益处。 ——叶圣陶

19. 中国应当建立自己的民族的、科学的、人民大众的新文化和新教育。 ——毛泽东

20. 教育是一个民族最根本的事业。四化建设的实现要靠知识、靠人才。 ——邓小平

21. 百年大计,教育为本。国运兴衰,系于教育。 ——江泽民

22. 振兴民族的希望在教育,振兴教育的希望在教师。 ——江泽民

23. 培养什么人、如何培养人,是我国社会主义教育事业发展中必须解决好的根本问题。大学生是国家宝贵的人才资源,是民族的希望、祖国的未来。要使大学生成长为中国特色社会主义事业的合格建设者和可靠接班人,不仅要大力提高他们的科学文化素质,更要大力提高他们的思想政治素质。只有真正把这项工作做好了,才能确保党和人民的事业代代相传、长治久安。 ——胡锦涛

参 考 文 献

1. 四库全书总目[M]. 北京：中华书局，1965年影印杭州刻本

2. 杨天石. 哲学史知识读物——王阳明[M]. 北京：中华书局，1972

3. 方天立. 慧远及其佛学[M]. 北京：中国人民大学出版社，1984

4. 孙小波. 现代管理五大核心思想[M]. 北京：人民出版社，1985

5. 吴龙辉. 墨子白话今译导言[M]. 北京：中国书店，1992

6. 赖永海. 中国佛教百科全书[M]. 上海：上海古籍出版社，2000

7. 南怀瑾. 老子他说[M]. 上海：复旦大学出版社，2002

8. 任继愈. 佛教大辞典 [M]. 南京：江苏古籍出版社，2002

9. 周弘. 教你赏识孩子[M]. 广州：广东科技出版社，2004

10. 靳怀堾. 中华文化和水[M]. 武汉：长江出版社，2005

11. 安德义. 德行卷解读本[M]. 武汉：武汉出版社，2005

12. 黄济《教育哲学通论》[M]. 太原：山西教育出版社，2006

13. 王国轩译注. 大学·中庸——中华经典藏书[M]. 北京：中华书局，2006

14. 曹军. 法家的法术管理——领导的权与势[M]. 北京：中国广播电视出版社，2007

15. 李镇西. 爱心和教育[M]. 桂林：漓江出版社，2007

16. 李小龙译著. 墨子[M]. 北京：中华书局，2007

17. 陈志晟. 老子传奇[M]. 北京：作家出版社，2007

18. 安德义. 论语解读[M]. 北京：中华书局，2007

19. 李木生. 人味孔子[M]. 郑州：河南文艺出版社，2007

20. 万玮. 班主任兵法[M]. 上海：华东师范大学出版社，2009

21. 李逸安译注. 三字经·百家姓·千字文·弟子规中华经典藏书[M]. 北京：中华书局，2009

22. 周勇. 跟孔子学当老师[M]. 上海：华东师范大学出版社，2009

23. (美)凯勒，(美)罗斯基编，刘江译. 中国的崛起与亚洲的势力均衡[M]. 上海：上海人民出版社2010

24. 项家庆《爱育的修炼》[M]. 武汉：湖北教育出版社，2010

25. 贾明. 儒家智慧语典[M]. 北京：大众文艺出版社，2010

26. 任德山等编著. 论语的智慧大全集[M]. 北京：中国华侨出版社，2010

27. 王扉. 破玄：老子的密码 [M]. 桂林：广西师范大学出版社，2010

28. 刘亦发. 道德经全集[M]. 长春：吉林文史出版社，2010

29. 贾志刚. 贾志刚说春秋之七：孔子世家[M]. 桂林：广西师范大学出版社，2011

30. 蔡礼旭. 弟子规四十讲[M]. 北京：世界知识出版社，2011

31. 朱高正. 从康德到朱熹——白鹿洞讲演录[M]. 杭州：浙江大学出版社，2011

32. 妈妈！只有你最欣赏我！[J]. 家庭教育(幼儿家长)，2010(10)

33. 教师的惩戒艺术[J]. 江苏教育. 2007(19)

34. 汪焰祥."上善若水"的哲学意蕴[J]. 安庆师范学院学报(社会科学版)，2003(2)

35. 潘东. 解读诸子百家:以法为教 法家的教育思想[N]. 中国经济网

36. 余水荣. 赏识在教育中的魅力[N]. 全国中小学教师继教网

37. 卢俊. 赏识学生拨动学生心智之弦[N]. 湖北省中小学德育网

38. 唐鹿论."宽严相济"、"赏罚并举"在班级管理中的重要作用[N]. 江苏职教教师论坛

39. 课堂罚站是体罚吗[N]. 楚天金报. 2008.11.15

40. 李配亮,杨云慧. 十佳师德标兵张桂梅:对教育的爱永远输送不完[N]. 中国教育报. 2011-06-04

41. 马丽."绿领巾"事件:到底是什么"变色"了. 2011 年 10 月 19 日[N]. 红网

42. 尹桂春. 教育中的惩罚与惩罚教育 [N]. 江西省基础教育资源论坛

43. 把生的希望留给学生——记崇州怀远中学教师吴忠红[N]. 武汉教育信息网 2008-06-04

44. 佚名. 廉洁清正的师者风范——岑运洪.[N]. 恩平教育信息网

45. 江北. 教师更需加强廉洁自律.[N]. 北方网

46. 张志峰,余立鹏,陈钰. 陋室遭雨袭. 课堂仍坚守——农村教师感动公众 2010 年 05 月 18 日 09:27[N]人民网

47. 百度百科. 老子传说. [DB/OL]. http://baike. baidu. com/view/2237. htm

48. 百度百科. 紫气东来. [DB/OL] http://baike. baidu. com/view/4481. htm

49. 赵蓓欣. 上善若水. [DB/OL]. http://bbs. artron. net/viewthread. php? tid=617639. 2006-11-24

50. 百度百科. 南华经. [DB/OL]. http://baike. baidu. com/view/13829. htm

51. 三耳. 智慧老子. [DB/OL]. http://www. chinalongmai. net/bencandy-58

52. 张中山. 读经悟道. [DB/OL]. http://blog. qq. com/qzone

53. 百度百科. 孙子兵法[DB/OL] http://hi. baidu. com/%C7%E5%BE%BB%CD%FC%B3%EE/blog/item/33bb7311d5e0900d5baf5376. html

54. 张中山. 读经悟道[DB/OL]http://blog. qq. com/qzone

55. 满玉碧《孙子兵法与教学》. [DB/OL]. http://jcjykc. cersp. com/Post/ShowArticle. asp? ArticleID=11205

56. 佛学大辞典/八正 道.[DB/OL]. http://zh. wikisource. org/wiki/

57. 百度百科. 佛祖.[DB/OL]. http://baike. baidu. com/view/53913. htm

后 记

当今世界正处在大发展大变革大调整时期,世界多极化、经济全球化深入发展,科学技术日新月异,各种思想文化交流交融交锋更加频繁,文化在综合国力竞争中的地位和作用更加凸显,2011 年 10 月 18 日中国共产党第十七届中央委员会第六次全体会议通过《中共中央关于深化文化体制改革,推动社会主义文化大发展大繁荣若干重大问题的决定》,强调发展面向现代化、面向世界、面向未来的,民族的科学的大众的社会主义文化,培养高度的文化自觉和文化自信,提高全民族文明素质,增强国家文化软实力,弘扬中华文化,努力建设社会主义文化强国。

五千多年文明发展历程中文化是中华民族的血脉,是人们的精神家园。在新世纪里,世界各地不少国家和地区建立孔子学院,中国文化在更大的范围进一步的传承与推广,作为中国培养青少年儿童的每一所中小学校是否都在很好地传承民族的传统文化,每一个教师是否都有文化品位地在"静心教书,潜心育人"? 新时期的教师一定要有传统文化的底蕴,继承传统文化并在当代将其更好地发扬光大,使其更好地走向全球,屹立于世界民族之林。

为让国学在当下发扬光大,一些有志于传统文化研究的教育工作者们,撰写出幼儿园、中、小学教师的涵养读物——《品国学 悟师德》,抛砖引玉地让大家更好地解读国学,文化修养,感悟规范,师德育人。本书由项家庆策划组织、统稿修改,黄忠林、王斌统筹协调,王端协助。编写人员如下:绪论,王斌;第一章,洪流;第二章,应文;第三章,王端;第四章,杨江敏,黄景忠;第五章,熊有才,胡艮;第六章,来万生;第七章,王伶俐。本书存在不少问题与不足,敬请批评与指导,书稿中的部分引文由于作者的姓名和地址不详,暂时未能取得联系,在此一并表示感谢!

郑 重 声 明

为保护广大读者的合法权益，打击盗版，本图书已加入全国质量监督防伪查询系统，采用了数码防伪技术，在每本书的封面均张贴了数码防伪标签，请广大读者刮开防伪标签涂层获取密码，并按以下方式辨别所购图书的真伪：

电话查询：4007072315（免通话费）

短信查询：把刮涂层获取的数码发送到 13611233315（免短信费）

网站查询：www.707315.com

如密码不存在，发现盗版，可直接拨打 15300036839 进行举报，经核实后，给予举报者奖励，并承诺为举报者保密。